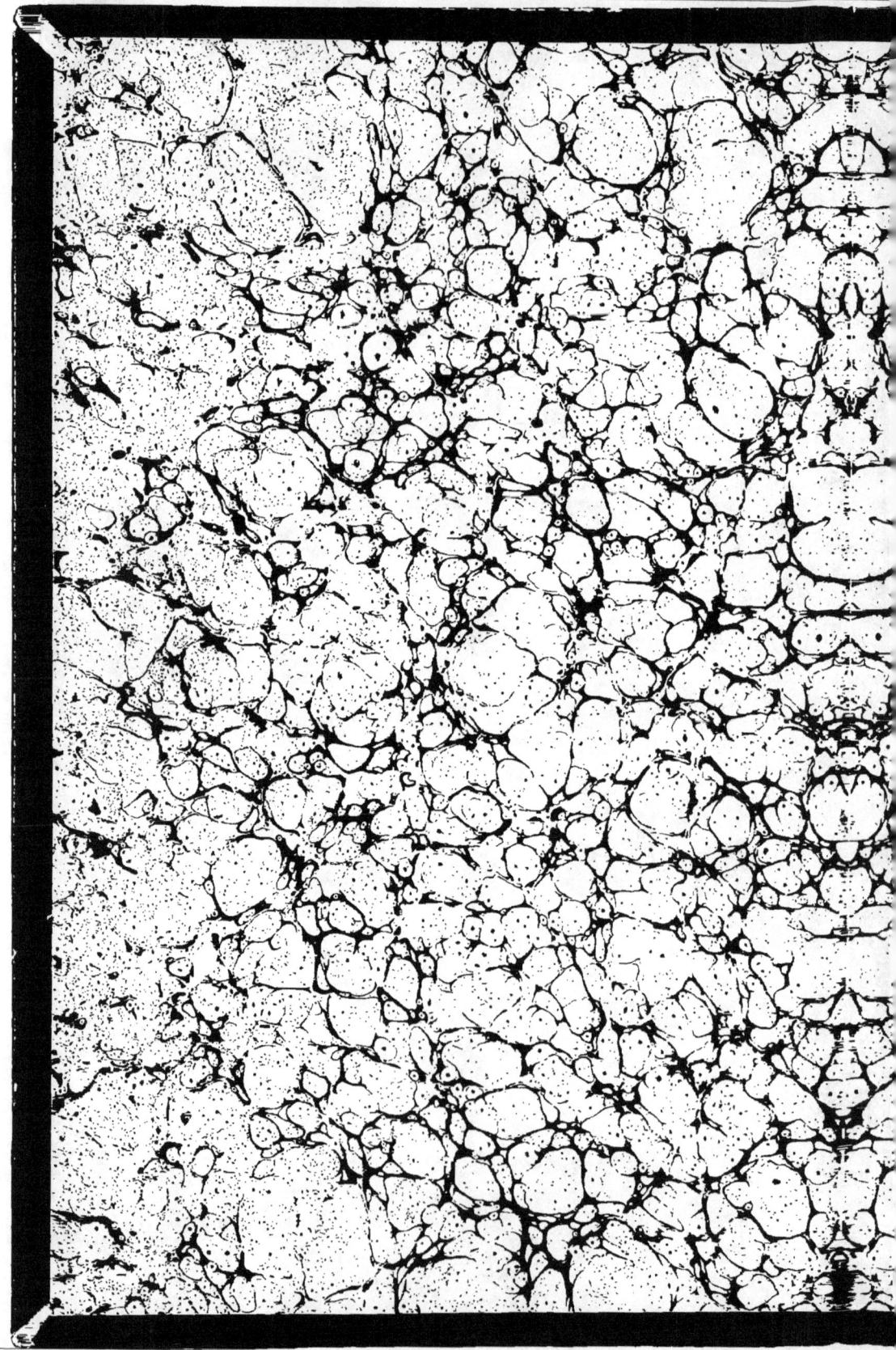

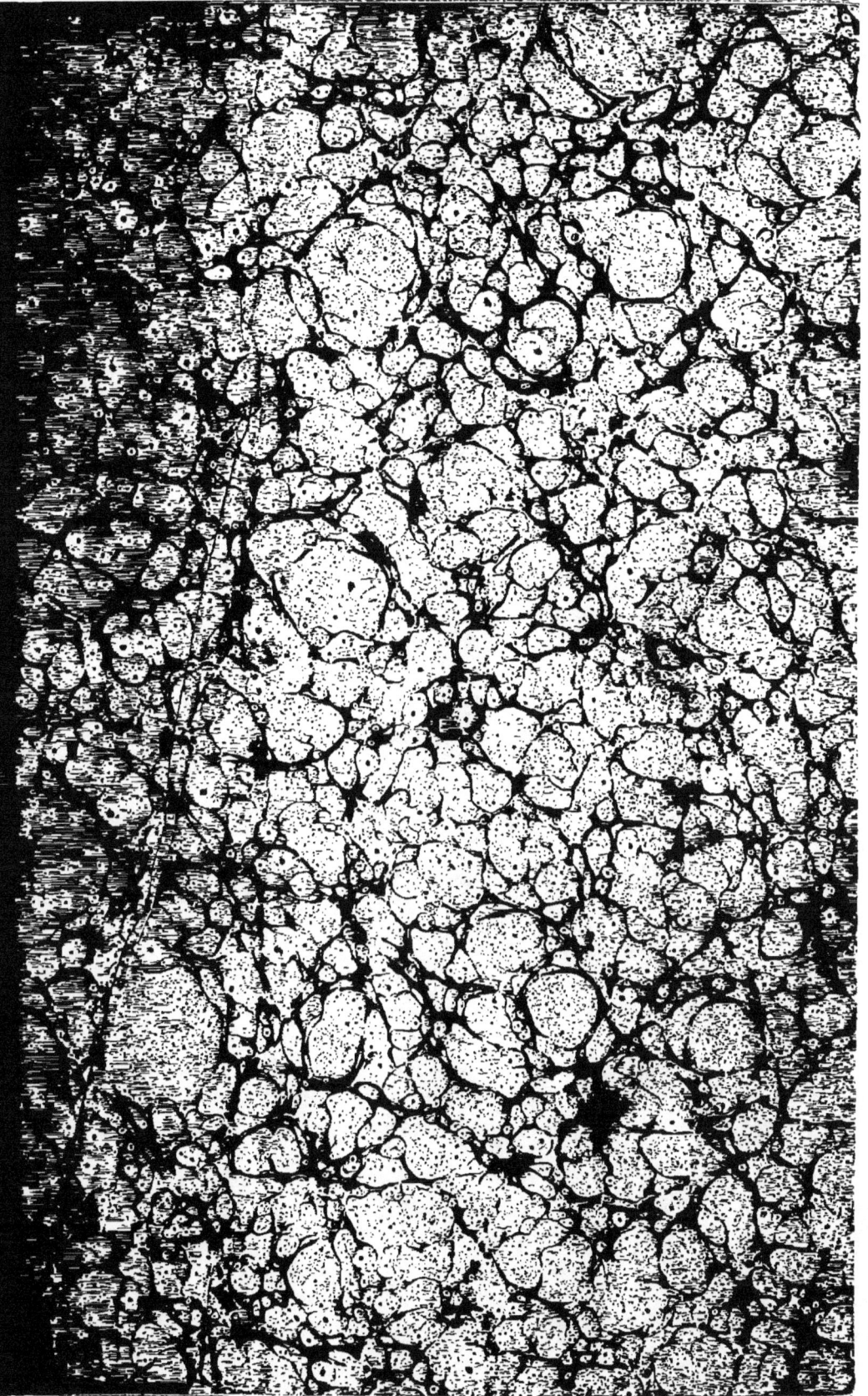

LES

VICTOIRES DE L'EMPIRE.

BIBLIOTHÈQUE DES CAMPAGNES.

LES
VICTOIRES DE L'EMPIRE

CAMPAGNES D'ITALIE, D'ÉGYPTE,
D'AUTRICHE, DE PRUSSE, DE RUSSIE, DE FRANCE
ET DE CRIMÉE;

PAR

EUGÈNE LOUDUN

PARIS,

IMPRIMERIE ET LIBRAIRIE ADMINISTRATIVES

DE PAUL DUPONT,

RUE DE GRENELLE-SAINT-HONORÉ, 45.

1859

Mai 1859.

Il y a deux hommes en Napoléon : le souverain et le capitaine. Les actions du grand capitaine, ses campagnes, ses victoires, tel est le sujet de ce livre. Ces combats où éclatent si éminemment le génie du chef et la bravoure des soldats, ces morts héroïques, ces dévouements, cette abnégation, ces paroles sublimes font battre les cœurs d'un généreux enthousiasme ; rien ne paraît plus grand à l'homme que l'exemple de ceux qui, au mépris de la vie, poursuivent un but infini, la gloire. En suivant dans ces récits nos vaillants pères, nous levons la tête, nous nous sentons prêts à marcher comme eux.

Cette histoire, c'est notre épopée : à peine mort, Napoléon se transforme dans la pensée des peuples ; les siècles, un jour, l'idéaliseront. Déjà les nations de l'Orient en font un personnage presque surhumain, et qui ressemble aux fictions de leurs poëmes. De notre temps même, et ceux qui l'ont vu sont encore vivants, il apparaît avec une grandeur homérique. Lorsqu'à Austerlitz, du haut de la colline où est placé son quartier général, il examine les mouvements de l'ennemi marchant dans le brouillard au point qu'il a marqué, et qu'il dit : « *Cette armée est à moi!* » il semble voir un homme d'un autre âge, comme un héros de l'Edda. Il a passé une nuit sur un coteau avant de livrer la bataille d'Iéna ; les habitants en changent le nom, et l'appellent le *Mont Napoléon*, et ils entassent des pierres, comme les anciens peuples de l'Asie, pour marquer le lieu où il assit sa tente. N'est-ce pas là un trait biblique ? Il n'y a plus là des Allemands, des Prussiens, des ennemis : il y a des hommes émerveillés de ce génie, et qui veulent perpétuer le souvenir du passage d'un héros.

Cette action qu'il exerce sur l'esprit des hommes a une cause profonde. Il n'est pas seulement un héros, un conquérant, il porte avec lui les idées nouvelles, les idées de la France ; il les sème, en traversant le monde avec ses armées. Lui-même, il a la conscience de la grande mission qu'il a accomplie ; sur

son rocher de Sainte-Hélène, se jugeant avec la sereine hauteur de l'impartiale postérité :
« Les jeunes idées sont immortelles, dit-il ; sor-
« ties de la tribune française, cimentées du sang
« des batailles, décorées des lauriers de la vic-
« toire, saluées des acclamations des peuples,
« sanctionnées par les traités, les alliances des
« souverains ; devenues familières aux oreilles
« comme à la bouche des rois, elles ne rétrogra-
« deront pas ; elles régiront le monde, et cette
« ère mémorable se rattachera à ma personne.
« Amis et ennemis, tous m'en diront le premier
« soldat, le grand représentant ; aussi, même
« quand je ne serai plus, je demeurerai encore
« pour les peuples l'étoile polaire de leurs droits ;
« mon nom sera le cri de guerre de leurs efforts,
« la devise de leurs espérances (1) ! »

Cette prévision s'est accomplie. En peu d'années, le monde s'est transformé ; les mœurs, les lois, la société tout entière ont été pénétrés de l'esprit nouveau. Les gouvernements et les institutions qui ne se sont pas appuyés sur cette puissance se sont écroulés, et nous voyons aujourd'hui, sous le successeur et le neveu de

(1) *Mémorial de Sainte-Hélène.*

Napoléon, l'application de ces idées dont il annonçait le règne et qui sont destinées à dominer l'univers.

Ce livre a été entrepris comme un monument élevé en l'honneur de nos armées ; au moment où il paraît, les soldats de la France viennent de descendre dans les mêmes champs de l'Italie où se sont illustrés leurs pères. Puissent ces pages, qui leur rappelleront tant d'actions et de paroles mémorables, exciter encore le noble enthousiasme dont ils sont animés ! La patrie, le monde ont les yeux fixés sur eux : il n'est rien que l'on n'attende de leur courage ; bientôt ils auront ajouté un chapitre glorieux au livre des *Victoires de l'Empire*.

LES VICTOIRES DE L'EMPIRE.

1769-1796.

JEUNESSE DE NAPOLÉON.

Plusieurs écrivains ont raconté avec détail les premières années de la jeunesse de Napoléon : ce que l'on se propose ici, avant de commencer le récit des victoires de l'Empire, c'est seulement de rappeler quelques-uns des traits qui indiquent le mieux le caractère, les goûts, la direction d'esprit du jeune homme qui s'ignore, dont quelques-uns entrevoient la supériorité, et qui bientôt n'aura plus d'égaux.

Napoléon Bonaparte naquit à Ajaccio, le 15 août 1769. Sa famille, ancienne en Corse et en Italie, avait, au moyen âge, gouverné la république de Trévise; son nom était inscrit au livre d'or de Bologne; une Bonaparte avait été mariée à un Médicis, et une autre fut mère du pape Paul V; mais, quoiqu'il appréciât l'avantage d'une naissance qui lui ouvrit la porte de l'école militaire, il n'attacha jamais de prix, même dans sa plus haute fortune, aux preuves qu'on prétendit lui donner d'une antique origine : « Ma noblesse, disait-il, date de Montenotte. »

Comme s'il eût été, dès avant sa naissance, voué à la guerre, sa mère, pendant sa grossesse, parcourait les montagnes de la Corse à cheval, accompagnant son mari qui combattait avec Paoli. De retour à Ajaccio, elle assistait aux offices des fêtes de l'Assomption, quand elle fut prise des douleurs de l'enfantement : elle revint en hâte dans sa maison et déposa son enfant sur un tapis où étaient représentées les batailles d'Homère.

On a dit que son enfance n'eut rien de remarquable : cela est vrai, si l'on veut dire qu'aucun événement important ne troubla le cours de ses premières années ; déjà pourtant son caractère se décèle ; actif, avide de s'instruire, d'une vive sensibilité, il avait, selon ses propres expressions, cette obstination de l'enfant, qui dans l'homme devient la volonté ; il aimait la lutte comme le jeune Duguesclin ; à la tête des enfants de l'un des partis entre lesquels la ville était divisée, il se jetait sur le parti opposé, sans regarder à la quantité des assaillants, suppléant à l'infériorité du nombre par des ressources inattendues qui faisaient sourire les pères témoins de ces jeux guerriers.

La promptitude, la netteté de ses idées, la décision avec laquelle il prenait partout le commandement comme s'il lui appartenait, avaient frappé l'archidiacre Lucien, un de ses oncles : « Il est inutile de songer à la fortune de Napoléon, dit-il près de mourir, Joseph est l'aîné, mais Napoléon est le chef de la famille. »

A dix ans, il entra à l'école militaire de Brienne ; grave, appliqué, rêveur, il se mêle peu à ses condisciples, si ce n'est pour simuler des siéges et des batailles : pendant les froids de l'hiver, il leur fait construire avec de la neige des forts, des redoutes, des batteries, et, soit parmi les assiégés, soit parmi les assiégeants, il imagine, il dirige, il exécute des plans nouveaux.

Dans le cercle de ses études, il préfère l'histoire, les mathématiques ; il lit la vie des grands hommes de Plutarque avec enthousiasme. Le père Pétau, son professeur, a une prédilection marquée pour cet enfant qui est toujours le premier en mathématiques, et il n'est pas le seul des professeurs de l'école qui admire ses belles dispositions : un des inspecteurs, Kéralio, le fait passer, avant l'âge, de l'école de Brienne à celle de Paris : « J'aperçois, dit-il, en ce jeune homme, une étincelle qu'on ne saurait trop développer. » A Paris, où il arrive à quatorze ans, son professeur d'histoire, l'Eguille, pressent aussi son avenir ; il écrit sur ses notes : « Corse de nation et de caractère, il ira loin, si les circonstances le favorisent. » Napoléon ne resta que peu de temps à l'école de Paris ; à seize ans, par dispense d'âge, il fut nommé lieutenant à un régiment d'artillerie.

A la Fère, à Valence, où il tint garnison, il continua ses études, écrivant l'Histoire de la Corse, de ce pays dont J.-J. Rousseau avait dit quelques années avant la naissance de Napoléon : « J'ai quelque pressentiment que cette petite île étonnera un jour le monde »; et, dans ces premiers écrits, où se dépensait la force de son génie, il exprimait ses pensées avec un style vigoureux, incisif, imagé, tel qu'on le vit plus tard dans ses proclamations, un style qui était, selon le mot d'un de ses professeurs, *du granit chauffé au volcan*. Paoli, aussi, s'était écrié un jour en l'écoutant: « Tu n'as rien de moderne, Bonaparte! tu es un homme de Plutarque! »

Ces puissantes qualités allaient avoir pour se développer une vaste carrière : la révolution française, en éclatant, changea tout à coup les conditions du gouvernement et des différentes classes de la société. Au moment où ses premiers excès firent prévoir de plus grandes catastrophes, beaucoup d'officiers effrayés sortirent de France, et se réunirent aux émigrés : Bonaparte, lui, refusa de suivre l'exemple de ses camarades ; il prévit que la révolution ouvrait des temps nouveaux, et qu'elle serait favorable aux talents.

Non qu'il ne jugeât dès lors et ne condamnât les sauvages violences où elle s'abandonna ; il avait un si vif sentiment de l'autorité, que les tumultes et les triomphes populaires ne lui inspiraient que de l'indignation ; il assista avec tristesse et dégoût au 10 août, à l'assaut des Tuileries, au massacre des Suisses : cette victoire de l'émeute, il l'appelait une journée hideuse.

Il était alors capitaine d'artillerie : il vint en Corse par congé, et là, pour la première fois, il montra publiquement ce que l'on devait attendre de son caractère et de son esprit. Un emploi de chef de bataillon de la garde nationale soldée était vacant et devait être donné à l'élection; il se mit sur les rangs : dans ce pays divisé par de vieilles haines, il avait à lutter contre un compétiteur appuyé d'un puissant parti; mais Bonaparte, qui, du milieu des insurrections de Paris, avait écrit à l'un de ses oncles : « Ne soyez pas inquiet de vos neveux, ils sauront se faire place, » avait résolu de l'emporter. Il savait qu'il faut quelquefois brusquer les hommes. Pendant que les commissaires chargés de l'organisation du bataillon étaient réunis à dîner chez le chef du parti contraire, une dizaine de ses partisans, le fusil à la main, envahirent la maison par son ordre, et enlevant les convives stupéfaits, les emmenèrent dans sa propre maison; là, sous son influence et gagnés par sa bonne grâce, qui lui fit pardonner la rudesse de son procédé, ils agirent en sa faveur près des électeurs et il fut nommé commandant (1). Il n'avait que vingt-trois ans quand il fit cet essai de coup d'État, qui annonce le 18 brumaire.

Peu de temps après, il revint en France, et fut envoyé, en qualité de chef d'escadron, pour commander l'artillerie au siége de la ville de Toulon que la trahison avait livrée aux Anglais. En Corse, venait de se dévoiler le politique; à Toulon, il donna la première preuve de son génie militaire. L'armée était commandée par Cartaux, un de ces généraux que la révolution nommait parce qu'ils se montraient ardents patriotes, sans s'inquiéter de leur capacité. Sous celui-ci, le siége traînait

(1) Nasica, *Mémoires sur la jeunesse de Napoléon.*

en longueur : à peine arrivé, Bonaparte vit de quel côté la place devait être attaquée ; Cartaux, qui parlait de marcher sur les fortifications en trois colonnes comme sur une armée, ne comprenant rien aux vues du jeune commandant, repoussait opiniâtrement son plan, lorsqu'un représentant du peuple en mission à l'armée, Gasparin, témoin de la discussion, fut ébranlé par la force des raisons de Bonaparte et décida que son projet serait adopté. Napoléon n'oublia jamais ce service, et, en inscrivant le nom de Gasparin dans son testament : « C'est lui, ajouta-t-il, qui me mit, par sa protection, à l'abri de l'ignorance des états-majors ; il protégea et sanctionna de son autorité le plan que j'avais donné et qui valut la prise de Toulon. »

Les Anglais s'étaient établis dans un fort qui dominait la ville, et l'avaient rendu si formidable qu'ils l'appelaient le *Petit Gibraltar :* « Si les Français l'emportent, disait le commandant, je me fais jacobin. » Ce fut sur ce fort que Bonaparte dirigea sa principale attaque ; il fit construire à une courte distance une batterie destinée à y ouvrir une brèche : à peine la batterie fut-elle démasquée, que le feu de l'ennemi la foudroya ; les canonniers tombaient coup sur coup, elle allait être abandonnée. Mais, déjà, celui qui devait entraîner ses armées aux extrémités de l'Europe par de si émouvantes proclamations, avait le secret de ces mots auxquels l'homme ne résiste pas ; il fit mettre sur un poteau cette inscription : *batterie des hommes sans peur*, et tous les artilleurs de l'armée voulurent y servir. Peu de jours après le *Petit-Gibraltar* était enlevé.

A Toulon aussi, il fit connaissance de deux jeunes gens qui devinrent ses fidèles amis, Duroc et Junot : celui-ci n'était encore que sergent ; il écrivait dans une redoute sous la dictée de Bonaparte, quand un boulet, frappant sur le parapet, couvrit son papier de terre : « Bon, dit-il, je n'aurai pas besoin de sable. » La présence d'esprit, la bravoure, la gaieté du jeune sergent plurent à Bonaparte, il se l'attacha, et, après le siége de Toulon, ayant été nommé général de brigade, il le prit pour aide de camp. Junot devint bientôt l'admirateur passionné de son général : « Vous me demandez quel est ce Bonaparte dont je parle toujours et à qui j'ai lié mon sort, écrivait-il à son père ; c'est un de ces hommes dont la nature est avare, et qu'elle ne jette sur le globe que de siècle en siècle. »

La supériorité de Bonaparte, de ce moment, n'est plus un doute pour ses chefs. Le vieux Dugommier, successeur de Cartaux, que Napoléon dans son testament appelle, *mon ami Dugommier*, s'est déclaré son protecteur ; Dumerbion, général en chef de l'armée des Alpes, où il est envoyé pour commander l'artillerie, écrit à Paris : « C'est grâce aux savantes combinaisons du général Bonaparte que j'ai obtenu de rapides succès ; récompensez et avancez ce jeune homme, car, si l'on était ingrat envers lui, il s'avancerait tout seul. »

L'ingratitude et l'envie ne lui manquent pas, d'ailleurs, comme pour consacrer son génie. Un obscur officier, devenu chef du comité de la guerre, nommé Aubry, le retire de l'armée des Alpes et veut l'envoyer en Vendée : « Vous êtes trop jeune, lui dit-il, il faut laisser passer les anciens. » — « On vieillit vite sur le champ de bataille et j'en arrive! » répliqua Bonaparte à ce médiocre esprit qui mesurait les grades aux années. Un successeur d'Aubry, Pontécoulant, jugea pourtant sa coopération utile, et l'attacha au comité de topographie; mais cette position était secondaire : il se dévorait dans son inactivité, et, sa pensée volant en Orient, pays des rêves et des guerres aventureuses, un moment il songea à aller servir en Turquie.

Les grands hommes ont souvent de ces temps d'arrêt où, avant de s'élancer dans leur sphère, ils sont retenus immobiles et se désespèrent. Un de ces revirements soudains comme il en arrive en révolution changea subitement sa situation : le canon du 13 vendémiaire déchira le voile qui semblait placé entre lui et sa destinée. La Convention eut, avant de se retirer, à soutenir une lutte contre une partie de la population parisienne: il manquait un général; Barras proposa Bonaparte qu'il avait connu au siége de Toulon. Bonaparte se comporta vis-à-vis de l'insurrection comme vis-à-vis de l'ennemi; d'un coup rude et prompt il l'abattit et fit triompher le pouvoir.

Il fut récompensé par le grade de général de division et le titre de commandant de l'armée de l'intérieur : bientôt il échangea ce titre pour celui de général en chef de l'armée d'Italie. Il venait, quelques jours auparavant, d'épouser la veuve du général Beauharnais, Joséphine Tascher de la Pagerie; la voie lui était ouverte. Il partit de Paris pour l'Italie, inconnu; il devait y rentrer, un an après, glorieux, illustre, et déjà regardé comme le premier général du siècle.

1796.

CAMPAGNE D'ITALIE.

Batailles de Montenotte et de Mondovi. — Le pont de Lodi. — Arrivée de la deuxième armée autrichienne. — Bataille de Castiglione. — Wurmser renfermé dans Mantoue.

On l'a dit, les campagnes d'Italie ne devraient pas être racontées, elles devraient être chantées : pour peindre ces marches rapides, ces élans généreux, ces coups imprévus, ces proclamations héroïques, il faudrait non un historien, mais un Homère.

Bonaparte, en effet, quoique savant déjà dans les ressources les plus compliquées de la guerre, agit moins, ce semble, dans cette première campagne, par combinaison que par intuition : ses résolutions ont la soudaineté et l'éclat de la jeunesse; on ne se le représente pas abîmé dans des calculs profonds, mais frappé tout à coup d'un rayon lumineux, se touchant le front, et disant : « Marchons! » voyant tout clairement devant lui sans aucun nuage; c'est une figure idéale comme celles de l'antiquité.

Il a une tactique spéciale, qu'il emploie presque partout, dès le début; ses forces sont de moitié plus faibles que l'ennemi; il ne peut songer à lutter corps à corps avec lui; il s'applique à le tromper, à lui donner des craintes sur un point, et à l'attaquer sur un autre, à le couper en deux, trois tronçons, et à les battre séparément, l'un après l'autre. Pour l'exécution de ses plans, il a des lieutenants dévoués, ardents, et des soldats d'une activité qui dévore les routes, qui déconcerte les mouvements réfléchis de l'ennemi, d'un amour-propre qui leur fait tout braver pour vaincre, d'une intelligence qui leur fait admirablement exécuter, parfois deviner le projet de leur chef : « Mon général, il faudrait faire cela, » lui dit un jour un soldat en s'approchant de lui, pendant une marche : — « Malheureux, veux-tu bien te taire ! » s'écrie Bonaparte. C'était précisément le plan du général.

L'armée d'Italie.

Là est réuni tout ce qui saisit et attache l'imagination; rien ne plaît plus à l'homme et ne l'intéresse si vivement que le spectacle de son semblable faisant sa position, élevant un édifice là où il n'y avait rien, et donnant ainsi une idée de la toute-puissance de l'être par excellence qui crée et règle en même temps toutes choses. C'est ce que l'on voit en 1796, au moment où Bonaparte arrive à l'armée d'Italie. Il trouvait tout à former et à réformer : cette armée, composée de braves soldats, mais commandée jusqu'ici par des généraux médiocres, était reléguée depuis trois campagnes dans un coin des Alpes; de temps en temps il se livrait de petits combats entre elle et l'ennemi peu entreprenant de son côté; il semblait que, par une convention tacite, on fût résolu à ne se faire qu'une guerre défensive.

L'état-major général se tenait à Nice, immobile, loin du vrai théâtre de la guerre; on laissait aller les choses à elles-mêmes. Par suite de cette insouciance, de grands désordres s'étaient introduits dans l'armée : tout manquait; les soldats, à demi nus, presque sans souliers, recevant rarement leur solde, en étaient arrivés à un égal degré de misère et d'indiscipline; ils vivaient de maraude et se portaient à des actes continuels d'insubordination. Réduits à des forces insuffisantes, dispersés dans les gorges des Alpes, ils avaient perdu toute confiance et toute initiative. D'ailleurs, les moyens d'agir manquaient; faute de fourrages on avait été obligé de renvoyer la cavalerie à Nice; l'artillerie ne se composait que de vingt-quatre pièces de montagne; cette armée n'était vraiment formée que d'infanterie.

Bonaparte arrive, et, en quelques jours, tout change : *29 mars.* d'abord, et afin de rompre avec les mauvaises habitudes, il transporte le quartier général de Nice, grande ville où s'amollissaient les officiers, à Alberga, dans un village, en avant dans les montagnes. Il parle aux soldats; il leur adresse une proclamation écrite avec une ardeur et une vivacité qui élèvent les âmes :

« Soldats! vous êtes nus, mal nourris; le gouver- *Première* nement vous doit beaucoup, il ne peut rien vous don- *proclamation.*

ner. Votre patience, le courage que vous montrez au milieu de ces rochers sont admirables; mais ils ne vous procurent aucune gloire, aucune ne rejaillit sur vous. Je veux vous conduire dans les plus fertiles plaines du monde : de riches provinces, de grandes villes seront en votre pouvoir; vous y trouverez honneur, gloire et richesses. Soldats d'Italie! manqueriez-vous de courage et de constance? »

Les soldats sentent qu'ils ont un homme à leur tête. L'armée d'Italie était surtout composée de volontaires appartenant à la bourgeoisie du Midi, intelligents, instruits (1), qui étaient devenus soldats dévoués, aguerris, intrépides, et n'avaient besoin que d'un chef.

Lieutenants de Bonaparte. Ce jeune général était lui-même dans des conditions exceptionnelles; il venait prendre le commandement d'une armée sans avoir encore rien fait qui semblât le rendre digne d'une telle préférence. De vieux généraux qui commandaient les divisions le voyaient arriver avec un mécontentement à peine comprimé : il les domina tout de suite, comme ses soldats. Il n'avait que vingt-sept ans, et déjà son attitude, ses regards, ses gestes étaient ceux du commandement; son air d'autorité imposait. Il se décelait homme né pour le pouvoir.

Il est des grands hommes qui ne viennent pas seuls dans le monde; ils apparaissent entourés d'autres hommes éminents qui les complètent pour ainsi dire. Louis XIV entre dans son règne accompagné de Tu-

(1) *Mémoires de Napoléon.*

renne, Condé, Bossuet, Racine, Boileau, Molière. Bonaparte entre dans la guerre avec une pléiade de jeunes gens qui participeront à ses grandes actions et à sa gloire : Murat, qui est venu le trouver et lui a demandé de le suivre en qualité d'aide de camp, comme s'il pressentait sa fortune et son génie, Junot, Lannes, Victor, Marmont, Serrurier, etc., tous aujourd'hui inconnus, et tout à l'heure illustres. Quelques-uns sont plus anciens, c'est-à-dire âgés de plus de trente ans : Augereau, renommé par son courage ; Masséna, corps de fer, âme de feu, dont on dit déjà : personne n'est plus brave que lui, et que Bonaparte appellera bientôt *l'enfant chéri de la victoire;* Berthier, chef de l'état-major général, instruit, infatigable, passant les jours à cheval et les nuits à écrire. Tous les autres ont de vingt-deux à vingt-huit ans ; ils sont doués de ces nobles et belles qualités de la jeunesse, qui la rendent si fière et si aimable : ardents, braves, généreux, liés par une amitié désintéressée et chevaleresque, dévorés de zèle et livrant leurs jours sans compter, ils sont portés aux actions les plus héroïques par l'ambition la plus élevée, par l'amour de la gloire, la foi en leur avenir. Et leur chef, il a plus qu'aucun d'eux cette foi sublime en lui-même : « Je me souviens de cette campagne d'Italie, disait-il vingt ans après, quand, relégué à Sainte-Hélène, sa vie repassait devant lui ; j'étais jeune alors, plein de vivacité, d'ardeur ; j'avais la conscience de mes forces, je bouillais d'entrer en lice ; il me fallait des actions d'éclat pour me concilier l'affection du soldat, j'en fis. Nous marchâmes, tout s'éclipsa à notre approche, je devins insensible à tout ce qui n'était pas la gloire; tout était à ma disposition, tout était à mes pieds; mais je ne voyais que mes braves, la France et la postérité! »

Les premiers coups que porta ce jeune général, rapides, successifs, réveillèrent comme en sursaut les ennemis endormis.

<small>Victoires de Montenotte et Millésimo</small>

Les Autrichiens étaient maîtres des sommets des monts, depuis le col de Tende, à droite où commandait le général piémontais Colli, jusqu'à Bocchetta, près de Gênes, à gauche, où commandait Beaulieu. Bonaparte, ne pouvant livrer une action générale avec des troupes inférieures, conçut un plan nouveau : il se dirige à gauche du côté de Gênes, comme pour s'en emparer; Beaulieu aussitôt s'y porte et affaiblit ainsi son centre; alors Bonaparte, ramassant toutes ses forces, se jette sur ce <small>11 avril.</small> centre, à Montenotte, l'enfonce et fait 2,000 prisonniers; le 14, il le bat encore à Millésimo; le général Provera, enfermé dans un château, met bas les armes avec 1,500 hommes; le 16, Dégo est enlevé : en six jours les hauteurs ont été prises, les deux armées autrichiennes et piémontaises isolées, l'Apennin est franchi.

<small>Rampon à Monte-Legino.</small>

Ces résultats si prompts et si décisifs étaient dus au génie du général et aussi à l'intrépide bravoure de ses soldats. A la bataille de Montenotte, la troupe du colonel Rampon avait donné un exemple digne des temps antiques; elle occupait à Monte-Legino une redoute à peine achevée et non encore armée, qui fermait la route. Rampon n'avait sous ses ordres que 1,200 hommes, lorsqu'il fût attaqué par toute une division de l'armée ennemie; mais il connaît toute l'importance de son poste : avant de commencer le feu « Jurons, s'écrie-t-il, de mourir tous ici avant que les Autrichiens y pénètrent! — Nous le jurons! » répondent ses soldats. Les Autrichiens approchent, de meurtrières décharges en renversent des files entières; plusieurs attaques sont renouvelées, les munitions des Français commencent à s'épuiser; « mais n'ont-ils pas leurs baïonnettes? Ils se serrent en masse et présentent un front menaçant; le rempart de fer qu'ils opposent est plus formidable que les retranchements (1). » En vain, le général autrichien, Argenteau, se met au premier rang et anime ses soldats; après une attaque prolongée jusque bien avant dans la nuit, il désespère d'emporter une position défendue par de tels hommes et se retire.

Le lendemain, un renfort vint dégager cette troupe héroïque, dont les soldats furent réunis en une demi-brigade, la 32me, célèbre dans les guerres d'Italie et qu'on appelait *la brave*.

Les Autrichiens étaient battus et morcelés; Bonaparte se rabattit sur les Piémontais, à gauche. Dans cette poursuite, en arrivant sur les hauteurs de Monte-Zémolo, les Français eurent un spectacle sublime : les campagnes de l'Italie, comme une décoration magique, tout d'un coup apparurent devant eux; à leurs pieds s'étendaient de vertes plaines sillonnées d'éclatantes rivières, et semées de nombreux villages; au loin et fermant

---

(1) *Victoires et conquêtes.*

l'horizon, les Alpes dressaient leurs sommets de neige à une prodigieuse hauteur. En présence de ce riche bassin de la *terre promise* (1), où ils allaient descendre, les Français regardaient étonnés ces gigantesques montagnes qu'ils n'avaient point passées et qui se trouvaient derrière eux comme par enchantement : « Annibal a franchi les Alpes, s'écria Bonaparte, nous, nous les avons tournées ! »

<small>Armistice avec le Piémont. 28 avril.</small>

Colli s'était mis à l'abri dans le camp retranché de Ceva, près Mondovi : Bonaparte le tourne, le force à quitter son camp, le bat à Mondovi, s'empare de Cherasco, d'Alba, de Fossano ; il n'est plus qu'à dix lieues de Turin ; la cour de Piémont épouvantée demanda un armistice. Bonaparte y consentit, mais lui imposa des conditions qui devaient contribuer à ses succès à venir : le roi de Sardaigne s'engagea à se retirer de la coalition et livra deux places, Coni et Alexandrie, remplies d'immenses approvisionnements.

La face des choses était changée : les soldats français se regardaient déjà comme invincibles. A la nouvelle de ces victoires, les malades quittaient les hôpitaux, les fugitifs revenaient reprendre leur place dans les rangs : Bonaparte les anima encore d'un plus grand enthousiasme, en leur adressant une proclamation où, dans une langue précise et forte, sans phrases, avec une éloquence qui n'avait pas eu de modèle, il parlait à ses soldats de leurs souffrances et de leur gloire : « Soldats ! vous avez, en quinze jours, remporté six victoires, pris vingt-et-un drapeaux, cinquante pièces de

---

(1) Expressions de Bonaparte.

canon, plusieurs places fortes, conquis la partie la plus riche du Pémont! vous avez fait 15,000 prisonniers, tué ou blessé 10,000 hommes, vous égalez par vos services l'armée conquérante de la Hollande et du Rhin. Denués de tout, vous avez suppléé à tout, vous avez gagné des batailles sans canons, passé des rivières sans ponts, fait des marches sans souliers, bivouaqué plusieurs fois sans pain. Grâces vous en soient rendues, soldats! mais, il ne faut pas vous le dissimuler, vous n'avez encore rien fait, puisque beaucoup de choses vous restent encore à faire; la patrie attend de vous de grandes choses, vous justifierez son attente. Vous brûlez de porter au loin la gloire du peuple français, d'humilier les rois orgueilleux, qui méditaient de nous donner des fers, de dicter une paix glorieuse qui indemnise la patrie des sacrifices qu'elle a faits. Vous voulez tous, en rentrant au sein de vos familles, dire avec fierté: *J'étais de l'armée conquérante d'Italie!* »

Débarrassé d'ennemis sur ses derrières, Bonaparte ne s'occupa plus que de Beaulieu: le général autrichien, privé de l'appui des Piémontais, s'était pressé de mettre le Pô entre lui et les Français; pour franchir ce large fleuve et atteindre l'ennemi, Bonaparte le trompa cette fois encore par une feinte: tandis que quelques troupes se portent du côté de Valence en face de Beaulieu, comme s'ils voulaient passer le Pô en cet endroit, il descend lui même beaucoup plus bas, près de Plaisance; il n'y a pas de pont, il s'empare de toutes les barques qu'il rencontre, et atteint l'autre rive. Effrayé de l'approche de l'armée française victorieuse, le duc

Armistice avec Parme.

6 mai.

de Parme, qui faisait partie de la coalition, vint faire aussi des propositions de paix ; Bonaparte profita des deux jours que l'armée mit à passer le Pô, pour terminer cette négociation ; il obligea le duc de Parme à demeurer neutre, à payer deux millions, à fournir 1,600 chevaux, des vivres, des munitions, etc.; mais, en outre, et ce que l'on n'avait pas encore vu depuis les conquêtes des Romains, qui marquaient leurs triomphes sur la Grèce en lui enlevant des chefs-d'œuvre de l'art, une des conditions imposées au duc, fut de livrer vingt des plus beaux tableaux qui ornaient ses galeries et ses palais. Pour garder un de ces tableaux, *la Communion de saint Jérôme*, du grand peintre le Dominiquin, le duc de Parme offrit un million : « Le million, répondit ce général qui commandait à des soldats déguenillés, nous l'aurions bientôt dépensé ; un chef-d'œuvre est éternel, il parera notre patrie ! » Quelques jours après, le duc de Modène traita à des conditions analogues.

Passage du pont de Lodi.

Le Pô franchi près de Plaisance, la route de Milan se trouvait ouverte : l'avant-garde de Beaulieu essaie de s'opposer à la marche des Français, elle est défaite à Fombio ; Beaulieu se hâte de remonter vers Milan afin de le couvrir, passe une autre rivière, l'Adda à Lodi, et y laisse un de ses lieutenants pour défendre le pont. Ce n'est que par le pont de Lodi que les Français pouvaient traverser cette rivière : là allait se livrer un des plus terribles et des plus glorieux combats de la campagne d'Italie.

10 mai.

Au bout du pont étroit et long de 600 pieds, 30 pièces de canon étaient braquées qui le couvraient de mitraille, et 10,000 Autrichiens massés sur les bords appuyaient de leur feu cette formidable artillerie ; ils ne s'imaginaient pas qu'il y eût des hommes capables de braver de tels obstacles. Bonaparte reconnaît la position, et aussitôt décide que l'on emportera le pont de vive force : il met d'abord en batterie deux pièces pour répondre aux canons ennemis; puis, formant en colonne les grenadiers de l'armée, il les passe en revue, les anime par ses paroles, et leur rappelle leurs victoires. Le signal est donné : les tambours battent la charge, les grenadiers, leur général à leur tête, s'élancent au milieu d'une mitraille meurtrière, et, malgré de nombreux morts qui tombent, courent jusqu'au milieu du pont; là il y a un moment d'hésitation; sous ce feu terrible quelques-uns reculent : Masséna alors, Berthier, Dallemagne, Lannes, une foule d'officiers se précipitent en avant, les raniment et les entraînent au pas de charge; en quelques instants, le pont est franchi, les canons sont enlevés, les Autrichiens culbutés et mis en fuite, laissent 2,000 hommes sur le terrain; si la cavalerie française n'eût pas été éloignée de plusieurs lieues, le corps ennemi eût péri tout entier (1).

Après cet éclatant fait d'armes, sans perdre un instant, Bonaparte marche sur Milan ; il en reçut les clefs à Marignan même, où trois siècles auparavant, en

Conquête de la Lombordie.

(1) Les soldats français, qui avaient pour Bonaparte une admiration enthousiaste, ne pouvaient se lasser de s'étonner de la jeunesse de ce général en chef : ils s'amusèrent entre eux à le faire passer par tous les grades; à Lodi, il fut nommé *caporal;* de là le surnom populaire de *Petit Caporal.*

— 20 —

15 mai. 1520, François Ier avait remporté une grande victoire ; puis il entra dans la capitale de la Lombardie, aux cris d'enthousiasme des habitants qui saluaient les Français comme leurs libérateurs.

La Lombardie était dans ses mains ; les contributions de guerre avaient enrichi son armée, il avait envoyé des sommes considérables au directoire, il envoya, en outre, un million à Moreau qui commandait l'armée du Rhin, afin de l'aider à entrer en campagne.

Sa pensée embrassait un plan gigantesque : il songeait à chasser les Autrichiens de la Lombardie, du Tyrol, à pénétrer en Allemagne par les Alpes Noriques, et, se réunissant à l'armée du Rhin, à marcher ensemble sur Vienne et imposer la paix à l'empereur dans sa capitale.

Au moment où le jeune vainqueur formait ces hardis projets, le Directoire, inquiet déjà de la grandeur de son nom, lui envoya l'ordre de diviser son armée et d'en donner une partie à Kellermann. Bonaparte, indigné, offrit sa démission ; les directeurs n'osèrent l'accepter, il resta maitre de ses mouvements et libre de suivre ses inspirations.

Avant d'aller plus loin, il voulut s'assurer des dispositions du centre de l'Italie : avec une seule division, il se porta vers les États de l'Église ; sa présence suffit pour obliger le pape et le grand duc de Toscane à faire la paix. De même que les ducs de Parme et de Modène, ils livrèrent plusieurs millions, des approvisionnements, des œuvres d'art ; à Livourne, il confisqua une quantité considérable de marchandises anglaises. Ces traités conclus, Vérone pris, une révolte qui avait éclaté à Pavie, sévèrement réprimée, il se dirigea vers Mantoue et commença le siége de cette forte place, la dernière que les Autrichiens possédassent en Italie.

<small>4 juin.</small>

Beaulieu, en effet, avait passé le Mincio, puis, le Mincio ayant été forcé par les Français, il ne s'était pas cru encore en sûreté ; il avait détaché un corps considérable de son armée sur Mantoue, dont la garnison était ainsi devenue forte de 13,000 hommes, et, avec le reste de son armée, s'était retiré lui-même jusque dans le Tyrol. Frappé de terreur par les coups rapides des Français : « Je fuirai demain, écrivait-il à Vienne, après-demain, tous les jours, jusqu'en Sibérie, s'il prend envie à ces diables de m'y poursuivre. » La cour de Vienne comprit l'insuffisance de ce vieux général et le remplaça par le général Wurmser, vieux aussi, mais actif, énergique et qu'avaient illustré ses succès dans la guerre de Sept Ans.

Ici, va commencer, non pas seulement une nouvelle campagne, mais une suite de trois campagnes où, en quelques mois, coup sur coup, Bonaparte va se défaire de trois armées qui partiront successivement du Tyrol avec le même but, la délivrance de Mantoue, et seront rejetées au même point de départ, en Tyrol. C'est là ce qui donne l'unité à cette série d'opérations, qui au premier abord paraissent si compliquées : les moyens sont différents, le résultat est le même.

<small>Arrivée de la deuxième armée Autrichienne.</small>

L'armée française assiégeait Mantoue ; Bonaparte avait fait transporter autour de la place 150 gros canons enlevés de la citadelle de Milan ; le siége était vivement

— 22 —

20 juillet. poussé, quant il apprit l'approche d'une nouvelle armée ennemie : cette armée, composée des débris de Beaulieu et de 30,000 soldats de l'armée du Rhin, comptait 60,000 hommes. Il n'en avait que 44,000, il allait être serré entre cette grande armée, et la garnison de Mantoue forte de 13,000 hommes. Il y eut dans l'armée un moment de vive perplexité ; mais Bonaparte a pris son parti, un parti énergique, inattendu et qui confondra l'ennemi. Il lève le siége, il fait le sacrifice de ses canons, il les encloue, il détruit les munitions qu'il ne peut enlever et marche au-devant des Autrichiens.

Voici quel était son plan : l'armée autrichienne descendait du Tyrol en Italie en deux divisions parallèles, l'une de 25,000 hommes à droite du lac de Garde, sous Quasdanowich, l'autre de 35,000 hommes à gauche, sous Wurmser, et tous deux devaient se réunir à la pointe du lac de Garde, vers Lonato. Il importe donc avant tout de prévenir leur jonction : il courra d'abord sur le plus faible, sur Quasdanowich, le repoussera au loin, puis il se tournera sur Wurmser et l'accablera à son tour. Déjà, les petits corps français laissés du côté du lac de Garde, repoussés par les forces supérieures 30 juillet. des Autrichiens, avaient abandonné Salo, Brescia et Lonato ; Bonaparte accourt, toutes les positions enlevées par les Autrichiens sont immédiatement reprises, il entre avec tant d'impétuosité dans Brescia qu'il y retrouve les blessés français que les Autrichiens n'avaient pas eu le temps d'emmener des hôpitaux. Le surlendemain, les Autrichiens essayèrent de prendre Lonato : mais, 3 août. écrivit Bonaparte au directoire, *la 32ᵐᵉ était là, j'étais tranquille;* au bout de trois jours, le corps du général Quasdanowich était rejeté dans les montagnes.

C'est durant ces rapides combats que Bonaparte, par un singulier accident de la guerre, courut un danger dont il se tira par sa présence d'esprit et son audace. Il se trouvait, le 4 août, au soir, à Lonato avec 1,200 hommes seulement; tout à coup un parlementaire se présente qui le somme de se rendre. Lonato était, en effet, investi par une forte division ennemie. Bonaparte ne se déconcerte pas; il voit tout de suite la vérité : cette division ne peut être qu'un corps séparé qui cherche à rejoindre l'armée autrichienne. Il fait débander les yeux du parlementaire, et d'un accent indigné lui demande comment son chef ose venir insulter un général en chef, vainqueur, au milieu de son état-major et entouré de son armée : « Allez, ajoute-t-il, dites à votre général que, si dans huit minutes il n'a pas mis bas les armes, je le fais fusiller avec toutes ses troupes! » Aussitôt il donne ordre de faire avancer les grenadiers et de mettre les pièces en batterie; le parlementaire effrayé retourna à son général, qui, convaincu qu'il avait en face de lui toute l'armée française, déposa les armes et se rendit avec trois mille hommes et quatre pièces de canon.

Mais, tandis que Bonaparte repoussait le corps de Quasdanowich, Wurmser, parvenu sans obstacle jusqu'à Mantoue, y était entré, avait renforcé la garnison, puis en était reparti afin de se réunir à son lieutenant. Il marchait plein de confiance à sa rencontre, lorsque, au lieu de Quasdanowich, il trouva devant lui Bonaparte,

Bonaparte à Lonato.

5 août.

Bataille de Castiglione.

qui revenait sur ses pas pour le battre à son tour. Le choc eut lieu à Castiglione : « ce fut moins, grâce aux habiles dispositions de Bonaparte, un combat qu'une manœuvre (1). »

En levant le siége de Mantoue, il avait laissé en arrière la division Serrurier, destinée à couvrir Crémone et Plaisance. Il ordonna à cette division de venir le rejoindre; il avait calculé qu'elle arriverait pendant la bataille sur les derrières de l'ennemi, tandis que lui l'attaquerait de front. En attendant l'effet de cette combinaison, il n'engagea le combat que mollement, il céda le terrain; les Autrichiens commençaient même à étendre leur aile droite, dans l'espérance de le déborder, lorsque la division Serrurier, qui avait fait une marche forcée, arrive sur le terrain, et si inopinément qu'elle pénètre dans le camp ennemi, jusqu'au quartier général de Wurmser; celui-ci eut à peine le temps de sauter sur son cheval et de se sauver. Cette troupe fraîche, et pleine d'ardeur, se précipitant sur la gauche des Autrichiens les pousse devant elle; Bonaparte, alors, les fait attaquer à droite par Masséna, au centre par Augereau; les Autrichiens qui voulaient l'envelopper sont débordés eux-mêmes, repoussés sur toute la ligne, près d'être culbutés dans le lac de Garde. Ils battent précipitamment en retraite et repassent le Mincio, coupent les ponts, et reprennent le chemin du Tyrol. Ainsi, le plan audacieux de Bonaparte avait complétement réussi : en cinq jours, les Autrichiens avaient perdu 70 canons, 18,000

(1) Jomini, *Histoire critique et militaire des guerres de la révolution.*

hommes tués ou prisonniers, et étaient rejetés dans les montagnes d'où ils étaient partis. Tant d'activité et d'énergie avait étourdi le vieux Wurmser : « Quel est donc l'âge de votre général ? demanda-t-il à un officier français. — L'âge de Scipion, répondit cet officier, quand il vainquit Annibal. »

Mais, parce qu'il avait repoussé l'ennemi jusque dans le Tyrol, Bonaparte ne croyait pas avoir encore assez fait; il conçoit un nouveau projet plus hardi encore que le premier, celui d'aller chercher Wurmser jusque dans le Tyrol et d'achever de détruire son armée. *Nouveau plan de Bonaparte.*

Wurmser, de son côté, retiré dans les montagnes, s'était hâté de réorganiser ses troupes : il avait reçu des renforts, et, avec la persistance du caractère allemand, se disposait, malgré sa défaite, à revenir en Italie.

En ce moment, il faut se figurer Bonaparte, et les deux généraux autrichiens, Davidowich et Wurmser, comme occupant trois points différents d'un grand cercle : Bonaparte au bas du lac de Garde; un grand corps, sous Davidowich, en haut à gauche, dans les montagnes du Tyrol, et Wurmser en haut à droite, dans la vallée de la Brenta, qui s'arrondit en dessinant une grande coube du nord aur sud. Ce que se proposait, cette fois, Wurmser, c'était, tandis que Bonaparte monterait à gauche vers Davidowich, de descendre lui-même le long de la vallée de la Brenta, de passer ainsi derrière les Français et de les surprendre en les attaquant en queue. Mais il avait compté sans la pénétration et la célérité de Bonaparte :

celui-ci, dès les premiers mouvements de Wurmser, devine son projet, et, loin d'être arrêté, il n'est que plus excité à accomplir celui qu'il a formé; il ne craint pas d'être attaqué, pendant qu'il combattra Davidowich; il connait l'ardeur et l'intrépidité de ses troupes, il devancera son ennemi de vitesse, il l'atteindra avant qu'il ait quitté la vallée; ce n'est pas Wurmser qui prendra Bonaparte par derrière, c'est Bonaparte qui prendra Wurmser.

<small>4 septembre. Combat de Roveredo.</small> Il part donc, il fait filer ses troupes à la fois des deux côtés du lac de Garde et attaque Davidowich. Cette nouvelle opération est encore plus extraordinaire que la première : à Roveredo, les Autrichiens, avec une nombreuse artillerie, occupaient un défilé étroit, et le défilé était fermé par un château bâti sur des rochers à pic au pied desquels coulait l'Adige; la position semblait inabordable; voici comment elle fut enlevée : pendant que de nombreux tirailleurs montent sur les hauteurs et font un feu plongeant sur l'ennemi, d'autres se glissent le long du fleuve, sautent sur les rochers, s'accrochent aux moindres aspérités et arrivent ainsi derrière le château, en forcent les portes et s'en rendent maîtres. Le reste de l'armée débouche alors dans le défilé, s'élance sur les Autrichiens et les culbute; entassés en grand nombre dans ce défilé, les Autrichiens sont renversés, pris et tués en grand nombre; ils fuient à travers les ravins et les bois; leur général n'en réunit pas la moitié à Trente. Huit mille restent prisonniers.

Dans la nuit même, Davidowich quitte Trente et se

retire vers le nord; les Français le suivent comme à la piste, dépassent Trente, et l'attaquent au pont du Lavis : là, on vit encore un de ces traits d'audace si communs dans ces grandes guerres et qu'on admirerait davantage s'ils ne se renouvelaient si souvent. Les Autrichiens étaient placés comme à Lodi, c'est-à-dire dans un village en face du pont qu'ils couvraient de mitraille; ce pont n'était pas coupé, mais on avait enlevé tous les madriers, de telle sorte qu'il était à jour comme une échelle qu'on eût placée sur la rivière : il n'importe; le signal est donné, les Français, au milieu de la fusillade, s'élancent, sautent de poutre en poutre et traversent le pont; l'ennemi, ne pouvant tenir devant de tels soldats, abandonna le village. Dès lors le corps de Davidowich, fuyant dans les montagnes, n'était plus à craindre : Bonaparte laissa seulement quelques troupes pour l'observer; la première partie de son plan est exécutée, maintenant il va atteindre Wurmser. Passage du pont du Lavis.

Le maréchal autrichien, en apprenant la marche de Bonaparte contre Davidowich, ne s'était pas d'abord effrayé; il fut réveillé en sursaut par l'arrivée soudaine de Bonaparte. Dès le lendemain de la prise de Trente, en effet, Bonaparte en sort, et arrive à l'entrée de la vallée de la Brenta; le fort de Cavolo défendait cette entrée, il l'emporte de force et s'engage dans ces gorges étroites à la poursuite de Wurmser; celui-ci avait déjà gagné la moitié de la vallée et était en avance de vingt lieues. Bonaparte l'atteindra cependant : ses troupes marchent sans relâche; ces vingt lieues, il les fait en deux jours, et le 8, il atteint Wurmser à Bassano; là, Poursuite de Wurmser.

6 septembre.

Wurmser, fortement établi dans des gorges resserrées, essaie de lui barrer le chemin et de l'arrêter. Bonaparte fait passer la Brenta à une partie de ses troupes; Masséna attaque à droite, Augereau à gauche : les Autrichiens sont rejetés en désordre dans Bassano; Wurmser a peine à se sauver lui-même; une partie de son armée fuit vers le Frioul, une autre du côté de Vicence. Déjà, par ses pertes dans ces différents combats, au lieu de 25,000 hommes, il ne lui en reste que 14,000. Alors il n'a plus qu'un but, courir à Mantoue et s'y mettre à couvert, il presse sa marche pour atteindre ce lieu de refuge; mais Bonaparte a résolu de lui ôter même cette ressource suprême. Sahuguet, avec une division française, est devant Mantoue; Bonaparte lui commande de couper tous les ponts sur les rivières que Wurmser doit traverser : Wurmser, dans l'impossibilité de franchir les rivières, va ainsi se trouver au milieu d'un pays coupé de petites rivières et de marais, entre Sahuguet et Bonaparte qui s'est mis à ses trousses; il ne peut échapper, il sera obligé de mettre bas les armes; son armée va être détruite jusqu'aux derniers débris.

Bonaparte ne donne aucun relâche à ses troupes; par son ordre, Masséna prend une autre route pour devancer l'ennemi, sa division marche deux jours et deux nuits sans s'arrêter. Le général en chef lui-même est sans cesse à cheval; depuis son départ de Trente, il a crevé cinq chevaux. Wurmser a beau se presser, rien ne peut le sauver, rien qu'un de ces accidents de la guerre contre lesquels le plus grand général est impuissant. Cet accident arriva deux fois : Masséna, près

8 septembre.

d'atteindre Wurmser, s'égare, un guide lui fait prendre une route trop longue, Wurmser le dépasse; un peu plus loin, un des ponts que Sahuguet devait couper, celui de la Molinella, a été oublié; Wurmser y court, le franchit, et, tout haletant, se sauve sous le canon de Mantoue. Bonaparte, qui arrive sur ses traces, voit passer devant lui, sans pouvoir l'arrêter, ce reste d'armée qui, par la négligence d'un lieutenant, vient d'échapper à une entière destruction.

<small>Wurmser enfermé dans Mantoue.

13 septembre.</small>

Wurmser, rassuré par le voisinage de la place, et qui avait une nombreuse cavalerie, voulut tenter encore la chance d'un combat, près du faubourg Saint-Georges; il perdit 2,000 hommes et fut refoulé dans Mantoue. Il y est, dès lors, renfermé, non comme un libérateur, ainsi qu'il l'avait annoncé, mais en fugitif; il n'a plus que 10,000 hommes de son armée; sa reddition n'est qu'une affaire de temps. Bonaparte laisse devant la place un corps chargé de la bloquer et porte ses autres divisions en avant, à Vérone, à Trente, à Bassano : il est sur les montagnes de l'Allemagne, il menace les États héréditaires de l'Autriche.

La renommée du jeune général déjà remplit toute l'Italie; un diplomate qui le vit à Milan le représente à cette époque comme un triomphateur dont l'ascendant est subi par tout ce qui l'entoure (1) : « Je fus étrangement surpris à son aspect, dit-il; rien n'était plus éloigné de l'idée que mon imagination s'en était formée. J'aperçus au milieu d'un état-major nombreux un

---

(1) *Mémoires du comte Miot de Mélito.*

homme d'une taille au-dessous de la moyenne, d'une extrême maigreur ; ses cheveux poudrés, coupés d'une manière particulière et carrément au-dessous des oreilles, tombaient sur ses épaules. Il était vêtu d'un habit droit, boutonné jusqu'en haut, orné d'une petite broderie en or très-étroite, et portait à son chapeau une plume tricolore. Au premier abord, sa figure ne me parut pas belle ; mais des traits prononcés, un œil vif et inquisiteur, un geste animé et brusque décelaient une âme ardente, et un front large et soucieux un penseur profond. Tous ses officiers se tenaient devant leur général dans une attitude pleine de respect et d'admiration. Il dînait pour ainsi dire en public ; pendant son repas, on faisait entrer dans la salle où il mangeait des habitants du pays qui venaient promener sur sa personne leurs avides regards. Ses salons étaient constamment remplis d'une foule de généraux, d'administrateurs, ainsi que de la plus haute noblesse et des hommes les plus distingués de l'Italie, qui venaient solliciter la faveur d'un coup d'œil ou d'un instant d'entretien. Il ne se montrait nullement embarrassé ou confus de ces excès d'honneur, et les recevait comme s'il y eût été habitué de tout temps. »

1796-1797.

CAMPAGNE D'ITALIE.

(SUITE.)

Arrivée de la troisième armée autrichienne. — Batailles d'Arcole, de Rivoli, de la Favorite. — Prise de Mantoue. — Arrivée de la quatrième armée autrichienne. — Paix de Campo-Formio.

A la nouvelle de ces échecs successifs, la cour d'Autriche résolut de faire un nouvel effort ; elle rassembla une troisième armée et en confia le commandement à un troisième général, Alvinzi : à la fin d'octobre, celui-ci se trouva à la tête de 60,000 hommes. *Arrivée du maréchal Alvinzi en Italie.*

Pour résister à cette nouvelle attaque, Bonaparte n'avait que des troupes fatiguées par une campagne laborieuse, diminuées par les maladies et les combats ; les renforts qu'il avait demandés n'arrivaient pas, son armée ne comptait pas 40,000 hommes. De même que dans les précédentes agressions, l'armée autrichienne descendait encore en Italie sur deux colonnes, l'une sous le général Davidowich, à gauche, par le Tyrol; l'autre, commandée par Alvinzi, à droite, par le Frioul. Le plan du général autrichien était de s'unir à son lieutenant du côté de Vérone, de marcher sur Mantoue pour la débloquer, et, rallié à la nombreuse garnison de Wurmser, d'obliger les Français, avec toutes ces forces réunies, à évacuer la Lombardie.

L'exécution de la première partie de ce plan lui-fut extrêmement facile : le corps du général Vaubois, qui occupait le Tyrol, était trop faible pour arrêter Davidowich; il fut contraint de céder le terrain; Davidowich reprit Trente, poussa le corps français devant lui, et s'avança le long de l'Adige pour faire sa jonction avec Alvinzi.

<small>6 novembre.</small> Cependant, Bonaparte, de son côté, s'était porté à la rencontre d'Alvinzi, l'avait attaqué, et, dans un brillant combat, à Bassano, avait rejeté deux des divisions autrichiennes au delà de la Brenta. Il se disposait à marcher en avant, lorsqu'il apprit la retraite de Vaubois; dès lors, le succès qu'il vient de remporter est inutile : il va se trouver entre les deux corps de Davidowich et d'Alvinzi; pris ainsi au dépourvu, il juge qu'il n'a qu'une ressource, il rétrograde rapidement, et se retire à Vérone, point central d'où il pourra se porter sur l'un ou l'autre corps ennemi.

A ce mouvement de retraite Alvinzi entrevoit un vif espoir de triomphe : l'armée française est divisée en deux, Vaubois vient d'être battu, Bonaparte trop faible s'enferme dans Vérone, Alvinzi va le cerner, l'attaquer, emporter la place et le prendre. Par son ordre, de tous côtés, on rassemble des échelles, il semblait que les Autrichiens n'avaient plus qu'à passer sur le ventre des Français. Les Français eux-mêmes se regardaient presque comme perdus : « pour les sauver un miracle était nécessaire; ce miracle, Bonaparte le fit (1). »

Tandis qu'Alvinzi s'avance sur Vérone, Bonaparte fait sortir ses troupes de la ville, la nuit, n'y laissant qu'un détachement pour la défendre : il paraît fuir devant l'ennemi, mais, tout à coup, à quelque distance de Vérone, il se retourne, franchit l'Adige et arrive sur le flanc et sur le derrière des Autrichiens, à Ronco.

Alvinzi qui, dans sa marche, était déjà parvenu à quelques lieues de Vérone, à Caldiero, est étonné d'entendre le canon sur ses derrières; il croit d'abord que ce n'est qu'un combat de troupes légères courant le pays; mais les officiers qui arrivent coup sur coup lui apprennent la vérité : c'est l'armée française commandée par Bonaparte en personne qui engage le combat, et ce combat va être la célèbre bataille d'Arcole.

Or, voici quel était le champ de bataille : sur plusieurs lieues, à partir de Ronco, s'étendait un terrain marécageux où ne pouvaient manœuvrer ni hommes ni chevaux. Deux routes traversaient ce marais, l'une à droite allant de Ronco au village de San-Bonifacio, en passant par Arcole derrière l'ennemi, l'autre, à gauche se dirigeant vers Caldiero, sur son flanc, de telle sorte qu'elles formaient comme les deux branches d'un compas dont le sommet eût été à Ronco. A Arcole, la chaus-

Bataille d'Arcole 15 novembre

---

(1) *Mémoires du maréchal Marmont, duc de Raguse.*

sée était coupée par un un ruisseau, l'Alpon, que l'on franchissait sur un pont en bois étroit et élevé ; ce pont allait devenir le théâtre d'un combat immortel.

En choisissant ce terrain pour livrer bataille, Bonaparte avait calculé que, la lutte devant avoir lieu sur les chaussées, les Autrichiens ne pourraient se développer ; la disproportion des forces disparaissait ; le succès tenant dès lors à l'intrépidité des têtes de colonne, les Autrichiens ne tiendraient pas devant la fougue des soldats français.

Il n'avait que deux divisions ; il avait placé la division Masséna sur la chaussée de gauche, et celle d'Augereau sur la chaussée de droite : Masséna s'avance rapidement et repousse les Autrichiens ; mais c'est la colonne d'Augereau qui va soutenir un combat acharné. Attaquée par un corps ennemi considérable, elle le culbute d'abord, en jette une partie dans les marais et le poursuit jusqu'à Arcole ; mais là, elle se trouve en face du pont qui, de même que celui de Lodi, est défendu par des troupes barricadées dans les maisons, et enfilé par plusieurs pièces d'artillerie. Les soldats d'Augereau cependant n'hésitent pas ; ils s'élancent sur le pont, une décharge meurtrière les accueille, sème le pont de cadavres et les fait reculer. Ce pont, il faut pourtant le franchir avant l'arrivée des renforts qu'Alvinzi va envoyer.

Les soldats ont besoin d'un nouvel élan ; les généraux vont donner l'exemple : ils se précipitent à la tête de la colonne et l'entraînent. L'artillerie ennemie vomit la mitraille, les généraux Verne, Bon, Verdier, sont blessés à la fois, Lannes reçoit deux blessures; les grenadiers reculent encore. Augereau alors, avec cette bravoure emportée qui le distingue, saisit un drapeau, et, sous une grêle de balles, s'avance jusqu'au milieu du pont; un feu épouvantable écrase les pelotons dès qu'ils sont à portée; on ne peut passer. En ce moment, Bonaparte accourt, il se jette à bas de son cheval: « Eh quoi! dit-il à ces intrépides soldats, effrayés pour la première fois, n'êtes-vous plus les vainqueurs de Lodi? Suivez votre général! » Il se met à la tête des grenadiers, un drapeau à la main et s'élance sur le pont. A la vue de son général qui brave un si grand danger, Lannes, malgré ses deux blessures, vient le rejoindre; déjà la moitié du pont est franchie: mais les décharges de l'artillerie ennemie font un tel ravage dans la masse serrée de la colonne française, qu'elle s'arrête, hésite, puis recule en désordre: le général Vignole est blessé, Lannes reçoit une troisième blessure; Muiron, aide de camp de Bonaparte, est frappé à mort à ses côtés; lui-même tombe dans le marais parmi les Autrichiens, et y manque périr: c'est au prix de leur sang que ses soldats l'en arrachent. Les Français sont obligés de renoncer à cette impraticable entreprise, et, après ces prodiges de valeur, se retirent dans leurs premières positions, à Ronco.

Telle fut la première journée de cette bataille d'Arcole qui allait durer soixante-douze heures: Bonaparte avait attiré Alvinzi loin de Vérone et empêché sa jonction avec Davidowich; mais il aspirait à un plus complet résultat. Le second jour fut rempli par des combats sanglants sur sur les deux digues, où les Français firent subir des pertes à l'ennemi, sans toutefois le battre entièrement. Le troisième jour seul devait être décisif : Bonaparte reconnaissant l'impossibilité de franchir l'Alpon à Arcole, avait pris de nouvelles dispositions; pendant la nuit il avait fait construire plus bas un pont, près du confluent de cette rivière avec l'Adige, afin de se porter sur les derrières de l'ennemi. Dans un bois à droite de Ronco il place une demi-brigade, et, tandis que Masséna, comme les jours précédents, attaque les Autrichiens sur la chaussée de gauche, une autre colonne marche en avant sur la chaussée de droite. De même que la veille, cette colonne est aussi repoussée à Arcole; mais c'est là qu'apparaît la combinaison savante de Bonaparte : lorsque les Autrichiens, à la suite des Français qui reculent, arrivent près de Ronco, les troupes placées dans le bois en sortent et les assaillent; la colonne poursuivie se retourne et fait face aux Autrichiens; en même temps, Masséna, revenant de la chaussée de gauche, tombe sur leurs derrières ; assaillis ainsi de front, en flanc et en queue, les Autrichiens sont enfoncés; une partie est renversée dans les marais, 3,000 sont faits prisonniers, Arcole, si longtemps défendu, est enfin emporté; de ce côté, le succès est complet.

Pendant cet heureux combat, Augereau avait franchi l'Alpon, et une lutte très-vive s'était engagée dans la plaine entre lui et les Autrichiens supérieurs en forces; mais, voilà que derrière eux ils entendent subitement un son éclatant de trompettes : c'était un stratagème de Bonaparte qui avait envoyé un peloton de vingt-cinq guides avec ordre de sonner bruyamment la charge. Les Autrichiens croient qu'un grand corps de cavalerie fond sur eux, ils se troublent; Augereau en profite, rompt leurs lignes, et les pousse devant lui la baïonnette dans les reins; à ce moment, un renfort de troupes françaises, venu à marches forcées de quelques lieues de là, se jette sur leur flanc; comme sur la chaussée de droite, ils sont pris de plusieurs côtés à la fois, ils s'enfuient dans le plus grand désordre jusqu'à deux lieues de là, à San-Bonifacio.

A cette bataille d'Arcole, une des plus mémorables de la campagne d'Italie, les Autrichiens perdirent de 8 à 10,000 hommes; jamais Bonaparte n'avait montré une plus grande hardiesse de conception, les généraux plus de dévouement, les soldats plus d'intrépidité. Le corps législatif décréta que les deux drapeaux portés sur le pont par Bonaparte et Augereau leur seraient donnés pour être conservés dans leur famille. Bonaparte, de son côté, récompensa ses soldats à la manière des temps antiques : la 75e demi-brigade, entre toutes, avait été inébranlable; il fit mettre sur son drapeau cette belle inscription : *la 75e arrive et bat l'ennemi!*

Quelques jours auparavant, en revoyant deux régiments du corps de Vaubois qui avaient été obligés de se retirer devant Davidowich : « *Écrivez sur leurs drapeaux*, avait-il dit, *qu'ils ne font plus partie de l'armée d'Italie!* Ces braves soldats, qui n'avaient cédé que parce qu'ils étaient un contre trois, demandèrent, les larmes aux yeux, à marcher à l'avant-garde, jurant de vaincre ou de mourir, et, à Arcole, ils combattirent comme des héros.

Dès le lendemain Bonaparte se tourna vers Davidowich pour l'accabler à son tour; mais celui-ci, en apprenant la défaite de son chef, reprit en toute hâte la route du Tyrol; on ne put qu'atteindre et battre son arrière-garde. L'hiver était venu : Alvinzi se mit à l'abri derrière la Brenta, et cantonna dans les montagnes son armée épuisée, diminuée et démoralisée.

Formation d'une nouvelle armée autrichienne.
En suivant ces coups incessamment frappés, on croit qu'il va y avoir un temps de repos et que tant de victoires amèneront la paix : l'heure n'en est pas venue encore. L'Autriche était résolue à ne pas céder l'Italie; elle profita de l'hiver pour réparer les pertes d'Alvinzi; des levées furent faites dans les provinces allemandes, la garnison de Vienne partit en poste pour l'Italie, des bandes de Croates et de Tyroliens allèrent rejoindre Alvinzi, les jeunes gens de la bourgeoisie de la capitale formèrent un corps de volontaires, et l'impératrice leur donna des drapeaux brodés de ses mains.

Tandis que ces troupes fraîches mettaient l'armée autrichienne sur un pied formidable, Bonaparte continuait à demander inutilement des renforts : les mêmes soldats qui avaient battu Colli, Beaulieu, Wurmser et Alvinzi, allaient avoir une nouvelle armée à repousser.

Au commencement de l'année 1797, l'armée d'Alvinzi était remontée au chiffre de 45,000 hommes; il savait que la forte garnison de Mantoue occupait la plus grande partie de l'armée française; Bonaparte, appelé par des intérêts pressants à Bologne, était absent : il croit le moment propice, et, malgré le froid, malgré la neige qui tombe sur les montagnes, il se met en marche le 7 janvier. Il arrivait en Italie par la droite du lac de Garde, en suivant la vallée de l'Adige, entre ce fleuve et le lac. Un seul corps, celui de Joubert, était posté dans cette vallée, à la Corone et à Rivoli; il espérait bien l'enlever facilement, comme Vaubois quelques mois auparavant; il débouchait ainsi sur les derrières de l'armée française, et, la prenant entre lui et Wurmser, la battait et débloquait Mantoue. Toute son armée, cependant, n'était pas destinée à exécuter ce plan : une division de 12,000 hommes, sous les ordres du général Provera, devait se porter à droite vers Vicence et Padoue, pour distraire l'attention des Français et pénétrer par un autre point dans Mantoue.

A la nouvelle de la marche des Autrichiens, Bonaparte accourut de Bologne à Vérone, et là, pendant deux jours, suivit avec attention leurs mouvements, cherchant quelle était la principale attaque. Une dépêche de Joubert, qui l'avertissait de l'approche de grandes masses vers Rivoli, leva tous ses doutes. Aussitôt son plan est arrêté : la position qu'occupe Joubert est surtout favorable pour la défense; le plateau de Rivoli, bordé d'un côté par l'Adige, de l'autre par le Mont Baldo, est le point de jonction des routes par lesquelles arrivent les Autrichiens; de plus, les difficultés des chemins de montagne les privent d'une partie de leur artillerie obligée de suivre l'autre rive de l'Adige; c'est là qu'il faut les attendre et les combattre. Il ordonne à Joubert de tenir ferme à Rivoli, en lui annonçant son arrivée, prend avec lui la division Masséna, et se porte à marches forcées vers Rivoli. Quant aux troupes de Provera, il ne s'en inquiète pas : il sait qu'une fois la principale armée battue, il leur fera payer les succès momentanés qu'elles auront pu obtenir ; Augereau, laissé devant elles, est chargé de les contenir et, sans livrer de combat, de les empêcher d'atteindre Mantoue.

Bataille de Rivoli. — 14 janvier.

Il arriva à Rivoli au milieu de la nuit ; Joubert, réduit à 7 ou 8,000 hommes, avait dû reculer devant les forces supérieures de l'ennemi et abandonner la Coronne ; l'armée française, composée seulement des divisions Joubert et Masséna, se trouvait ainsi réunie sur le plateau de Rivoli, où allait se livrer une grande bataille.

Dès le matin, avant le jour, les Autrichiens commencèrent l'attaque ; ils étaient partagés en quatre corps : l'un, descendant du Mont Baldo, marchait sur le centre du plateau ; l'autre, longeant l'Adige, suivait la route à la droite des Français, et devait s'engager dans un ravin en spirale, par lequel on montait au haut du plateau ; un troisième corps, commandé par le prince de Lusignan, avait été détaché sur la gauche, vers le lac de Garde, pour tourner les Français et les prendre par derrière ; enfin le quatrième corps, sous Wukassowich, placé de l'autre côté de l'Adige, avait établi des batteries dont les boulets franchissaient le fleuve et tombaient sur le plateau de Rivoli.

Bonaparte se trouvait ainsi attaqué de front, sur ses deux flancs et sur ses derrières. Menacé d'être enveloppé, dès la nuit il avait pu, à la lueur des feux qui couvraient les crêtes glacées des montagnes, apercevoir les positions de l'ennemi ; il ne s'en émut pas : aux canons de Wukassowich il répondra par son artillerie servie avec une précision supérieure ; les troupes de Lusignan sont obligées de faire un détour trop long pour qu'il ait à s'en inquiéter immédiatement, et d'ailleurs, lorsqu'elles se trouveront en mesure d'agir, elles seront elles-mêmes attaquées par le général Rey qu'il attend, qui va arriver et qui les prendra en queue ; il n'a donc à s'occuper que des deux corps arrivant par le Mont Baldo et par le ravin.

Le combat sur ces deux points fut rude et longtemps incertain : les Autrichiens avaient porté des troupes nombreuses à gauche, où ne se trouvaient que deux demi-brigades, les avaient tournées et forcées à reculer. La 14ᵉ, dans ce moment critique, se jeta en avant des Autrichiens et, par une résistance désespérée, donna le temps à Bonaparte d'accourir : la situation des Français massés sur le plateau est telle qu'il leur faut vaincre sur tous les points ; s'ils cèdent sur un seul, ils sont enveloppés et détruits. Bonaparte porte de ce côté la 32ᵉ demi-brigade déjà depuis longtemps célèbre, la brigade de la redoute de Montelegino, qui avait marché toute la nuit et arrivait à peine sur le terrain : « Masséna, enfant gâté de la victoire, s'élance à la tête des braves qui la composent ; l'aspect de l'ennemi a redoublé leur ardeur ; ils marchent au pas de charge sur les bataillons autrichiens, les culbutent, dégagent la 14ᵉ et reprennent les positions perdues (1). »

(1) *Mémoires de Napoléon.*

L'ennemi, à son tour, est rejeté au loin; dès lors à gauche le danger est éloigné, mais à droite il est devenu imminent : les Autrichiens ont repoussé les troupes françaises qui défendaient la vallée de l'Adige, se sont engagés dans le ravin en spirale et montent comme à l'assaut, formant une grosse colonne de grenadiers et d'artillerie, vers le haut du plateau de Rivoli, tandis que l'artillerie de Wukassowich fait pleuvoir la mitraille et les boulets sur la tête des Français, serrés en petit nombre au milieu du plateau. C'est sur ce point qu'il faut faire un énergique et puissant effort. Bonaparte est accouru de la gauche; il rassemble la division Joubert et la lance sur les Autrichiens qui, déjà débouchant du ravin, envahissaient le plateau. C'est le moment décisif : les premiers arrivants des Autrichiens sont soutenus et poussés en avant par ceux qui les suivent; les Français, comprenant la nécessité de ne pas les laisser s'établir sur le plateau, luttent avec une indomptable énergie, on se bat à quelques pas; Joubert est renversé de son cheval, il se relève, saisit un fusil et, avec une fureur qui entraîne tout à sa suite, se précipite sur les Autrichiens; à cette charge irrésistible, les Autrichiens sont rejetés dans le ravin. On amène aussitôt quelques pièces de canon à l'entrée, elles tirent sur leur masse compacte, et y font de sanglants ravages; en même temps, la cavalerie du général Leclerc se jette sur le flanc des Autrichiens; pressés dans cet étroit espace encombré de canons et de caissons, cavaliers et fantassins sont accablés, renversés, tués ou pris; les débris de cette colonne écharpée fuient jusqu'aux bords de l'Adige, dans la plus complète confusion.

Débarrassé de cette attaque menaçante, et disposant de toutes ses forces, Bonaparte se retourne vers le Mont Baldo. Les Autrichiens, à leur tour, sont assaillis des deux côtés; le corps qui avait assailli le plateau les a laissés isolés, ils perdent courage, n'écoutent plus la voix de leurs officiers et se dispersent dans les gorges des montagnes; Alvinzi ne put les rallier qu'à une lieue de là, derrière le ruisseau du Tasso.

Pendant que les Français remportaient des succès si éclatants au centre et à droite, Lusignan avait suivi son mouvement, et, après avoir facilement repoussé quelques troupes placées sur sa route, s'avançait vers Rivoli; déjà ses soldats battaient des mains en se voyant sur les derrières de l'armée française : la retraite lui était coupée, elle allait être prise entre deux feux. Ils s'approchaient pleins de confiance, lorsque, tout à coup, la décharge d'une batterie les frappe en flanc et les arrête court, et une colonne française se jette sur eux; ainsi accueillis par ces troupes qu'ils pensaient surprendre, ils tournent le dos et s'enfuient; mais dans cette fuite ils se trouvent face à face avec le général Rey, qui, ainsi que l'avait prévu Bonaparte, arrive en ce moment sur le champ de bataille : pris eux-mêmes entre deux feux, ils se débandent, on les poursuit, on fait prisonnière la division presque tout entière. L'épouvante est si grande que 1,500 hommes, qui se retirent vers Garde, rencontrant dans un défilé un détachement français de 50 hommes commandés par un capitaine, perdent la tête, mettent bas les armes et se rendent.

Il était cinq heures, la bataille était gagnée ; mais Bonaparte, par la pensée, est déjà sur un nouveau champ de bataille ; Rey et Joubert peuvent, seuls, achever la victoire ; en quelques mots, il leur prescrit ce qu'il faut faire : ils pousseront vivement les ennemis sur la Corone ; pendant ce temps, Murat, détaché avec sa cavalerie à gauche, les attendra au débouché des montagnes ; les Autrichiens tomberont, en descendant des crêtes, comme dans un gouffre. Et ce plan s'exécute à la lettre tel qu'il a été conçu : les Français font encore là 5,000 prisonniers.

<small>Marche de Bonaparte sur Mantoue.</small> Quant à lui, ardent et infatigable, il part : il vient d'apprendre que la division Provera a réussi à passer l'Adige et se dirige sur Mantoue ; si elle peut y entrer, réunie à Wurmser, elle formera une armée de 30,000 hommes ; mais elle n'y entrera pas ; il va courir vers Mantoue, devancer Provera et, après avoir battu le chef Alvinzi, atteindre le lieutenant et l'anéantir. Il est éloigné de quatorze lieues de Mantoue, et Provera a vingt-quatre heures d'avance ; n'importe, il ordonne à la division de Masséna de se mettre en marche immédiatement : ces braves et énergiques soldats avaient marché la nuit précédente et venaient de se battre tout le jour ; il faut marcher cette nuit encore ; mais les hommes aiment qu'on leur demande des choses impossibles, pour s'en glorifier après. Ils partent, emmenant

avec eux un beau trophée de leur victoire, 5,000 Autrichiens qu'ils ont fait prisonniers. Ils connaissent d'ailleurs l'importance du projet de leur général; ils marchent toute la nuit, le jour suivant encore, passent Villa-Franca, Roverbello, et le 16, au matin, arrivent à la Favorite, un des faubourgs de Mantoue.

De son côté, le général Provera, qui avait réussi à échapper à Augereau, venait d'arriver en face d'un autre faubourg, Saint-Georges, gardé seulement par 1,500 Français; il l'avait attaqué, afin de pénétrer par ce point dans Mantoue et, après avoir échoué devant ce poste solidement défendu par le général Miollis, s'était retourné vers la Favorite; il avait fait prévenir le maréchal Wurmser, et il espérait que, soutenu par les troupes de la place, il aurait facilement raison du peu de Français qui devaient se trouver à la Favorite. Mais il ne s'attendait pas à rencontrer devant lui Bonaparte avec les mêmes troupes qui, l'avant-veille, venaient de vaincre la grande armée autrichienne à Rivoli, et qui, par une marche prodigieuse et sans exemple, allaient se trouver prêts à le combattre. Bonaparte, en outre, n'avait pas perdu un instant pour prendre des dispositions qui devaient amener la ruine complète de Provera : celui-ci en est à peine venu aux mains avec les troupes du général Serrurier à la Favorite, qu'il est attaqué à gauche par Miollis qui sort de Saint-Georges, à droite par les troupes de Masséna dont la présence le frappe de stupeur et d'épouvante; presque au même moment, Augereau, qui le poursuivait depuis trois jours, le prend par derrière : « Traqué comme une

Bataille de la Favorite.

bête fauve par d'habiles chasseurs (1), » il est enveloppé de toutes parts ; il n'a à attendre aucun secours de Wurmser, qui vient lui-même d'être rejeté dans Mantoue, il est obligé de se rendre avec 6,000 hommes, en livrant aux Français les drapeaux brodés que l'impératrice avait donnés aux volontaires de Vienne.

<small>Prise de Mantoue.</small>

Rivoli, la Favorite, ces deux victoires remportées en trois jours, rapides et précipitées comme des coups de foudre, venaient d'anéantir la quatrième armée autrichienne. « Les légions romaines, écrivit Bonaparte au Directoire, faisaient vingt-quatre milles par jour; les Français en font trente et se battent dans l'intervalle. » Dans cette campagne merveilleuse, où s'accomplirent les actions les plus inattendues et les plus décisives, les Autrichiens avaient perdu leur artillerie, la moitié de leur armée était prisonnière, le reste dispersé. Alvinzi, hors d'état de tenir la campagne, s'était retiré sur le Tagliamento ; Mantoue ne pouvait plus longtemps tenir. Quel-

<small>2 février.</small>

ques jours après, en effet, Wurmser, réduit aux dernières extrémités, après avoir perdu une partie de ses troupes par les maladies, avoir mangé les 5,000 chevaux de sa cavalerie, demanda à capituler : Bonaparte, rendant hommage à sa valeur et à sa vieillesse, lui accorda de sortir de Mantoue avec son état-major, mais la garnison forte de 12,000 hommes resta prisonnière : les Autrichiens avaient repassé les monts, la haute Italie était entièrement en la possession des Français.

La cour d'Autriche alors, effrayée pour ses Etats hé-

---

(1) Jomini, *Histoire critique*, etc.

réditaires, rassembla en toute hâte quelques troupes, et appela à son secours l'archiduc Charles : l'archiduc s'était illustré sur le Rhin par de grands talents militaires et semblait seul capable de lutter contre Bonaparte; mais déjà l'on pouvait dire que ses efforts étaient impuissants : par la double victoire de Rivoli et de la Favorite la guerre était finie. L'archiduc Charles ne put réunir qu'une armée inférieure en nombre, pour la première fois, à l'armée française : « Vous avez envoyé contre moi trois armées sans général, disait plus tard Bonaparte aux négociateurs autrichiens ; cette fois, vous m'avez envoyé un général sans armée. » Lui, au contraire, avait enfin reçu des renforts : deux divisions des armées du Rhin, fortes de 18,000 hommes, venaient de le rejoindre. Les succès prodigieux de l'armée d'Italie inspiraient un enthousiasme héroïque à ces troupes, qui pourtant s'étaient bravement battues en Allemagne : « Soldats de Sambre-et-Meuse, s'écria Bernadotte en menant ses soldats à Bonaparte, l'armée d'Italie vous regarde! » Ils marchaient d'un pas pressé, animés d'une généreuse émulation et du désir de se montrer dignes de ces légions constamment victorieuses. Aussi Bonaparte prend l'offensive; il ne s'inquiète ni de la levée en masse des Tyroliens sur ses flancs, Joubert les comprimera, ni des dispositions malveillantes de Venise, qui rassemble des bandes d'Esclavons et menace ses derrières; après avoir fini avec les Autrichiens, il châtiera Venise; il s'élance au-devant de l'archiduc Charles, et va le chercher par delà le Tagliamento.

<small>Quatrième armée autrichienne.</small>

Marche des Français en Carinthie.

Cette fin de la campagne n'est plus, pour ainsi dire, une suite de combats, c'est une marche irrésistible des Français, où les barrières tombent coup sur coup, où les capitales sont enlevées, les provinces envahies. De la chaîne de montagnes qui ferme l'Italie, coulent une quantité de rivières, presque parallèles, qui descendent à la mer, et forment autant de lignes de défense : la Piave, le Tagliamento, la Torre, l'Isonzo, la Drave, la Muhr. L'archiduc, devant les Français qui le poussent, quitte successivement ces lignes une à une : d'abord le Tagliamento, puis la Torre, puis l'Isonzo, puis la Drave, puis la Muhr; quand il veut résister, il est battu, à Palmanova, à Gradisca, à Newmark. Bonaparte est parti le 7 mars de Bassano; il prend, l'une après l'autre, Feltre, Bellune, Cadore, dont il donnera un jour les noms à ses ministres et à ses généraux ; en dix-sept jours, il envahit le Frioul, la Carinthie, la Carniole, l'Istrie; il emporte quatre capitales de provinces, Klagenfurth, Goritz, Laybach, Trieste. Si l'on jette les yeux sur la carte, on suit avec étonnement, dans une longue étendue de pays, cette armée de Français qui, un an auparavant, confinée dans les gorges des Alpes, près de Nice, a traversé en comptant, pour ainsi dire, ses semaines par des victoires, le Piémont, la Lombardie, Milan, Mantoue, Vérone, Trieste, et, franchissant les Alpes septentrionales, pénètre au cœur de l'Allemagne, et marche sur Vienne, dont elle n'est plus éloignée que de vingt lieues.

L'archiduc avait déjà perdu le quart de son armée, l'effroi s'était répandu dans cette grande capitale ; on se hâtait de relever les fortifications; l'empereur et les princes se préparaient à partir et à se réfugier en Hongrie, les caisses du trésor public avaient été dirigées sur Prague. A Klagenfurth, Bonaparte, cédant à une inspiration généreuse et à un esprit de modération bien rare chez les victorieux, avait déjà écrit à l'archiduc Charles pour lui proposer la paix : « Les braves militaires font la guerre et désirent la paix, lui disait-il.... N'y a-t-il donc aucun espoir de nous entendre, et faut-il, pour les intérêts ou les passions de l'Angleterre, d'une nation étrangère aux maux de la guerre, que nous continuions à nous entr'égorger? Quant à moi, si l'ouverture que j'ai l'honneur de vous faire peut sauver la vie à un seul homme, je m'estimerai plus heureux de la couronne civique que je me trouverai avoir méritée, que de la triste gloire qui peut revenir des succès militaires. » *30 mars.*

La cour d'Autriche avait repoussé ces propositions de paix; le dernier échec de l'archiduc, à Newmark, la décida à faire elle-même des ouvertures. Les conférences entre Bonaparte et les plénipotentiaires autrichiens eurent lieu à Leoben « au bruit du tambour, » selon son expression. Celui qui, par ses victoires, avait obligé les ennemis à traiter, fut chargé de négocier la paix; les préliminaires de Léoben servirent de base au traité définitif. L'Autriche, espérant profiter de quelque occasion favorable, cherchait à gagner du temps et soulevait sans cesse de nouvelles difficultés. Irrité de ces longueurs, Bonaparte posa un *ultimatum*; le plénipotentiaire autri- *Traité de Campo-Formio.* *18 avril.*

chien, le comte de Cobentzel, hésitait encore ; le jeune général se leva, et saisissant un cabaret de porcelaine que la grande Catherine avait donné au comte, et le jetant violemment à terre : « La guerre est déclarée, s'écria-t-il, mais souvenez-vous qu'avant trois mois je briserai votre monarchie comme je brise cette porcelaine ! » Les négociateurs autrichiens, effrayés, acceptèrent aussitôt ses conditions, et le lendemain le traité de Campo-Formio fut conclu.

<small>17 octobre.</small>

Nulle paix ne fut plus glorieuse et plus profitable à la France : par ce traité, la formidable coalition formée en 1792 était dissoute ; la France acquérait la Belgique, la frontière du Rhin, la Haute Italie, les Iles Ioniennes, près de huit millions d'âmes. La paix conclue, Bonaparte, avant de quitter l'admirable armée à la tête de laquelle il venait de conquérir une si grande renommée, publia un de ces ordres du jour que l'on a appelés un *diplôme de gloire* (1), et dans lequel il lui retraçait ses hauts faits.

« Le général Bonaparte, disait cette proclamation, la plus belle que jamais général ait adressée à ses soldats, a envoyé au Directoire le drapeau de l'armée d'Italie, qui sera présenté par le général Joubert. Il y a sur une face de ce drapeau : A l'armée d'Italie, la patrie reconnaissante. Sur l'autre, sont les noms de tous les combats qu'a livrés et de toutes les villes qu'a prises l'armée d'Italie. On remarque, entre autres, les inscriptions suivantes : 150,000 prisonniers, 17,000 chevaux,

---

(1) Norvins, *Histoire de Napoléon*.

550 pièces de siége, 600 pièces de campagne, 5 équipages de ponts, 9 vaisseaux de 54 canons, 12 frégates de 32, 12 corvettes, 18 galères ; armistice avec le roi de Sardaigne ; convention avec Gênes ; armistice avec le duc de Parme, avec le duc de Modènes, avec le roi de Naples, avec le pape ; préliminaires de Léoben ; convention de Montebello avec la république de Gênes ; traité de paix avec l'empereur à Campo-Formio ; donné la liberté aux peuples de Bologne, Ferrare, Modène, Massa-Carrara, de la Romagne, de la Lombardie, de Brescia, de Bergame, de Mantoue, de Crémone, d'une partie du Véronnais, de Chiavenne, Bormio et de la Valteline ; au peuple de Gênes, aux fiefs impériaux, aux peuples des départements de Corcyre, de la mer Égée et d'Ithaque ; envoyé à Paris tous les chefs-d'œuvre de Michel-Ange, du Guerchin, du Titien, de Paul Véronèse, Corrège, Albane, des Carrache, Raphaël, Léonard de Vinci, etc., etc....

« Ce monument de la gloire de l'armée d'Italie, suspendu aux voûtes de la salle des séances publiques du Directoire exécutif, attestera encore les exploits de nos guerriers, quand la génération présente aura disparu (1). »

(1) Si l'on veut savoir ce qu'étaient, avant la révolution, les principaux lieutenants de Napoléon : Berthier était colonel, Serrurier major, Kellermann maréchal de camp, Moncey capitaine ; Bruyeis, Bruix, Decrès et Gantheaume, lieutenants de vaisseau ; Davoust, Desaix, Marmont et Macdonald, sous-lieutenants ; Pérignon, officier démissionnaire ; Bernadotte, sergent-major ; Hoche, Marceau, Lefebvre, Pichegru, Ney, Masséna, Murat, Soult, sous-officiers ; Augereau, maître d'armes ; Victor, soldat ; Lannes était teinturier ; Gouvion Saint-Cyr, comédien ;

<small>Retour de Bonaparte à Paris.</small>

Il partit ensuite pour la France; quand il passa à Turin, le roi lui envoya un cheval superbe; la reine, sœur de Louis XVI, avait passé au cou de ce cheval un collier de pierres précieuses, le seul de ses bijoux qu'elle eût conservés; elle avait sacrifié les autres pour les besoins de l'État (1). A Paris, il fut reçu avec des honneurs extraordinaires : il remit au Directoire le traité de Campo-Formio; dans une fête solennelle, le peuple reconnaissant le salua comme le pacificateur de l'Europe; le corps municipal décida que la rue Chantereine, où il demeurait, s'appellerait la rue *de la Victoire;* l'Institut le nomma un de ses membres; partout où il paraissait, au théâtre, dans les promenades, l'enthousiasme éclatait en acclamations et en applaudissements; on ne croyait pouvoir montrer assez d'admiration pour le génie, les combinaisons savantes, les inspirations soudaines, les ressources inespérées, l'audace sublime dont il venait de donner tant de preuves; chacun, déjà, lui prédisait les plus grandes destinées.

Jourdan, mercier colporteur; Bessières, perruquier; Brune, typographe; Joubert et Junot étaient étudiants en droit; Kléber, architecte. Mortier partit comme volontaire en 1791; Hoche était fils d'un palefrenier, Marceau d'un procureur, Masséna d'un marchand de vin, Murat d'un aubergiste, Augereau d'un ouvrier maçon, Lefebvre d'un meunier, Ney d'un tonnelier. Tous devinrent généraux, maréchaux, ducs, princes ou rois.

(1) *Mémoires du comte Miot de Mélito.*

1798.

EXPÉDITION D'ÉGYPTE.

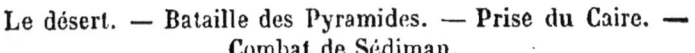

Le désert. — Bataille des Pyramides. — Prise du Caire. — Combat de Sédiman.

Depuis son retour d'Italie, tous les regards étaient fixés sur Bonaparte : sa gloire, son génie, ses qualités d'homme d'État, inspiraient à la fois des espérances aux partis, et des craintes au gouvernement; en Italie, déjà, après une entrevue avec le jeune général, les envoyés de Venise avaient écrit au sénat de leur république : « Cet homme aura une grande influence sur les destinées de son pays; » les directeurs le prévoyaient aussi : ce vainqueur devait être leur successeur; de son côté, Bonaparte se sentait gêné dans sa position nouvelle : il était trop grand pour servir d'instrument au Directoire, et il ne se sentait pas encore assez puissant et assez

<small>Projet d'expédition en Égypte.</small>

glorieux pour prendre sa place. L'expédition d'Égypte fit cesser cette situation fausse et donna aux uns et aux autres le rang qui leur appartenait.

Le Directoire avait songé à faire une descente en Angleterre et à en charger Bonaparte; Bonaparte reconnut bientôt l'insuffisance des ressources dont on disposait, il y renonça. Un autre projet, d'ailleurs, occupait sa pensée : l'Egypte dont saint Louis, dès le temps des croisades, avait compris l'importance et où il avait conduit une armée française, l'Egypte dont le grand philosophe Leibnitz, au XVIIe siècle, proposait à Louis XIV de s'emparer, avait depuis longtemps déjà fixé les regards de Bonaparte : « C'est en Orient, qu'il faut abaisser la puissance anglaise; c'est du Nil que doit partir l'armée qui donnera de nouvelles destinées aux Indes; en Egypte on fondera une colonie; les Français, maîtres des ports d'Italie, de Malte, d'Alexandrie, la Méditerranée devient un lac français (1) ! »

La grandeur du but, la difficulté même de l'entreprise exaltaient son imagination : il entrevoyait une gloire nouvelle et environnée de prestiges dans ces contrées du soleil, au foyer de la civilisation antique : « Les grands noms, disait-il, ne se font qu'en Orient ! » Le Directoire hésitait et s'effrayait d'une expédition aussi lointaine; Bonaparte leva tous les obstacles, fit cesser les incertitudes et obtint l'ordre de s'occuper des préparatifs.

(1) *Mémoires de Napoléon.*

Il voulait que l'expédition d'Egypte eut un caractère de grandeur inaccoutumé: il choisit pour l'accompagner les généraux en qui il avait le plus de confiance, et dont plusieurs déjà étaient célèbres, Kléber, Desaix, Lannes, Murat, Marmont, Belliard, Baraguey-d'Hilliers Caffarelli-Dufalga, etc.; mais de plus, il fit appel à des savants, à des artistes, à des artisans même de toutes les professions, afin de fonder en Egypte un établissement durable, en y portant les arts et les sciences de l'Europe. On comptait dans le corps des savants les plus grands noms de la science: le chimiste Berthollet, les géomètres Monge et Fourrier, les médecins Desgenettes, Larrey et Dubois, Dolomieu le naturaliste, le peintre Redouté, le poëte Parseval Grandmaison, l'ingénieur Conté, le géographe Jomard, que nous voyons encore parmi nous, dans une forte et énergique vieillesse, etc. *Préparatifs.*

L'Angleterre, l'Europe entière, apprenant ces grands préparatifs, se demandaient où allait Bonaparte : l'armée elle-même, rassemblée sur les côtes de la Méditerranée, l'ignorait; elle croyait que l'on allait tenter une descente en Angleterre. Tandis que les bruits les plus divers circulent, au milieu du mois de mai Bonaparte arrive à Toulon et adresse à l'armée une de ces proclamations qui excitaient l'enthousiasme de ses soldats :

« Soldats! vous êtes une des ailes de l'armée d'Angleterre, vous avez fait la guerre des montagnes, des plaines et des siéges, il vous reste à faire la guerre maritime. Les légions romaines que vous avez quelquefois imitées, mais pas encore égalées, combattaient Carthage tour à tour sur cette même mer et aux plaines de Zama ; la victoire ne les abandonna jamais, parce que constamment elles furent braves, patientes à supporter la fatigue, disciplinées, unies entre elles.... Soldats, le génie de la liberté, qui a rendu la France arbitre de l'Europe, veut qu'elle le soit des mers et des nations les plus lointaines ! »

Pour accomplir de si vastes desseins, ce hardi capitaine n'avait qu'une armée de 36,000 hommes, mais presque tous ses soldats étaient des vieux soldats d'Italie ; il emmenait seulement 300 chevaux, ce qui était indispensable en débarquant ; il comptait bien, dès les premiers combats, prendre aux Arabes assez de chevaux pour monter sa cavalerie.

19 mai 1798. Il leva l'ancre ; en passant, il se rendit maître de Malte, puis se dirigea vers l'Egypte. Cependant, la flotte anglaise, sous les ordres de Nelson, avait été avertie du départ des Français et s'était mise à leur recherche. La flotte française était embarrassée, dans sa marche, par une quantité de vaisseaux de transport ; un combat naval eût été sans doute funeste, elle eut le bonheur de ne pas rencontrer les Anglais : à deux ou trois reprises, elle traversa leur sillage ; une fois même, près de l'île de Candie, les deux flottes marchèrent quelque temps à quatre ou cinq lieues de distance, sans se savoir si rapprochées ; enfin les Français arrivèrent *1er juillet.* en vue d'Alexandrie, Nelson, qui les avait devancés, ne les trouvant pas, venait d'en partir deux jours auparavant. On se prépare à débarquer ; à ce moment on aperçoit une voile à l'horizon ; ce doit être un vaisseau anglais, l'inquiétude agite tous les esprits ; Bonaparte lui-même doute un instant : « Fortune, quoi ! pas seulement cinq jours ! » s'écria-t-il ; mais on s'était trompé, on reconnut un vaisseau français venant de Malte, et le débarquement se fit sans obstacle.

Aussitôt les troupes marchèrent sur Alexandrie et l'emportèrent le jour même avec une perte seulement de 40 hommes. Bonaparte ordonna que l'on gravât sur une colonne antique qui domine le désert et la mer, et qu'on appelle la *colonne de Pompée*, le nom de ces 40 soldats, « associant ainsi, dit un éloquent historien, ces noms sortis des villages de France, à l'immortalité de Pompée et d'Alexandre (1). » Il ne resta à Alexandrie que le temps d'organiser l'administration, il recommanda à ses soldats le respect des personnes et de la religion, nomma commandant de la ville Kléber qui avait été blessé et entra dans le désert, pour gagner le Caire, la capitale de l'Egypte.

L'armée commença alors à éprouver des souffrances dont elle n'avait pas idée : elle s'avançait à travers une plaine sans bornes, d'un sable fin comme la poussière, où les pas s'alourdissaient et s'enfonçaient, où les chameaux même ne marchaient qu'avec une difficile lenteur, où les soldats étaient souvent obligés de pousser à la roue pour dégager les pièces et les caissons. A peine le soleil était-il au-dessus de l'horizon, que cette longue étendue de sable devenait brûlante ; pas

_____
(1) Thiers, *Histoire de la révolution.*

un nuage, pas un arbre pour tempérer l'éclat de ses rayons ardents : à s'arrêter ou à marcher on souffrait également, il semblait que l'on eût un brasier sous les pieds. L'eau que l'armée avait apportée fut épuisée dès la première marche; quant aux puits, les Arabes les avaient partout comblés; si l'on parvenait à déblayer quelque citerne des décombres qui y étaient entassés, on n'y trouvait qu'une eau jaunâtre et fétide; les Français ressentirent bientôt toutes les tortures de la soif, plusieurs périrent. Le phénomène du *mirage* irritait encore leurs souffrances, en leur donnant une espérance sans cesse trompée, sans cesse renaissante : par une illusion particulière à ces climats, ils voyaient à une certaine distance devant eux comme une immense plage d'eau, comme un lac qui semblait refléter les objets dont il était entouré; trompés par cette vision, les soldats haletants pressaient le pas, mais le lac bienfaisant paraissait toujours fuir, ils éprouvaient ainsi l'irritant supplice de Tantale.

Ils ne perdaient pourtant pas courage : des murmures s'étaient d'abord élevés, la gaieté française reprit bientôt le dessus, et quand, au bout de quatre jours, ils arrivèrent au bord du Nil, les souffrances furent oubliées : « A peine aperçut-on le fleuve, que tout le monde, officiers et soldats, s'y précipita sans savoir s'il avait pied; chacun cherchait à apaiser la soif qui le dévorait et buvait la tête basse; il semblait voir un troupeau; aucun n'avait pris le temps d'ôter son sac ni de déposer son fusil (1). » Pendant cette traversée du dé-

(1) *Mémoires du duc de Rovigo.*

sert, des troupes d'Arabes n'avaient pas cessé de suivre l'armée; voltigeant sur ses flancs, ils enlevaient les traînards et leur coupaient la tête. Bonaparte lui-même faillit être leur victime: près de Damanhour, il marchait en avant de l'armée, accompagné seulement de quelques officiers, il se trouva à une petite distance d'une troupe de Bédouins; il ne leur échappa que parce qu'une éminence de sable le déroba à leur vue : « Il n'est pas écrit là haut, dit-il, que je doive être pris par les Arabes. » Il avait déjà cette confiance en son avenir qu'on a appelée la foi en son étoile.

A partir de Ramanieh, l'armée française suivit le cours du Nil, jusqu'à ce qu'elle fût parvenue en vue du Caire, dans les plaines de Gizeh, où elle rencontra les troupes de Mourad-bey disposées à livrer bataille.

C'est ici le lieu d'indiquer en quelques mots quelle était la situation de l'Egypte au moment de l'expédition des Français. On peut dire que l'Egypte n'est qu'une vallée étroite de deux cents lieues de long, bordée des deux côtés par un océan de sable, et au milieu de laquelle coule le Nil. C'est ce fleuve qui enrichit sol; il ne pleut jamais, mais, au mois d'août, le Nil déborde et dépose sur la terre un limon fertile qui produit des moissons abondantes : selon que l'inondation est plus ou moins considérable, « le Nil gagne sur le désert ou le désert gagne sur le Nil; le Nil, le génie du bien, le désert, le génie du mal, sont toujours en présence (1). »

Les mameluks.

(1) *Mémoires de Napoléon.*

La population de l'Egypte, qui dans l'antiquité s'élevait à 15 ou 20 millions d'hommes, avait peu à peu décru, par suite de la mauvaise administration, et ne dépassait pas, à la fin du xviiie siècle, trois millions. Les Arabes mahométans en formaient la plus grande partie, avec 200,000 Cophtes descendants des anciens possesseurs du pays et chrétiens schismatiques. L'Egypte appartenait au sultan, mais les mamelucks en étaient les véritables maîtres : les mamelucks, milice composée de jeunes gens achetés en Circassie et formée pour défendre l'Egypte, s'étaient rendus indépendants et la gouvernaient ; ils avaient pour chefs 24 beys ; chaque bey commandait à 5 ou 600 mamelucks, et chaque mameluck avait pour le servir 2 ou 3 Arabes de classe inférieure appelés fellahs. Exercés dès l'enfance au métier des armes, ils regardaient comme déshonorant de combattre autrement qu'à cheval ; leur ignorance était complète en tout ce qui concerne l'art de la guerre, mais ils passaient pour les premiers cavaliers du monde.

La vue de l'infanterie française ne leur inspira d'abord que du mépris ; ils s'étonnaient qu'on eût la pensée de leur opposer des hommes à pied, ils ne voyaient dans les soldats français que des *pastèques à couper*.

Déjà l'armée française en avait rencontré quelques milliers à Ramanieh et à Chebreïs. Pour résister à leur choc, Bonaparte avait disposé ses troupes dans un ordre particulier : de chaque division il avait formé un carré épais de six rangs ; au centre il avait placé les équipages, aux angles la cavalerie et l'artillerie : le carré présentait ainsi aux mamelucks un front armé de tous côtés. Les mamelucks se jetèrent impétueusement sur ces carrés et furent décimés. Etonnés des manœuvres régulières de cette infanterie, de ces fermes mouvements et de cet ordre inébranlable qu'ils ne pouvaient comprendre, ils disaient que les soldats français étaient liés les uns aux autres par des cordes.

Ces deux rencontres n'avaient été que des escarmouches ; mais, cette fois, ils se présentaient avec toutes leurs forces : elles consistaient en 8,000 mamelucks et environ 50,000 Arabes, Cophtes et fellahs. Mourad-bey, leur chef, avait placé son camp près d'Embabeh, dans une plaine entre le Nil et les pyramides de Gizeh : ce camp et le village d'Embabeh étaient défendus par des retranchements élevés à la hâte et garnis d'une nombreuse artillerie ; de plus, une flottille, en bataille dans le fleuve, couvrait la plaine de ses feux ; mais c'était surtout sur ses cavaliers que Mourad-bey comptait pour remporter la victoire. Le soleil se levait quand les Français aperçurent, se dressant devant eux, les pyramides ; ils s'arrêtèrent frappés d'étonnement ; cette armée, venue des bords de l'Atlantique, allait combattre les fils de l'Orient au pied des gigantesques sépulcres des Pharaons, que l'antiquité a mis au rang des merveilles du monde : « Soldats, s'écria Bonaparte, songez que, du haut de ces Pyramides, quarante siècles vous contemplent ! »

Bataille des Pyramides.
21 juillet.

Son projet était de marcher d'abord sur les mamelucks, de les isoler du village et de les pousser dans le Nil. Mourad-bey ne lui en donna pas le temps ; au moment où les divisions allaient s'ébranler, les mamelucks sortirent de leurs retranchements et se lancèrent sur les carrés, semblables, *en se jetant au fort de la mêlée, à des corbeaux qui se précipitent sur leur proie* (1). Quoique les soldats d'Egypte fussent depuis longtemps accoutumés au danger et familiarisés avec toutes les chances des batailles, la charge de ces 8,000 mamelucks avait quelque chose de si imposant que l'on craignit un moment qu'ils n'enfonçassent les carrés. Montés sur des chevaux arabes magnifiquement caparaçonnés en or et en argent, enveloppés de draperies de toutes couleurs et de schalls flottants, lancés au grand galop, en jetant des cris perçants, les mamelucks semblaient devoir anéantir en un clin d'œil les Français sous les pieds de leurs chevaux.

Cette charge formidable avait rempli le cœur des soldats d'un sentiment qui y entrait pour la première fois, il régnait dans les rangs un silence morne qui n'était interrompu que par les commandements ; aussi, dès que le feu fut ordonné, « il fut exécuté avec une promptitude et une précision que l'on n'aurait pas obtenues un jour de parade et d'exercice (2). » Les Français laissent arriver les mamelucks à bout portant, alors il sort des rangs épais des deux premiers carrés un feu d'artillerie et de mousqueterie si meurtriers que leurs escadrons sont rompus, et une quantité d'hommes et de chevaux jonchent en un instant le terrain. Pour échapper à la mi-

---

(1) Nakoula-el-Turk, *Histoire de l'expédition d'Égypte*, traduite de l'arabe.
(2) *Mémoires du duc de Rovigo.*

traille, ils se rejettent sur les autres carrés, ils sont accueillis par une fusillade aussi terrible. Les carrés, semblables à des citadelles vivantes, repoussaient avec une fermeté impassible leurs charges furieuses. On vit, en ce moment, quelques-uns de ces cavaliers intrépides, après avoir déchargé leurs pistolets, se précipiter sur les baïonnettes, faire cabrer leurs chevaux en arrière, et, les renversant sur les soldats, ouvrir une brèche dans le carré, y pénétrer et s'y défendre en désespérés. Enfin, accablés par ces feux redoublés et rebutés par leurs pertes, ils se débandèrent et, laissant le champ de bataille couvert de morts et de blessés, s'enfuirent à toute bride vers le Nil.

Il restait encore Embabeh à enlever : trois colonnes d'attaque, commandées par Rampon, s'avancent sur le village que défendaient trente-sept pièces de canon et la flottille des mamelucks; ce feu nourri ne ralentit pas leur marche. En vain une nouvelle masse de cavalerie s'élance des retranchements sur la petite troupe isolée dans la plaine : les Français s'arrêtent, une colonne marche sur les retranchements, les deux autres se forment en carré, font face à la cavalerie et la reçoivent par une décharge bien nourrie. En un moment, les cavaliers sont mis en déroute, le village est emporté; fellahs, Arabes et mamelucks se sauvent de toutes parts, on les poursuit jusque dans le Nil, où un grand nombre se jette et se noie.

Les mamelucks avaient perdu 2,000 hommes de leurs meilleures troupes, les Français n'eurent pas plus de cent hommes tués; 20 pièces de canon, 400 chevaux, les bagages, les magasins de vivres restèrent en leur pouvoir. En dépouillant les morts, ils recueillirent en outre un butin considérable, des cachemires, des broderies d'or, des pierreries, des bourses contenant 3 ou 4,000 fr. en or, car les mamelucks portaient toute leur fortune sur eux. Enfin, le résultat le plus important de cette victoire fut la possession du Caire.

<small>Entrée des Français au Caire.</small>

Dès le soir même, Bonaparte ordonna au général Dupuis de prendre avec lui deux compagnies de grenadiers, d'entrer dans le Caire, et d'aller s'établir au milieu du quartier des Francs. S'imagine-t-on 200 hommes, séparés de l'armée par toute la largeur d'un fleuve sans ponts, et chargés de s'emparer d'une ville de 300,000 âmes ! Ils ne doutent pourtant pas de réussir : ils montent dans des barques, traversent le Nil, et arrivent à la nuit close sous les murs du Caire, guidés par des négociants français ; ils y pénètrent sans rencontrer un seul homme, la terreur qu'inspirait l'armée française tenait tout le monde renfermé. Cette poignée d'hommes parcourt en bon ordre les rues tortueuses de l'immense capitale de l'Egypte, tambour en tête et battant la charge, « et ce bruit inusité, loin de faire sortir les habitants de leur torpeur, les glace encore plus d'épouvante (1). » A une heure du matin, n'ayant pas encore, à cause de l'obscurité, atteint le quartier franc, le général Dupuis fit enfoncer la porte d'une grande maison inhabitée et s'y établit pour attendre le jour : c'est ainsi que les Français se rendirent maîtres du Caire.

Le lendemain, Bonaparte y entra à la tête de son

---

(1) *Victoires et conquêtes.*

armée; les mamelucks s'étaient enfuis dans le désert;
« quelques-uns s'étaient retirés dans la citadelle ; mais
lorsqu'ils virent le Caire occupé par les Français, ils
résolurent de s'enfuir par une brèche. Pour cela, ils
commencèrent par jeter en bas du rempart tous les matelas du divan, les coussins et ballots de coton qu'ils
purent se procurer; ensuite ils firent sauter l'un d'eux
pour disposer tous ces matériaux en plate forme au-
dessous de la brèche, après quoi ils y sautèrent tous les
uns après les autres montés sur leurs chevaux, et, ce
qui est presque incroyable, pas un ne fut blessé (1). »

Le général s'occupa aussitôt des soins du gouverne- Institut
d'Égypte.
ment; il établit un conseil composé des principaux
scheiks et des plus notables habitants; il laissa l'exercice de la justice aux cadis, et prit part lui-même aux
fêtes du pays; par cette politique habile il s'attacha les
Arabes. En même temps il fonda l'Institut d'Egypte
formé des savants qu'il avait amenés de France : une
bibliothèque, un cabinet de physique, un laboratoire de
chimie, un musée d'antiquités, une ménagerie furent
bientôt établis, et Bonaparte, qui se glorifiait de son
titre de membre de l'Institut, se déclara président de
l'Institut d'Egypte. Les savants alors se mirent à
l'œuvre avec l'ardeur et l'activité qui distinguent le génie
français : on créa des établissements de toute espèce,
on bâtit des moulins, on éleva des fours, on établit des
hôpitaux, des salpêtrières et des moulins à poudre; on
construisit une fonderie, des ateliers de serrurerie,

---

(1) *Victoires et conquêtes.*

d'armurerie, de menuiserie, de charronnage, de charpente, de corderie ; bien plus, peu de temps après l'installation de l'armée on vit des cartes à jouer, des billards et des tables à jeu faites au Caire ; on y imprimait en français et en arabe ; deux journaux parurent rédigés par les membres de l'Institut, la *Décade égyptienne* et le *Courrier d'Egypte*.

<small>Combat de Sédiman.</small> Pendant ces travaux pacifiques, les lieutenants de Bonaparte achevaient de soumettre le pays : la plus importante de ces expéditions fut celle de la haute Egypte, où fut livré le combat de Sédiman.

Desaix avait été chargé de poursuivre et d'anéantir les restes de l'armée de Mourad-Bey, battue aux Pyramides. Les mamelucks avaient d'abord fui devant lui ; mais ayant reçu des renforts, ils passèrent de l'extrême circonspection à une extrême audace et s'arrêtèrent : <small>7 octobre.</small> leur bivouac était si près des Français que ceux-ci, pour dormir, se formèrent en carré, leur fusil entre les jambes. Ainsi que l'a dit un des intrépides soldats de cette époque, c'est dans ces circonstances périlleuses qu'on apprend ce que vaut le soldat français : « Tous étaient si pénétrés du danger, que les officiers n'avaient rien à leur dire, la discipline était inutile, et ils auraient fait justice eux-mêmes de celui dont la négligence aurait compromis le salut de tous (1). »

Le lendemain, à la pointe du jour, c'est-à-dire à deux ou trois heures du matin, tous étaient debout avant que le tambour eût battu ; ils n'étaient pas plus de

---

(1) *Mémoires du duc de Rovigo.*

2,000 hommes, et n'avaient que deux pièces d'artillerie. Desaix fit placer ces deux pièces aux angles du front et en cet ordre ils se mirent en marche. Ils montaient une colline du haut de laquelle ils devaient dominer la plaine autour d'eux, lorsque tout à coup un tourbillon de poussière roule dans le désert et un essaim de cavaliers mamelucks fond sur les carrés; le choc est si fougueux qu'un des carrés est enfoncé; les Français avaient tiré à bout portant; les chevaux des mamelucks, quoique percés de balles, avaient traversé le carré pour aller tomber cent pas plus loin, et ceux qui les suivaient avaient pénétré par les ouvertures. Les Français n'ont que le temps de faire halte, ils se reforment, mettent leurs pièces en batterie et sur deux rangs commencent un feu soutenu pendant une heure; on ne distinguait rien à travers la fumée et la poussière soulevée par les pieds des chevaux qui bondissaient autour du carré; enfin, le feu cessa du côté des mamelucks et les Français les virent fuyant dans toutes les directions; en quelques minutes, il n'y eut plus personne jusqu'à l'horizon. Il était temps que la bataille finît, il ne restait que neuf coups de canon à tirer et les cartouches allaient manquer. De ce moment, Desaix ne rencontra plus de résistance sérieuse : en quelques semaines la haute Egypte fut soumise; il la gouverna avec sagesse, il se fit autant aimer et respecter de ces peuples barbares par sa clémence et ses vertus qu'il s'en était fait craindre par sa bravoure; les Arabes appelaient Bonaparte le *Sultan de feu*, ils appelèrent Desaix le *Sultan juste*.

Cependant un revers inattendu était venu interrompre cette suite de victoires, la flotte française avait été détruite à Aboukir par les Anglais; l'amiral Brueys, qui la commandait, n'avait pas suivi les prescriptions de Bonaparte, cette désobéissance causa sa ruine. Les marins français firent vainement des prodiges de valeur : Brueys, blessé à mort, ne voulut pas qu'on l'enlevât; *un amiral*, dit-il, *doit mourir sur son banc de quart.* Du Petit-Thouars, les deux cuisses et un bras emportés, criait à ses matelots : *Equipage du* Tonnant, *ne vous rendez pas! Coulez bas plutôt! Clouez le pavillon!* A la nouvelle de ce désastre, Bonaparte fut d'abord vivement ému; mais son âme énergique se releva aussitôt : « Nous voilà obligés à faire de plus grandes choses que nous ne voulions, écrivit-il à Kléber; il faut rester ici ou en sortir grands comme les Anciens! »

1ᵉʳ août.

1799.

CAMPAGNE DE SYRIE

Siège de Saint-Jean-d'Acre. — Bataille du Mont-Thabor. — Jaffa. — Bataille d'Aboukir. — Retour de Bonaparte en France.

Ces grandes choses, Bonaparte allait les accomplir sur un autre théâtre : il avait appris que deux armées turques se préparaient à l'attaquer; l'une sous les ordres des pachas de Damas et de Saint-Jean-d'Acre, se rassemblait en Syrie; l'autre devait débarquer sur les côtes d'Egypte; mais, de même qu'il a fait tant de fois en Italie, au lieu de les attendre, il projette de les prévenir, d'aller chercher les pachas en Syrie, de les battre avant que la seconde armée ait le temps d'arriver, puis de revenir et de la défaire à son tour.

La plus grande partie de ses troupes étaient dispersées en Egypte ; une forte garnison occupait le Caire où venait d'éclater, au mois d'octobre, une rébellion qu'il

Réunion d'une armée turque en Syrie.

avait fallu réprimer vigoureusement ; l'armée qu'il emmenait avec lui ne comptait que treize mille hommes. Un corps de nouvelle formation l'accompagnait, le régiment des dromadaires, troupe créée d'abord pour s'opposer au pillage de Bédouins, et plus tard fort utile à l'armée dans le désert : les dromadaires portaient deux hommes adossés l'un à l'autre, avec leurs armes et des vivres pour plusieurs jours ; comme ils peuvent facilement faire une course de 25 à 30 lieues sans manger, chaque fois qu'une tribu d'Arabes quittait le désert pour piller, on mettait à leurs trousses un détachement de dromadaires qui les avaient bientôt atteints et leur enlevaient leurs femmes, leurs enfants et leurs bestiaux. Les Bédouins cessèrent bientôt leurs brigandages (1).

(1) « Ce fut à cette époque que Bonaparte, en se rendant à Suez pour examiner les moyens d'unir le Nil à la mer Rouge, faillit périr presque au même lieu où avait été engloutie l'armée de Pharaon. La mer était basse ; après quelque temps on s'égara. La nuit était venue, on ne savait de quel côté on marchait, les flots commençaient à monter, et les cavaliers qui étaient en tête crièrent que leurs chevaux nageaient. Bonaparte sauva tout le monde par un de ces moyens qui paraissent très-simples, mais que trouve seulement un esprit qui ne s'étonne de rien.

« Il s'établit le centre d'un cercle, et fit ranger autour de lui, sur plusieurs hommes de profondeur, tous ceux qui partageaient le danger avec lui, et en numérotant tous ceux qui composaient le premier cercle en dehors. Il les fit ensuite marcher en avant, en suivant chacun la direction dans laquelle ils étaient, et en les faisant suivre successivement par d'autres cavaliers à dix pas de distance dans la même direction. Lorsque le cheval de l'homme qui était en tête d'une de ces colonnes perdait pied, c'est-à-dire qu'il nageait, Bonaparte le rappelait sur le centre ainsi que tous ceux qui le suivaient, et il leur faisait reprendre la direction d'une autre colonne à la tête de laquelle on n'avait pas encore perdu pied. Les rayons qui avaient été lancés dans

L'armée française partit au commencement de février; à l'entrée du désert, elle s'empara du fort d'El-Arich, puis de Gaza et de Jaffa, arriva devant la ville forte de Saint-Jean-d'Acre, dont elle entreprit le siége.

Saint-Jean-d'Acre l'ancienne Ptolémaïs, Gaza, Jaffa l'ancienne Joppé, chacun de ces noms rappelait à la fois les événements de l'histoire sainte et les faits d'armes des croisés. Devant Saint-Jean-d'Acre, les tentes de Bonaparte étaient assises sur la même colline où avaient campé Philippe-Auguste et Lusignan : la France avait laissé partout des traces de sa gloire. Bonaparte rêvait les plus grands desseins; il voulait pénétrer dans l'Asie Mineure, franchir le Bosphore, arriver comme Mahomet II aux portes de Constantinople; faute de quelques pièces d'artillerie, le jeune conquérant fut arrêté dans ses hardis projets. Tout se réunit contre lui : Saint-Jean-d'Acre était défendu, non par une garnison ordinaire, mais par une véritable armée qu'y avait rassemblée le pacha turc Achmet Djezzar; la flotte anglaise, commandée par Sidney Smith, vint, en outre, apporter à la ville un puissant renfort d'hommes et de

<small>Siége de St-Jean-d'Acre.</small>

---

des directions où ils avaient perdu pied, avaient tous été retirés successivement pour être mis à la suite de celui où on ne l'avait pas perdu. On retrouva ainsi le bon chemin, et l'on arriva à Suez à minuit, ayant de l'eau jusqu'au poitrail des chevaux, et dans cette partie de la côte la marée monte à vingt-deux pieds. On avait été fort inquiet de ne pas le voir arriver avant l'heure de la marée, et lui-même s'estima fort heureux de s'en être tiré ainsi. »

(*Mémoires du duc de Rovigo.*)

canons; en même temps, un émigré français, ancien officier du génie, Phélippeaux, qui doit la célébrité de son nom à l'honneur qu'il eut de combattre le plus grand génie militaire des temps modernes, se chargea de la défense de la place, et y employa toutes les ressources de la science européenne; enfin, le parc d'artillerie de siége des Français, qu'amenait une flottille, fut pris par Sidney-Smith, et les mêmes canons qui devaient servir à détruire les murailles furent employés à les défendre.

Tout ce que peuvent l'art de la guerre et la plus éclatante bravoure fut néanmoins tenté contre la place : les Français n'avaient pas de grosse artillerie, ils battirent la place avec des pièces de campagne; ils manquaient de boulets, ils imaginèrent un moyen original et hardi de s'en procurer : ils paraissaient en pelotons sur le rivage, pour attirer l'attention de l'escadre anglaise; elle faisait feu, et ils ramassaient les boulets sous la canonnade. A toutes les sorties, les Turcs reçurent de rudes échecs; cinq fois l'assaut fut commandé, et cinq fois les Français y montèrent avec le même entraînement. Un jour même, la ville fut sur le point d'être prise : c'était la division de Lannes qui marchait à l'assaut; en un instant, le fossé est franchi, la tête de la colonne, composée de 200 grenadiers et commandée par Rambaut, escalade le rempart; devant elle se dresse une seconde enceinte construite par Phélippeaux; ils l'escaladent encore, pénètrent dans la ville et poussent jusque vis-à-vis le sérail du pacha. Si ces valeureux soldats eussent été suivis, les Français étaient maîtres de Saint-Jean d'Acre; mais les Turcs revenus de leur première surprise, se jettent entre eux et le reste des troupes de Lannes qu'ils refoulent dans la tranchée. Ces 200 braves alors, victimes de leur intrépidité, se trouvent séparés de l'armée et sans espoir de secours; ils s'emparent d'une mosquée et s'y retranchent, décidés à y périr jusqu'au dernier; les barbares les entourent, en poussant des hurlements affreux; bientôt Rambaut et plusieurs de ses vaillants compagnons ont succombé, le reste a consommé toutes ses cartouches, il ne leur reste d'autres armes que leurs baïonnettes; la mosquée allait être prise et ils eussent été massacrés, quand arriva Sidney Smith qui, admirant ces héroïques soldats, s'interposa entre eux et les Turcs et leur fit accorder une capitulation honorable.

Bonaparte fut bientôt éloigné de ce siége par un plus pressant intérêt. L'armée du pacha de Damas, réunie derrière le lac de Tibériade, se préparait à passer le Jourdain pour venir attaquer les Français, tandis que les assiégés feraient une sortie générale; mais ici encore, ils seront prévenus par Bonaparte. Il laisse la plus grande partie de son armée à Saint-Jean-d'Acre, fait partir Kléber et Murat en avant, et bientôt les suit lui-même.

Kléber rencontra les Turcs dans une plaine étendue, au pied du Mont-Thabor; il avait fait, la nuit, une marche forcée, dans l'espérance de les surprendre; il s'égara et ne put arriver en vue du camp turc que le matin à six heures; les Turcs étaient prêts. Il n'avait pas 3,000 hommes, et l'armée musulmane en comptait

Bataille du Mont-Thabor.
—
16 avril.

plus de 30,000, dont 8,000 de cavalerie ; cependant, il n'hésita pas à l'attaquer. Il s'empara d'un petit fort placé sur une éminence qui pouvait servir de point d'appui et protéger la retraite en cas d'échec, puis ayant, selon l'habitude des Français depuis leur entrée en Égypte, formé son armée en deux carrés, il s'avança intrépidement dans la plaine. Bientôt le combat s'engage : la cavalerie ennemie s'élance sur les Français et les assaille de tous côtés ; en même temps, une masse de fantassins repousse les tirailleurs que Kléber avait jetés sur le front des carrés. Jamais les Français n'avaient été attaqués par des forces aussi considérables ; ils attendent les Turcs de pied ferme, et, par un feu nourri de mousqueterie et la mitraille de leurs canons, arrêtent ces charges impétueuses ; à plusieurs reprises, les Turcs essaient de les entamer, chaque fois ils sont forcés de reculer ; en peu de temps, les Français ont abattu autour d'eux tant d'hommes et de chevaux, qu'ils forment comme un rempart de cadavres derrière lequel ils combattent à l'abri.

Arrivée de Bonaparte.

Cette lutte si inégale durait depuis six heures ; Kléber, voyant un de ses carrés, celui de Junot, faiblir, avait pris le parti de n'en former qu'un seul et donné ordre de ménager les munitions, lorsque, vers une heure de l'après-midi, un coup de canon se fait entendre dans le lointain ; à ce signal, qui leur annonce l'arrivée d'un secours, les soldats de Kléber tressaillent d'une nouvelle ardeur : *C'est Bonaparte !* s'écrient-ils. En effet, Bonaparte apparaît sur les collines qui bornent la plaine. En apercevant de ces hauteurs le danger que courent leurs camarades, ses soldats demandent à grands cris de marcher au combat : Bonaparte prend immédiatement ses dispositions d'attaque ; il forme deux grands carrés et les dirige de chaque côté de la division Kléber, de manière à renfermer l'armée ennemie dans un triangle de feu. Kléber, comprenant le plan de son général, cesse alors de se défendre, il marche audacieusement en avant vers le village de Fouli où était retranchée l'infanterie turque et l'enlève à la baïonnette. En même temps, les deux colonnes nouvellement arrivées attaquent l'ennemi en flanc, et les guides et la cavalerie courent sur ses derrières pour lui couper la retraite ; enveloppés ainsi de toutes parts, les Turcs se troublent, se rompent, tournent comme un tourbillon dans cet étroit espace sous le feu terrible des trois divisions françaises, puis prennent la fuite et se sauvent les uns derrière le Thabor, les autres vers le Jourdain (1).

L'intrépidité de Kléber avait préparé la victoire, le génie de Bonaparte l'acheva : 30,000 Turcs avaient été mis en fuite par 6,000 Français ; ils avaient perdu 6,000 hommes, ils se dispersèrent et ne reparurent plus. Bonaparte, tranquille de ce côté, retourna à Saint-Jean-d'Acre, en leva le siége et reprit le chemin de l'Egypte. 20 mai.

Cependant, en ces rencontres avec les Turcs, l'armée française avait pris le germe de la peste. En re- Les pestiférés de Jaffa.

(1) Après la victoire, Bonaparte monta sur le Thabor et assista à un *Te Deum*, chanté au son des orgues, dans l'église qu'on y a bâtie en mémoire de la Transfiguration.

passant à Jaffa, Bonaparte trouva l'hôpital rempli de soldats pestiférés ; ces malheureux, épuisés par leur anxiété et la maladie, s'abandonnaient au découragement et au désespoir. Il voulut leur rendre leur énergie, il alla les visiter, il leur reprocha de se laisser abattre, de céder à de chimériques terreurs, et pour les convaincre que le mal n'était pas contagieux, il fit découvrir le bubon tout sanglant de l'un d'eux, et le pressa lui-même avec la main. A cet acte de courage et de ferme volonté, la confiance revient aux malades, ils ne se croient plus désespérés : « Vous avez raison, mon général, s'écrie un soldat qui pouvait à peine se lever de son grabat, vos grenadiers ne sont pas faits pour mourir à l'hôpital ! » Chacun recueille ce qui lui reste de forces et demande à quitter ce lieu de douleur d'où, un instant auparavant, il ne comptait plus sortir. Bonaparte les fit placer sur des chameaux et sur les chariots de l'armée, sur les chevaux des officiers, sur les siens même : grâce à ces soins de leur général, les malades arrivèrent presque tous en Egypte, échappant ainsi à l'esclavage ou à la mort (1).

Bataille d'Aboukir.
25 juillet 1799.

Il venait de vaincre l'armée turque en Syrie : à peine de retour en Egypte, il allait en combattre une seconde qui venait de débarquer à Aboukir. C'était en ce même lieu que la flotte française avait été détruite : Aboukir était un nom fatal, Bonaparte en fit un nom

(1) Le peintre Gros a représenté cette action de Bonaparte dans le beau tableau intitulé : *Les Pestiférés de Jaffa.*

glorieux; l'armée y vengea la flotte. Les Turcs, au nombre de 18,000 hommes, s'étaient établis dans une étroite presqu'île protégée, en face, par une double ligne de retranchements et une forte redoute, et, sur les flancs, par des chaloupes canonnières. Bonaparte, arrivé rapidement du Caire avec les trois divisions de Lannes, de Bon et de Murat, ne comptait que 6,000 hommes; mais il ne trouva pas ce chiffre disproportionné avec des ennemis tels que les Turcs, et, sans attendre Kléber et Régnier qui arrivaient avec leurs troupes, il commença l'attaque. Murat, à la tête de la cavalerie, a en un instant tourné les retranchements de l'ennemi; Lannes les assaille de front, la première ligne est emportée, 4 ou 5,000 Turcs sont tués ou jetés à la mer.

Mais la seconde ligne était plus difficile à enlever : la grande redoute défendue par 10,000 vieux soldats aguerris, croisant ses feux avec ceux des chaloupes canonnières, couvrait la plaine de mitraille. En vain Murat tente plusieurs charges, il ne peut franchir le défilé étroit qui sépare les retranchements du rivage; l'infanterie française s'avance intrépidement l'arme au bras jusqu'aux retranchements; les Turcs font feu, puis, rejetant leur fusil sur leur dos, s'élancent sur les Français, le pistolet et le cimeterre à la main; un combat furieux s'engage; on se prend corps à corps, les Turcs saisissent les baïonnettes avec leurs mains; les Français sont obligés de reculer. Les Turcs alors, pour couper, selon leur coutume, la tête des morts et des blessés, sortent de leurs retranchements : Bonaparte suivait la bataille d'un regard attentif; il saisit ce moment impatiemment attendu, il lance sa réserve sur la redoute, les Français entrent dedans au pas de charge et en chassent les Turcs. En même temps, Murat fait une charge audacieuse, force le défilé, pénètre dans leur camp jusqu'à la tente du général en chef, Mustapha-Pacha, le blesse d'un coup de sabre et, le prenant de sa propre main, l'envoie à Bonaparte. Partout les Turcs sont enfoncés, un petit nombre se rend, le reste est tué ou se noie dans la mer : il en périt plus de 12,000 ; l'armée ennemie, ce qu'on n'avait jamais vu, fut tout entière anéantie. Après cette belle victoire, Kléber, arrivant sur le champ de bataille, embrassa Bonaparte avec enthousiasme ; l'Egypte était délivrée une deuxième fois et le salut de l'armée française assuré : « Général, s'écria-t-il, vous êtes grand comme le monde! »

Départ de Bonaparte.
La bataille d'Aboukir fut la dernière que livra Bonaparte en Egypte. Il avait appris dans quel déplorable état la France était tombée depuis son départ : une nouvelle coalition s'était formée ; la France avait perdu l'Italie, Corfou lui avait été enlevé, ses armées avaient été battues sur le Rhin et sur l'Adige ; l'intérieur était en proie aux troubles civils, la discorde régnait dans le gouvernement ; le Directoire attaquait les conseils, les conseils luttaient contre le Directoire ; la France, déchirée par les factions, semblait prête à se désorganiser et à devenir la proie de l'étranger.

Bonaparte résolut de partir : désormais sa présence

était inutile en Orient, toute crainte d'agression était éloignée pour longtemps ; ses instructions lui permettaient d'ailleurs de revenir quand il le jugerait à propos. Il nomma commandant en chef de l'armée Kléber, un de ses meilleurs lieutenants; puis, profitant d'un moment où l'escadre anglaise s'était éloignée afin de se ravitailler à Chypre, il s'embarqua pour la France, emmenant avec lui Lannes, Berthier, Marmont, Murat et plusieurs savants.

<small>24 août.</small>

Il quitta l'Egypte, mais il y laissa le souvenir ineffaçable de son nom : les hommes dont les peuples gardent le plus la mémoire sont les conquérants; l'imagination des Arabes idéalisa ce jeune et pâle vainqueur, à la brève parole, qui renversait les brillants escadrons mamelucks devant les carrés de feu de ses fantassins, et, depuis soixante ans, ils se racontent sous la tente, comme une légende merveilleuse, la vie et les victoires du *Sultan des Français*.

Il eut, pour son retour comme pour sa première traversée, un bonheur extraordinaire. Au mois d'août, les vents d'ouest règnent dans les parages d'Egypte et s'opposent au départ, une brise du sud-est se leva soudainement, et les vaisseaux français, partis à neuf heures du soir, se trouvèrent le lendemain matin, à 30 lieues d'Alexandrie. Pour éviter la rencontre des Anglais, il prit le chemin le plus long, mais le moins fréquenté, il longea la côte d'Afrique; plusieurs fois, il fut sur le point d'être aperçu; une fois même, il se trouva vers la hauteur du cap Bon, à une petite distance de vaisseaux anglais; la nuit vint et il put leur échapper.

Enfin, après quarante-six jours de traversée, il arriva en vue de Fréjus; là, devant la côte même, était rangée une escadre anglaise qui barrait le passage : l'amiral Ganteaume voulait rebrousser chemin, Bonaparte s'y opposa; les Anglais ne reconnurent pas les navires français et disparurent.

<small>Arrivée de Bonaparte en France.

9 octobre</small>

« En apercevant les vaisseaux, dit un de ceux qui l'accompagnaient, des transports de joie et d'ivresse s'emparent de la population, on accourt de tous côtés; des barques entourent les vaisseaux, on veut voir le général Bonaparte; on veut toucher cet homme envoyé par la Providence pour sauver la France et rappeler la victoire; l'autorité veut éloigner les enthousiastes, parle de santé, de peste; on répond que le général Bonaparte ne peut rien apporter de fâcheux avec lui; on s'élance, on monte à l'abordage, les frégates sont envahies par la foule; dès lors Bonaparte et sa suite ont l'entrée, ou bien il aurait fallu mettre tout le pays en quarantaine. Deux heures après, il était déjà en route pour Paris (1). »

La nouvelle de son débarquement se répandit partout avec une rapidité inouïe; afin d'éviter les ovations qui l'avaient accueilli jusqu'à Lyon, il se détourna de sa route; tandis que Joséphine et ses frères courent au devant de lui, il arrive tout d'un coup à Paris dans sa maison de la rue de *la Victoire*; aussitôt, il se rend au Luxembourg pour visiter les directeurs; à la porte du palais, la garde composée de

---

(1) *Mémoires du duc de Raguse.*

ses anciens soldats d'Italie le reconnait, elle prend les armes et crie avec enthousiasme : *Vive Bonaparte!* on apprit ainsi sa présence à Paris.

De ce moment, la France se crut sauvée; l'armée, le peuple, tous ceux qui ne voulaient que le bien de la patrie demandaient qu'il la délivrât du Directoire. Son génie le portait à prendre la première place, le sentiment public le poussa encore davantage. « Le souvenir de ses premières victoires, son retour miraculeux, cette auréole de gloire à laquelle sa jeunesse donnait tant d'éclat, tout conspirait en faveur d'un héros qui semblait protégé par une puissance invisible (1). » Deux directeurs, Roger Ducos et le fameux Siéyès, dont la réputation de législateur datait de 1789, s'entendirent avec lui pour renverser leurs collègues. Les généraux accoururent pour le soutenir ; Lefèvre semblait hésiter. « Eh bien! Lefèvre, lui dit Bonaparte, voulez-vous laisser périr la France dans les mains de ces avocats? Tenez, voici le sabre que je portais aux Pyramides, je vous le donne comme un gage de mon estime et de ma confiance. — Oui, répondit Lefebvre, jetons les avocats à la rivière! »

Le Conseil des Cinq-Cents essaya de résister : « Qu'avez-vous fait, leur dit Bonaparte, de cette France que je vous avais laissée triomphante? J'avais laissé la paix, j'ai retrouvé la guerre; j'avais laissé les millions de l'Italie, j'ai trouvé des lois spoliatrices et la misère. Que sont devenus cent mille Français que je con-

(1) Thibaudeau, *Le Consulat et l'Empire.*

naissais, tous mes compagnons de gloire ? » On lui objecte la Constitution : « La Constitution, s'écrie-t-il, elle est invoquée par toutes les factions, elle a été violée par toutes !... » Quelques voix s'élèvent et crient: *A bas le tyran! à bas le dictateur!* « Plus d'une fois, ajoute-t-il, j'ai été appelé à prendre l'autorité suprême ! Après nos triomphes d'Italie, j'y ai été appelé par le vœu de mes camarades, par le vœu de la nation ! » Il chassa ces députés impuissants du lieu de leurs séances; un nouveau gouvernement fut institué, et Bonaparte fut nommé *premier Consul*; c'est ce coup d'État qu'on a appelé *la révolution du 18 brumaire.*

1800.

CAMPAGNE DE MARENGO.

Passage du Grand-Saint-Bernard. — Le fort de Bard. — Siége de Gênes. — Bataille de Marengo.

Situation des armées.

Au moment où Bonaparte devint premier consul, la dernière place que les Français occupaient en Italie, Coni, venait d'être prise; Suchet défendait avec peine la frontière du Var contre des forces supérieures; Masséna était assiégé dans Gênes par les Autrichiens et bloquée du côté de la mer par les Anglais; Marseille, Toulon, le Midi, redoutaient une prochaine invasion. Sur le Rhin on se tenait sur la défensive; l'Allemagne était entièrement évacuée. Dans l'administration de l'armée, le désordre était tel que Bonaparte avait été obligé d'envoyer près des corps des officiers pour s'assurer du nombre des soldats présents, ce qu'on ignorait au ministère même de la guerre; enfin, toutes les forces dont on pouvait disposer ne s'élevaient pas à 250,000 hommes.

Bonaparte commença par proposer la paix à l'Autriche, elle refusa; puisqu'il fallait continuer la guerre, il résolut de la pousser avec cette vigueur et cette activité qui lui étaient propres; il porta d'abord l'armée d'Allemagne à 130,000 hommes; Moreau put ainsi reprendre l'offensive; il envoya des renforts à Suchet, de l'argent à Masséna; mais, en outre, il conçut un projet d'une grandeur et d'une audace qui devaient déconcerter l'ennemi, et ce projet il s'en réserva lui-même l'exécution.

<small>Plan de Bonaparte.</small> Franchir la chaîne des Alpes à l'un de ses points les plus élevés, au Grand Saint-Bernard, descendre dans les plaines de la Lombardie sur les derrières des Autrichiens, et, tandis qu'ils sont occupés en Piémont à combattre Suchet et à assiéger Gênes, les attaquer, leur enlever leurs magasins, leur couper la retraite, et leur livrer une bataille décisive, tel est le plan de Bonaparte; et ce plan est si mûrement combiné que d'avance, à Paris, il désigne sur les cartes les points où il atteindra le général autrichien, Mélas, où il le forcera à combattre, où il le vaincra! Ce projet ne pouvait réussir que s'il était secret : il affecta de lui donner une publicité si exagérée qu'on n'y crût pas; il trompa l'Europe, bien plus, la France entière : il fit répandre à grand bruit qu'une armée de réserve de soixante mille hommes se formait à Dijon, et que cette armée était destinée à soutenir celle du Rhin ou du Var; mais il se garda bien de réunir beaucoup de troupes à Dijon : quand il vint en passer la revue, les espions envoyés par la cour d'Allemagne y comptèrent à peine 4 à 5,000

hommes, encore la plus grande partie était-elle composée de conscrits ; l'armée de réserve devint alors un sujet de raillerie : « elle n'existait que sur le papier ; » à Vienne et à Milan, on en fit des caricatures ; on la représentait comme un ramassis d'enfants et de vieillards montés sur des ânes, armés de bâtons et ayant deux espingoles pour artillerie.

Cependant de grands préparatifs se faisaient avec rapidité : on rassemblait d'immenses approvisionnements de vivres ; deux millions de rations étaient commandées à Lyon, comme pour la flotte de la Méditerranée ; les services de l'artillerie étaient réorganisés, la cavalerie renforcée ; les équipages, jusqu'alors composés de charretiers aux gages d'entrepreneurs, étaient réunis en bataillons du train, augmentant ainsi l'armée de 12,000 hommes. Le premier consul présidait lui-même aux détails les plus minutieux ; les mouvements des détachements, la création du matériel, les préparatifs dans les arsenaux, la confection des munitions, du biscuit, la réforme des souliers usés, des habits déchirés, etc., rien ne lui était étranger. Les régiments étaient en marche de toutes les parties de la France, mais isolément, par des routes différentes, et leurs mouvements étaient concertés de telle sorte qu'ils devaient arriver tous à jour fixe à un lieu désigné. *Préparatifs.*

Bonaparte avait fait appel à la jeunesse française et aux anciens militaires réformés par le Directoire : une foule de volontaires s'engageaient pour servir sous ses ordres, tant étaient grands l'enthousiasme et la confiance qu'il inspirait.

Au commencement de mai, il partit de Paris, annonçant que son absence ne serait que de courte durée ; dans quinze jours il devait être de retour. Afin de prolonger l'erreur de l'ennemi, il parcourut les bords du lac de Genève, et visita plusieurs maisons de campagne, comme s'il voulait y passer la saison d'été ; il était à la veille même de commencer l'exécution de son plan.

Ce plan présentait de sérieux obstacles : il s'agissait de faire franchir une haute chaîne de montagnes par une armée pourvue de son matériel, de son artillerie, de ses chariots, de toutes les provisions qu'elle traîne à sa suite, en suivant des chemins affreux, escarpés, parmi des rocs entassés, au bord d'abîmes sans fond, où se précipitent des avalanches, et où souvent le sentier est si étroit qu'il n'y peut passer qu'un seul homme. De plus, il pouvait arriver que l'ennemi, prévenu de la marche de l'armée, lui barrât le chemin, et, dans ces défilés, ne la prît comme dans un coupe-gorge. Ces obstacles ne firent pas un instant hésiter Bonaparte : un savant ingénieur, le général Marescot, après avoir longuement étudié le terrain, vint les lui exposer ; Bonaparte l'écouta avec attention, puis tout à coup : « Peut-on passer ? lui dit-il. — « Oui, général, mais avec difficulté. — Eh bien, partons ! »

Aussitôt, tout prend une nouvelle face : les régiments venus de différents côtés se trouvent réunis, l'artillerie arrive de Grenoble, de Besançon, d'Auxerre, les rations qui se dirigeaient sur Toulon rebroussent chemin vers Genève, l'ordre est donné, on part.

Le sommet du grand Saint-Bernard, sur lequel est bâti un hospice, est élevé de 7,540 pieds au-dessus du niveau de la mer.

« Cet hospice a été fondé par un pieux Savoyard, Bernard de Menthon. Les religieux qui l'habitent ont été institués pour exercer l'hospitalité, non-seulement envers les voyageurs qui font l'ascension de ces hautes montagnes incultes, mais encore pour recueillir les malheureux qui se sont égarés et qui sont ensevelis sous les avalanches. A cet effet, matin et soir, des chiens, que les religieux dressent à ce service, parcourent la montagne et vont à la découverte. L'ouïe, l'odorat et l'instinct merveilleux de ces animaux les conduisent près des voyageurs à qui ils laissent prendre le panier rempli d'aliments qu'on a suspendu à leur cou, puis ils retournent à l'hospice chercher un religieux. Quand l'atmosphère est chargé de nuages et que la neige tombe, les religieux sortent en même temps que les chiens ; ils parcourent ainsi les glaciers, et les chiens, par des hurlements plaintifs, leur font découvrir les voyageurs ensevelis même à une très-grande profondeur : les religieux, armés de longues perches, s'en servent pour sonder le terrain ; lorsqu'ils ont reconnu le corps, ils le dégagent de la neige, et le transportent à l'hospice où il reçoit tous les soins désirables, s'il reste encore quelque espoir, et la sépulture quand la mort s'en est déjà emparé. Le lieu qu'habitent ces religieux est le séjour éternel des tempêtes, des frimas et des glaces ; même en été il y gèle toujours ; à peine y compte-t-on dans l'année entière dix jours purs et sereins ; l'air y est si rare qu'on n'y vit guère plus de dix ans ; beaucoup même meurent avant ce terme ou sont mutilés ; et pourtant le couvent ne manque jamais de ces hommes admirables qui, sans autre récompense que celle d'avoir bien fait, sacrifient leur vie *par amour de Dieu et du prochain* (1). »

<small>Passage du grand Saint-Bernard.
—
15 mai.</small>

On partit à minuit pour éviter la fonte des neiges sous le soleil. Voyez-vous cette grande armée gravissant une des plus hautes montagnes des Alpes, par un sentier étroit et glissant, au milieu d'amas énormes de neiges et de glaces, les fantassins chargés, outre leurs armes, de munitions et de vivres pour six jours ; quelques-uns mêmes, la division Watrin, portant de plus les armes et les vivres des soldats d'une autre division, et malgré ce fardeau, évalué à soixante-dix livres, marchant pleins d'ardeur, d'entrain et de gaieté. Lorsque la fatigue se fait trop sentir, ils demandent qu'on batte la charge, ou que la musique joue des airs nationaux, et la lassitude est oubliée. « Les habitants de ces lieux sauvages, étonnés de voir des troupes sur ces rocs inaccessibles, s'étaient retirés sur les sommets les plus escarpés ; de là, contemplant le passage de l'armée, ils exprimaient leur admiration par des acclamations, auxquelles les Français répondaient par des chants guerriers. »

Un système ingénieux avait été imaginé pour transporter l'artillerie : sur des traîneaux préparés d'avance, on plaçait les affûts démontés pièce à pièce ; les canons

---

(1) *Victoires et conquêtes.*

étaient mis dans des troncs d'arbres creusés en forme d'auge, et on les traînait ainsi à la prolonge. On s'était d'abord servi des paysans de la montagne, à qui l'on donnait 1,000 francs par pièce; mais bientôt ils trouvèrent la besogne trop rude et s'éloignèrent, quelle que somme qu'on leur offrît. Les soldats alors s'en chargent, cent hommes s'attèlent à un canon et le traînent avec des peines inouïes, malgré les obstacles qui se multiplient à chaque pas. On voulut les payer, ils refusèrent : « Nous n'avons pas travaillé pour de l'argent, dirent-ils au premier consul, gardez-le; vous ne manquerez pas d'occasion de nous tenir compte de ce que nous avons fait. »

Ils savaient, en effet, comment Bonaparte leur témoignait sa satisfaction. Quelques jours après, la 22e demi-brigade se distingua au combat de la Chiusella : « Je veux vous récompenser de votre conduite, dit-il à ces braves; à la première affaire, vous marcherez en tête de l'avant-garde ! » Tous les corps de l'armée demandèrent, dès lors, l'honneur de marcher à l'avant-garde.

L'ascension se fit ainsi durant quatre jours, la marche lente et successive des troupes ne permettant pas de passer plus de 7 ou 8,000 hommes à la fois. A l'hospice, les soldats trouvèrent des vivres en abondance servis par les religieux et préparés par les soins de Bonaparte; ce haut plateau couvert de neige vit pour la première fois des canons, des traîneaux, des chevaux, des munitions, des faisceaux d'armes, toute une armée avec son matériel de guerre.

20 mai.

Bonaparte gravit le Saint-Bernard, monté sur une mule et conduit par un jeune paysan qui ne le connaissait pas, et qu'il se plaisait à faire causer : « Que te faudrait-il pour être heureux »? lui demanda-t-il. — « Je serais content, répondit le jeune homme, si j'avais un champ et une petite maison, car alors j'épouserais celle que j'aime. » A son arrivée au couvent, Bonaparte écrivit un billet qu'il lui recommanda de remettre à l'administration de l'armée : c'était un ordre d'acheter la maison et le champ pour le montagnard qui apprit alors de qui il avait été le guide. « Acte de bienfaisance digne d'attention, dit ici un grand historien ; l'âme humaine, dans ces moments où elle éprouve des désirs ardents, est portée à la bonté, elle fait le bien comme une manière de mériter celui qu'elle sollicite de la Providence (1). »

A la descente se présentaient des difficultés d'un autre genre qu'à la montée, à cause de l'extrême rapidité de la pente, où le moindre faux pas pouvait entraîner les hommes et les chevaux dans des précipices ; les cavaliers marchaient à pied en tenant leurs chevaux par la bride ; les fantassins usèrent d'un moyen commode et prompt : ils se laissèrent glisser sur la neige jusqu'au bas de la pente ; Bonaparte fit comme eux. La descente s'opéra ainsi, vite et presque sans danger, jusqu'à Aoste.

Le fort de Bard.

Mais voilà que tout à coup se présente un nouvel obstacle, et cet obstacle est d'abord jugé infranchissable : la route est barrée par un fort, le fort de Bard,

(1) Thiers, *Histoire du consulat.*

bâti sur un roc à pic, isolé, qui semble avoir été détaché par un éboulement et jeté dans la vallée pour la fermer hermétiquement ; d'un côté un précipice, de l'autre une route étroite passant au pied du fort, de telle sorte qu'il n'est pas un point qui ne soit exposé au feu de ses batteries. On somme le commandant, nommé Bernkopf, de se rendre ; il répond comme un homme qui sait l'importance du poste qui lui est confié. On risque une première attaque, elle est repoussée ; les généraux du génie examinent la place et annoncent qu'elle ne sera prise qu'après un siége régulier. L'armée se trouve là entassée, sans pouvoir avancer.

Mais Bonaparte, qui vient de franchir une chaîne de montagnes, sera-t-il arrêté par un rocher? Il déclare que si l'obstacle ne peut être emporté, on le tournera. On cherche des routes aux environs ; on taille des degrés dans le rocher, on jette des troncs d'arbre sur les précipices ; en passant par des chemins détournés que des chèvres eussent eu peine à suivre, l'infanterie, la cavalerie même défilent hors de la portée du fort et bientôt sont sorties de la vallée.

Restait l'artillerie, pour laquelle cette voie était impraticable : on ne pouvait la faire passer que par la route, au pied même du fort, et comment franchir ce passage à demi-portée de fusil des batteries ennemies? Le général Marmont alors eut une idée audacieuse : il fait envelopper les roues, les chaînes et toutes les parties sonnantes des voitures avec du foin tordu, répandre sur la route le fumier et les matelas que l'on trouve dans le village, dételer les voitures et remplacer les chevaux par des hommes; puis, la nuit, les soldats se mettent à traîner les pièces lentement et dans le plus profond silence. Pendant ce périlleux travail, les Autrichiens tiraient sur la route et lançaient des pots à feu; un petit nombre d'hommes seulement furent blessés; avant que le jour fût levé, 40 pièces de canons et une centaine de caissons étaient transportés hors du défilé; le fort désormais est impuissant, on le laisse en arrière; un détachement en fera le siége et le prendra quelques jours après.

En même temps que le gros de l'armée gravissait le Saint-Bernard, d'autres corps franchissaient le Saint-Gothard, le Mont-Cénis, le Simplon, en surmontant des difficultés non moins grandes et avec le même succès.

Un seul fait suffira pour faire juger de la nature de ces obstacles et de l'énergique courage des troupes qui les surmontaient. C'était au Simplon, dont le passage était confié au général Bethencourt: « Après avoir marché par des chemins affreux rompus par des avalanches, le général Bethencourt arrive, avec environ 1,000 hommes, à l'un de ces points où le passage n'est obtenu que par des pièces de bois, dont une extrémité pose dans le rocher creusé, l'autre est supportée par une poutre en travers. Cette espèce de pont avait été emportée par un éclat de roche parti de la plus haute élévation, et qui avait tout entraîné dans un torrent roulant avec le plus horrible fracas. Le général Bethencourt déclara que nul obstacle ne devait l'arrêter, et aussitôt il fut résolu d'employer le moyen suivant: il ne restait de tout ce que l'art avait ici tenté pour vaincre la nature, que la rangée de trous dans lesquels avait été engagée l'une des extrémités de chaque pièce de bois ; un des soldats les plus hardis s'offre à mettre les pieds dans les deux premiers trous, puis à tendre une corde à hauteur d'homme en marchant de cavité en cavité, et lorsqu'il est parvenu à fixer la corde jusqu'à l'autre extrémité de l'intervalle entièrement vide au-dessus de l'abîme, c'est le général Bethencourt qui donne l'exemple de passer ainsi suspendu par les bras à une corde même très-peu forte ; et c'est ainsi que près de 1,000 Français franchissent un intervalle d'environ dix toises, chargés de leurs armes et de leurs sacs ; on les avait vus se servir de leurs baïonnettes, employer des crochets pour pouvoir gravir des montagnes, dont l'escarpement semblait avoir banni à jamais les humains. « Je crois, écrivit le commandant de ce brave corps au premier consul, je crois vous les présenter ici dans une attitude nouvelle, suspendus entre le ciel et le plus effroyable abîme, par l'unique espoir de vaincre et de vous obéir. »

Aussitôt après avoir passé le fort de Bard, Lannes, *Prise d'Ivrée.* qui commandait la première division, marcha droit à Ivrée, l'emporta d'assaut et en chassa 6,000 Autrichiens. Ce fut là que Bonaparte commença à publier des nouvelles de l'armée sous le titre de *Bulletin*, qui est devenu depuis si célèbre. D'Ivrée, il déboucha dans les plaines de l'Italie ; treize jours seulement s'étaient écoulés depuis son départ : la première partie de son plan était exécutée, il ne restait plus qu'à accomplir la seconde, en accablant un ennemi déjà frappé d'étonnement et comme étourdi de tant d'audace.

<small>Siége de Gênes.</small>

Une des ressources sur lesquelles Bonaparte avait compté allait cependant lui manquer : il avait espéré que Masséna tiendrait assez longtemps dans Gênes pour occuper une partie des troupes autrichiennes, et Masséna venait de se rendre ; mais il ne s'était rendu qu'après une défense qui est une des pages les plus glorieuses de l'histoire militaire de la France. Obligé de se renfermer dans Gênes, il avait eu, à la fois, à combattre l'ennemi et une horrible famine. Cette grande ville de 140,000 âmes, dont le port était bloqué par les Anglais, ne possédait, au commencement du siége, que pour quinze jours de vivres. Masséna mit tout le monde à la ration, la population comme l'armée ; quelques jours après, la ration fut réduite à moitié. On attendait un convoi de grains ; le convoi fut enlevé par l'ennemi ; un seul navire entra dans le port apportant du blé pour cinq jours ; le pain coûtait 30 francs la livre, la viande 6 francs, une poule 32 francs.

<small>1 avril.</small>

Dans ce dénuement, Masséna donnait à tous l'exemple de la constance et de l'abnégation, et ses troupes, ses lieutenants, Miollis, Gazan, Soult, se montraient dignes de lui par leur énergie, leur courage et leur ardeur. Sans cesse il livrait des combats acharnés, où il faisait supporter des pertes énormes aux Autrichiens ; la lutte avait parfois même un caractère chevaleresque. Un jour, le général ennemi avait fait tirer le canon pour une prétendue victoire remportée sur le Var par les

Autrichiens ; Masséna voulut prendre sa revanche : il sort de Gênes, attaque les Autrichiens dans une de leurs positions les plus formidables, au Monte-Rati, l'enlève, et leur tue 1,500 hommes, puis il fait dire au général Ott qu'à son tour il tire le canon pour célébrer sa victoire. A la fin du siége, l'armée française avait tué plus d'ennemis et fait plus de prisonniers qu'elle ne comptait de soldats : 15,000 Français avaient pris ou mis hors de combat plus de 18,000 Autrichiens.

Après avoir épuisé la réserve de grains, Masséna avait fait fabriquer, « sous le nom de pain, une composition d'amandes, de graines de lin, de son et de cacao, que l'on a comparé à de la tourbe imbibée d'huile, et que les chiens même ne pouvaient supporter (1). » On dévora tous les animaux immondes, jusqu'aux chiens et aux rats, le peuple se nourrit d'une espèce de soupe d'herbe ; bientôt la famine fut à son comble, 15,000 hommes moururent de faim. A la suite d'un combat où les soldats épuisés avaient pu à peine se battre, des milliers de femmes, des sonnettes à la main, parcoururent la ville en criant : Du pain ! Les souffrances étaient devenues affreuses, tant par la privation presque totale d'aliments que par le bombardement que les Anglais entretenaient sur les quartiers les plus populeux, sans même faire d'exception pour les hôpitaux encombrés de malades, sur lesquels on avait arboré le drapeau noir.

Jusque-là, Masséna avait refusé d'écouter aucune proposition : partageant l'horrible nourriture de la gar-

(1) *Mémoires du maréchal Soult, duc de Dalmatie.*

nison, son énergie et sa sérénité n'avaient pas diminué ; il espérait toujours que Bonaparte arriverait pour le délivrer, et il relevait tous les courages : *Il nous fera manger jusqu'à ses bottes,* disaient les soldats. Enfin, ne comptant plus être secouru, il avait résolu de laisser dans Gênes les malades et de faire une sortie à la tête de 7 ou 8,000 hommes qu'il appelait une *colonne d'affamés.* Mais les chefs réunis lui déclarèrent que les troupes étaient hors d'état de marcher : le 4 juin, il ne restait pas quoi que ce soit qui pût être mangé ; l'armée ne comptait pas 3,000 hommes en état de tenir un fusil, les sentinelles ne faisaient leur faction qu'assises ; « le lendemain, dit Soult qui commandait une des divisions, elles n'auraient même pu la faire, soldats et habitants seraient morts d'inanition. »

<small>Reddition de Gênes.</small> Il fallut bien alors entrer en pourparlers : les Autrichiens, d'ailleurs, étaient encore plus pressés d'en finir ; Mélas, en apprenant la marche de Bonaparte, s'était hâté de réunir toutes ses forces, et avait enjoint à Ott de lever immédiatement le siége et de le venir joindre. Masséna ignorait cette circonstance ; mais, quoique réduit à la dernière extrémité, il eut, en traitant avec l'ennemi, plutôt l'attitude d'un vainqueur que d'un général obligé de se rendre : il ne voulut pas que le mot de *capitulation* fût prononcé ; les généraux autrichiens, pleins d'admiration pour sa belle défense, demandaient qu'il restât prisonnier ; *car,* disaient-ils, *vous valez à vous seul une armée.* Il rompit la conférence : « A demain, dit-il aux généraux ennemis, je me ferai jour

l'épée à la main. » Les Autrichiens cédèrent : son armée obtint de sortir avec armes et bagages, en gardant la liberté d'aller se réunir à Suchet ou à Bonaparte, et de combattre dès le lendemain. Il rendait Gênes, mais il ne rendait que les murs : « J'y serai de retour avant quinze jours, dit-il aux généraux ennemis. » Et cette promesse, on va voir qu'il l'accomplit.

Bonaparte n'avait pas perdu un instant : à peine descendu dans la plaine, il avait couru à Milan ; quarante-huit heures après le passage du grand Saint-Bernard, il faisait son entrée dans cette capitale de la Lombardie, qui apprenait à la fois sa présence et ses succès ; le peuple l'accueillit avec des cris d'enthousiasme ; on accourut de tous les points de la haute Italie pour le voir. Il n'y demeura que deux jours, rétablit la république cisalpine, puis reprit sa marche en avant. En quelques jours la Lombardie fut nettoyée des troupes autrichiennes : Murat s'empara de Plaisance, Lannes de Pavie ; on trouva à Pavie des approvisionnements considérables, 200 pièces de canon, 18,000 fusils. L'ennemi fut battu coup sur coup dans de brillants combats, à la Chiusella, à Montebello. Ce dernier combat serait plus renommé, s'il ne précédait pas un jour bien autrement célèbre, Marengo. Lannes se trouva, à Montebello, en face d'une force ennemie de 18,000 hommes, il n'en avait que 12,000 ; la bataille dura neuf heures, le village fut pris et repris trois fois, l'artillerie vomissait la mitraille à trente pas ; les jeunes soldats français, la plupart conscrits et à peine exercés, enfoncèrent les

Envahissement de la Lombardie.
2 juin.

26 mai.
9 juin.

vieilles bandes autrichiennes, mirent 3,000 hommes hors de combat, en prirent 5,000 ; c'était leur première victoire; elle les enivra de joie (1).

Mélas avait enfin compris le danger qu'il courait : il avait rappelé à lui toutes ses troupes, puis, quittant Turin, les avait concentrées à Alexandrie, place forte, sur le bord de la Bormida, avec l'intention de livrer une bataille décisive pour se faire jour à travers l'armée française qui se trouvait devant lui.

Son armée comptait plus de 40,000 hommes, dont 7 à 8,000 de cavalerie, et 200 bouches à feu. L'armée française, au contraire, diminuée par les détachements qu'elle avait laissés sur plusieurs points, ne dépassait pas 20,000 hommes, dont 2,500 de cavalerie. De plus, la cavalerie de Mélas était mieux montée que celle des Français, et le lieu où allait se livrer la bataille lui était singulièrement favorable, « la plaine de Marengo étant presque la seule de l'Italie où des masses de cavalerie puissent charger en pleine carrière (2). » Mélas avait donc, sous ce rapport, une supériorité décidée; mais les Français étaient commandés par des généraux tels que Lannes, Victor, Desaix, et avaient pour chef Bonaparte.

Bataille de Marengo. C'est le 14 juin 1800 qu'eut lieu la bataille de Marengo, une des plus mémorables des temps modernes. Les Autrichiens étaient massés à Alexandrie, derrière

---

(1) C'est cette victoire qui valut au maréchal Lannes le titre de duc de Montebello.

(2) Jomini, *Histoire militaire et critique des guerres de la révolution.*

la Bormida; en avant de cette rivière, s'étend une plaine de deux lieues de long, entre le village de San-Giuliano et celui de Marengo, qui touche presque à la Bormida. La gauche de l'armée française, commandée par Victor, occupait Marengo; la droite, commandée par Lannes, s'étendait dans la plaine; Bonaparte se tenait avec la garde consulaire un peu en arrière; quant au corps de Desaix, envoyé à quelques lieues de là, pour observer les mouvements de l'ennemi, il n'arriva que dans la seconde moitié de la journée.

Dès quatre heures du matin, les Autrichiens passèrent la Bormida et débouchèrent dans la plaine en se divisant en deux corps : l'un, sous les ordres du général Haddik, se porta sur Marengo, l'autre, commandé par Kaim, et formé en grande partie de cavalerie, vers le village de Castel-Ceriolo, à la droite des Français, dans le but de les déborder. L'attaque commença à Marengo : les Autrichiens disposaient d'une puissante artillerie, le village devint le centre d'une lutte acharnée; on se fusillait et on se canonnait à quelques toises de distance; trois fois les Autrichiens entrèrent dans le village et en furent aussitôt repoussés; plusieurs de leurs généraux furent blessés, Haddik y fut tué; le général Rivaud, à la tête d'une demi-brigade, la 43e, resta une demi-heure en plaine, inébranlable, sous le feu des batteries autrichiennes qui sillonnaient ses rangs, et repoussa 3,000 grenadiers autrichiens; la cavalerie de Kellermann, par des charges répétées, rompit les escadrons ennemis et les culbuta dans un ravin. Pendant trois heures, la division Victor soutint seule les attaques des Autrichiens, deux fois plus nombreux.

Mais les forces étaient trop inégales : le général Mélas ayant porté sa deuxième ligne au secours de la première, s'établit enfin dans Marengo ; les troupes de Victor, après avoir fait tout ce qui était humainement possible, furent repoussées, et se dispersèrent en courant vers San-Giuliano.

Cependant, à droite, Lannes avait résisté vaillamment à la cavalerie autrichienne et remporté même des avantages signalés ; mais, la retraite de Victor le laissant isolé, il ne put profiter de ses succès, et lui aussi il fut obligé de battre en retraite.

Il était midi, le péril était imminent ; Bonaparte le comprit, mais il ne désespéra pas : un nouveau plan est aussitôt formé. La division Lannes se retire au pas, en silence et en bon ordre ; c'est de ce côté qu'il faut continuer à se maintenir jusqu'au moment où Desaix, vers qui il a dépêché plusieurs aides de camp, arrivera sur le champ de bataille. Il envoie son chef d'état-major, Dupont, rallier les troupes de Victor ; lui-même il court vers la division Lannes, accompagné de son état-major, et de deux cents grenadiers à cheval dont les bonnets à poil le font reconnaître au loin : à l'aspect du premier consul qui arrive à leur secours, déjà les soldats sont ranimés ; afin d'arrêter l'effort de l'ennemi qui les assaille vivement, Bonaparte fait avancer à son secours la garde consulaire. On vit alors cette troupe d'élite, qui ne comptait que 800 hommes, et qui plus tard devint le noyau de la garde impériale, traverser la plaine et se former en carré en face de l'ennemi, puis, inébranlable et impassible, soutenir les charges de la cavalerie, les attaques de l'infanterie, sans jamais se laisser entamer : tous les efforts de l'ennemi échouent contre elle ; au milieu de cette plaine immense, elle ressemble à *une redoute de granit* (1). Sur un autre point, la 72e demi-brigade, de la division Mounier, résistait avec la même bravoure : disposée en bataille, et complétement enveloppée par un gros corps de cavalerie, elle ne se troubla pas ; les deux premiers rangs firent feu sur leur front, tandis que le troisième fit demi-tour et feu en arrière ; elle força la cavalerie à se retirer.

L'intrépidité de ces braves ralentit les progrès des Autrichiens et protégea la retraite des Français. Cette retraite semblait définitive : en ce moment, Mélas, qui avait eu deux chevaux tués sous lui et reçu une légère blessure, ne voyant devant lui aucune troupe assez forte pour disputer la victoire, se persuada qu'il n'y avait qu'à poursuivre les Français ; il laissa le commandement à son chef d'état-major Zach et rentra dans Alexandrie, d'où il expédia des courriers par toute l'Europe, annonçant qu'il avait gagné la bataille.

Mais c'est à cette heure même que va commencer une seconde bataille : la division de réserve vient d'arriver à San-Giuliano et débouche dans la plaine ; elle est commandée par Desaix, un des héros de l'armée d'Egypte. Débarqué depuis peu de jours, Desaix

<small>Arrivée de Desaix.</small>

---

(1) Expression de Berthier dans son rapport au 1er consul.

s'était mis aussitôt en route pour demander au premier consul de servir près de lui, comme volontaire ou comme général ; l'amour de la gloire le dévorait : « Il aimait la gloire pour elle-même, et la France par-dessus tout, a dit de lui Napoléon. » En apprenant le passage des Alpes par Bonaparte et ses premiers succès : « Ah! s'écria-t-il, il ne nous laissera rien à faire ! » Il avait cependant des pressentiments funestes : « Il y a longtemps que nous ne nous sommes battus en Europe, dit-il à ses aides de camp, les boulets ne nous connaissent plus ; il nous arrivera quelque chose. » Bonaparte lui avait confié le commandement d'une division, et c'est cette division qui allait changer la face des affaires.

Une sorte de conseil de guerre est aussitôt tenu à cheval autour du premier consul : « Il n'est que trois heures, dit Desaix, nous avons le temps de gagner la bataille. » Bonaparte arrête le mouvement de retraite de l'armée : Desaix, avec ses troupes fraîches, commencera l'attaque ; il sera soutenu par quinze pièces de canon, les seules qui restent en bon état, et que Marmont va diriger, puis par huit cents cavaliers de Kellerman. Ces dispositions prises, Bonaparte parcourt le front des divisions et adresse à ses soldats quelques-unes de ces paroles brèves et entraînantes par lesquelles il sait les électriser : « Enfants, c'est avoir fait trop de pas en arrière ; le moment est venu de marcher en avant ! Rappelez-vous que mon habitude est de coucher sur le champ de bataille ! » Les Français répondent par les cris de *vive Bonaparte* ! et attendent impatiemment le signal de reprendre l'offensive.

Cependant une grosse colonne d'infanterie et de cavalerie, sous les ordres de Zach, s'avançait dans la plaine sur la route de San-Giuliano, avec la confiance que donne un premier succès et convaincue qu'elle n'avait plus que des troupes en retraite devant elle. Le corps de Desaix était à demi caché dans un pli de terrain ; tout à coup Marmont démasque ses canons chargés à mitraille et, quand les Autrichiens ne sont plus qu'à cinquante pas, sème la mort dans leurs rangs ; ils s'arrêtent : Desaix alors, à la tête de ses troupes formées en colonne, marche sur eux au pas de charge ; une légère élévation du sol lui cachait la première ligne de l'ennemi ; il y monte, une balle l'atteint au milieu de la poitrine et le frappe à mort : « Allez, dit-il en expirant, allez dire au premier consul que je meurs avec le regret de n'avoir pas assez fait pour vivre dans la postérité ! » Cette âme généreuse s'est trompée : la postérité lui a donné la gloire qu'il avait méritée par ses talents et ses vertus. « Que ne m'est-il permis de pleurer ! s'écria Bonaparte à qui l'on vint apprendre sa mort, j'allais le faire ministre de la guerre, je l'aurais fait prince, si je l'avais pu ! » *Mort de Desaix.*

Mais cette mort, au lieu de décourager les troupes de Desaix, ne fait que les exciter davantage : ils se précipitent en fureur sur les grenadiers autrichiens. En même temps Kellermann, qui voit ceux-ci déjà ébranlés, lance sa cavalerie sur leur flanc, pénètre par les intervalles et les coupe en deux ; assaillie en tête et en flanc, la colonne autrichienne est entourée et forcée de mettre bas les armes, Zach et 2,000 hommes se rendent prisonniers.

Animée par ce premier avantage, la division Lannes recommence l'attaque : les débris de la colonne de Zach répandent l'effroi parmi les troupes de Kaim, les cavaliers de Ott accourent pour les secourir; ils sont attaqués à la fois par Lannes et par Kellermann, ils se jettent sur leur propre infanterie et la renversent; quelques bataillons essaient de se déployer et de résister, Kellermann et Eugène Beauharnais, à la tête des grenadiers à cheval de la garde consulaire, les enfoncent et en prennent la majeure partie; la panique gagne la cavalerie ennemie, un cri se fait entendre : *Aux ponts! aux ponts!* et c'est à qui y courra avec le plus de rapidité. Les Autrichiens se débandent, et les Français s'élancent sur leurs traces ; en trois quarts d'heure ils parcourent la plaine que les Autrichiens avaient mis huit heures à conquérir. La terreur est telle que les conducteurs de l'artillerie ennemie, ne pouvant assez vite gagner les ponts, se jettent avec leurs canons dans la Bormida, une partie y périt et l'on y retrouva plus de 20 pièces. Les Français reprennent Marengo, et les débris de l'armée autrichienne rentrent pêle-mêle dans Alexandrie où Mélas apprend avec stupeur la défaite de ses troupes et la victoire des Français.

La victoire était en effet complète : outre 3,000 prisonniers et 25 pièces de canons qu'on leur prit, les Autrichiens eurent près de 7,000 hommes hors de combat, parmi lesquels 300 officiers. Les soldats français avaient été d'autant plus admirables, que la lutte avait eu lieu entre une armée aguerrie et des troupes dont les trois cinquièmes n'avaient pas un mois de campagne.

Dès le lendemain, Mélas envoya proposer un arrangement ; Bonaparte se montra généreux, il ne demanda que ce qu'exigeait impérieusement la situation. L'armée autrichienne dut évacuer toute l'Italie septentrionale jusqu'à Mantoue, douze places fortes furent remises à l'armée française avec 1,500 pièces de canon et des approvisionnements immenses, et parmi ces places, Gênes, ainsi que l'avait annoncé Masséna.

Bonaparte se rendit aussitôt à Milan ; il y fut reçu en triomphateur ; il organisa le gouvernement de la république cisalpine, puis il partit pour la France. Sa marche fut une suite d'ovations : il traversa la France sous des arcs de triomphe, entre deux haies formées par les populations et au milieu des *vivats*; à Dijon, il ne put arriver sur le champ de manœuvre qu'à travers une foule de femmes chargées de fleurs, de branches de myrte et de laurier ; à Sens, on avait écrit, sur un arc de triomphe, ces trois mots de César : *veni, vidi, vici.* Paris l'accueillit avec les plus vifs transports de reconnaissance et d'enthousiasme : une foule immense accourut pour le voir et envahit la cour et le jardin des Tuileries ; toutes les maisons s'illuminèrent spontanément, on faisait des feux de joie dans les rues, on dansait des rondes. Quand les grands corps de l'État vinrent le complimenter, ses premiers mots furent : « Eh bien, avez-vous fait beaucoup d'ouvrage depuis que je vous ai quittés ? » Tout le monde répondit à la fois : « Pas tant que vous, général ! » L'enthousiasme éclata en applaudissements et en acclamations passionnés, à la revue qu'il passa de la garde consulaire au Champ-de-Mars. On racontait qu'après la bataille quelques soldats avaient murmuré de leur dénuement : « Vous voulez des habits neufs comme des conscrits, leur avait dit le premier consul, vous en aurez. Je voulais que les Parisiens vous vissent avec ces vêtements troués par les balles, ces souliers usés en gravissant le Saint-Bernard! vous voulez des habits neufs, vous en aurez, mais ce ne sera pas l'habit de Marengo ! » Et la garde consulaire arrivait au Champ-de-Mars avec ses costumes usés et sentant encore la poudre.

Lui-même conserva religieusement le manteau qu'il portait à Marengo ; c'est ce manteau qu'on étendit sur lui après sa mort, et qu'il légua par son testament à son fils comme un de ses plus précieux héritages.

C'est alors que le peintre David fit, sur sa demande, ce portrait où il est représenté franchissant les Alpes, *calme sur un cheval fougueux*. Ce n'était pas seulement en France qu'il inspirait une telle admiration : les généraux ennemis étaient les premiers à lui rendre hommage : « Mandez à votre général, dit Mélas à l'un des aides de camp du premier consul, que j'attends la paix avec impatience pour l'aller voir à Paris. » Le général prussien Bulow appelle la campagne de Marengo une *suite de prodiges* : « Il est, s'écrie-t-il, des époques marquées par la Providence pour opérer de grands changements sur la terre ; cette campagne me semble devoir être mise au rang de ces immortelles époques. » « Aucune bataille depuis Louis XIV, dit le général Jomini, n'avait eu des suites si importantes : l'Europe apprit du même coup la bataille et la cession à la France du Piémont, de la Lombardie et de la Ligurie. Le vainqueur de Rivoli avait été regardé comme un des premiers généraux de son siècle ; celui de Marengo, devenu le chef d'un vaste empire, fut mis dans l'opinion publique à côté des plus grands hommes d'État ; c'est à Marengo qu'il prit place parmi les souverains. »

La victoire de Marengo, suivie de celle de Hohenlinden que Moreau remporta en Allemagne, le 3 décembre 1800, décida l'Autriche à demander la paix ; elle fut signée le 9 janvier suivant, à Lunéville : la France obtint pour la seconde fois la Belgique et sa frontière naturelle, la ligne du Rhin ; le duc de Parme, son allié, acquit la Toscane ; la république cisalpine, dépendante de la France, eut Mantoue, le duché de Modène, le Milanais. « Ces succès, dit le premier consul dans une proclamation adressée au peuple français, vous les devez surtout au courage de vos guerriers, à leur patience dans leurs travaux, à leur passion pour la gloire ; mais vous les devez aussi à l'heureux retour de la concorde et à cette union de sentiments et d'intérêts qui, plus d'une fois, sauva la France de sa ruine. Tant que vous fûtes divisés, vos ennemis n'espérèrent pas de vous vaincre, ils espérèrent que vous seriez vaincus par vous-mêmes, et que cette puissance qui avait triomphé de tous leurs efforts s'écroulerait dans les convulsions de la discorde et de l'anarchie. Leur espoir a été trompé : que cet espoir ne renaisse jamais. Soyez éternellement unis par le souvenir de vos malheurs domestiques, par le sentiment de votre grandeur et de vos forces ; craignez d'avilir par de lâches passions un nom que tant d'exploits ont consacré à la gloire et à l'immortalité ! »

Bonaparte, en une année, avait terminé la guerre civile, rétabli l'ordre dans les finances, organisé l'administration, la justice, l'instruction publique, rouvert les temples ; en donnant la paix à la France, il lui assura la plus éclatante prospérité.

1805.

CAMPAGNE D'AUSTERLITZ.

Camp de Boulogne. — Projet de descente en Angleterre. — Guerre d'Allemagne. — Combat d'Elchingen. — Reddition d'Ulm. — Prise de Vienne. — Bataille d'Austerlitz. — Entrevue de Napoléon et de l'empereur d'Autriche.

La paix d'Amiens conclue avec l'Angleterre, à la suite des victoires des Français en Allemagne et en Italie, ne fut pas de longue durée : la paix créait aux Anglais des rivaux pour les produits de leurs manufactures et de leur industrie ; ils ne dissimulèrent même pas leur désir de recommencer la lutte : un des articles du traité les obligeait à rendre l'île de Malte dont ils s'étaient emparés ; ils refusèrent de l'évacuer. Leur ministre Fox, qui s'était montré favorable à la paix, mourut ; le parti de la guerre l'emporta, elle fut déclarée.

Napoléon, c'est de ce nom qu'on appellera désormais

Projet de descente en Angleterre. Bonaparte, depuis que la nation, désirant assurer la stabilité de ses institutions, a été unanime à lui décerner le titre d'empereur, n'avait pas abandonné le projet formé par la République de descendre en Angleterre. Le Directoire avait été impuissant à l'exécuter; lui, avait en main la force, la volonté, le génie; il résolut d'aller chercher les Anglais chez eux et de conclure à Londres le traité qui devait donner la paix définitive à l'Europe. Pour l'exécution de ce grand dessein, il était nécessaire de débarquer en Angleterre 150,000 soldats. On a vu l'armement puissant qu'avait exigé le transport de 36,000 hommes en Égypte : quelle flotte fallait-il donc pour une armée quatre fois plus nombreuse ! Cette entreprise extraordinaire demandait des moyens extraordinaires : Napoléon songea à franchir le détroit de Calais, non sur de grands vaisseaux, mais sur des bateaux plats. Ces bateaux manquaient, ainsi que les ports pour les recevoir; son armée n'était pas exercée aux combats sur mer; mais dès qu'il fut assuré, après en avoir conversé avec les hommes compétents, que ce moyen était praticable, il donna ses ordres, et aussitôt on se mit à l'œuvre.

Dans tous les ports, sur tous les fleuves, à Paris même, une multitude d'ouvriers, une partie de l'armée, sont employés à construire des bateaux plats, des péniches, des chaloupes canonnières, les uns destinés aux troupes, les autres à l'artillerie et aux bagages; l'activité est telle qu'en quelques mois on compte près de 3,000 embarcations légères capables de porter 150,000 hommes, 20,000 chevaux, 800 bouches à feu.

Cette immense flottille doit se réunir au port de Boulogne ; ce port est insuffisant, on l'agrandit, on y élève des arsenaux, des hôpitaux, des magasins, des casernes, des forts. En outre, d'autres ports sont creusés aux environs, à Étaples, à Wimereux, à Ambleteuse ; on ne recule devant aucun obstacle, aucune dépense : à Wimereux, on abaisse le sol de plus de quinze pieds. Pour défendre la flottille contre les attaques de l'ennemi, on élève des forts sur tous les points importants ; « toute la côte, depuis la Zélande jusqu'à l'embouchure de la Seine, devient une côte de fer et de bronze (1). » Bien plus, des chaloupes anglaises troublaient les travaux ; Napoléon fait établir, bien avant en mer, sur des parties de la plage que le reflux laisse à découvert, des batteries *sous-marines* : le flot montant les recouvre, mais à la basse mer, moment où les ouvriers travaillent, elles ouvrent leur feu, et les Anglais s'éloignent, étonnés de voir des canons surgir du milieu des flots.

Port de Boulogne

L'ardeur et l'élan sont unanimes ; le but que l'on se propose a excité le patriotisme de la nation : chacun veut contribuer à la guerre contre l'Angleterre, villes, administrations, particuliers ; des souscriptions sont ouvertes, l'armée offre une partie de sa solde ; les municipalités et les conseils de département votent des chaloupes et des vaisseaux ; on creuse des ports, on construit les bâtiments, on fond l'artillerie, on file les cordages, on taille les voiles, on confectionne le biscuit, on instruit l'armée, tout à la fois.

(1) *Mémoires du duc de Raguse.*

Dès que les chaloupes furent réunies en assez grand nombre, on exerça les soldats à des manœuvres spéciales, à manier la rame, à faire l'exercice du canon, à s'embarquer et débarquer avec rapidité ; on simulait une descente : les soldats sautaient dans l'eau par cinq ou six pieds de profondeur, et gagnaient le rivage comme en présence de l'ennemi ; ou bien, la flottille sortait des ports et affrontait les vaisseaux anglais, et toujours avec succès : les boulets avaient peu de prise sur ces petits bateaux, tandis que tous les coups partis des chaloupes atteignaient les gros navires ennemis.

Au bout de quelques mois, ces manœuvres s'exécutaient avec une telle promptitude, qu'il suffisait d'un petit nombre d'heures pour embarquer toute cette grande armée. Napoléon présidait à tout : présent ou absent, aucun détail de ce vaste armement n'échappait à sa surveillance. Souvent il partait le soir de Paris, arrivait sans être attendu à Boulogne ; à peine descendu de voiture, montait à cheval, et allait visiter les camps, les ports, les batteries. Le secret le plus absolu, comme dans toutes ses grandes entreprises, était recommandé : le ministre de la marine, Decrès, et l'amiral Brueix étaient ses seuls confidents.

Plan de Napoléon — Voici quel était son plan : l'armée devait passer sur les bateaux plats, en profitant des brumes de l'hiver ou des calmes plats de l'été, afin d'échapper aux croisières ennemies. Mais, pour plus de sûreté, pendant cette courte traversée, elle devait être protégée par une flotte. Cette flotte était depuis longtemps bloquée par les Anglais, supérieurs en forces, partie à Brest, partie à Toulon ; il s'agissait de la faire sortir de ces ports et de l'amener dans la Manche. Napoléon y pourvut ainsi : l'amiral La Touche-Tréville, qui commandait l'escadre de la Méditerranée, devait profiter d'un coup de vent qui obligerait les Anglais à s'éloigner, pour sortir de Toulon ; afin de tromper l'amiral anglais Nelson, et lui faire croire qu'on allait en Égypte, il se dirigerait d'abord vers le sud, puis, tournant à l'ouest, il passerait le détroit de Gibraltar, entrerait dans l'Atlantique, et s'avancerait vers la Manche. Alors, ou les Anglais qui bloquaient Brest abandonneraient leur blocus pour se mettre à sa poursuite, et la seconde escadre française, commandée par l'amiral Gantheaume, sortirait de Brest et protégerait le passage de la flottille ; ou les Anglais se trouveraient entre deux flottes françaises assez fortes pour les repousser et permettre à l'armée française de franchir le détroit et de débarquer. « Soyons maîtres du détroit six heures, écrivait Napoléon à La Touche-Tréville, et nous sommes maîtres du monde ! »

Tel était ce plan audacieux ; quelque temps après, Napoléon le modifia encore, en l'agrandissant. Afin de détourner les Anglais de la Manche, l'amiral Villeneuve, successeur de La Touche-Tréville, qui mourut au moment de s'embarquer, dut sortir de la Méditerranée, se rendre aux Antilles, y rallier une division française, débloquer, à son retour en Europe, plusieurs vaisseaux qui se trouvaient à Cadix, au Ferrol et à Rochefort, et, avec cette force considérable, se réunir à l'amiral Gantheaume, et exécuter dans la Manche la seconde partie du plan de l'Empereur.

<small>Revue de l'armée au camp de Boulogne. — Mai 1804.</small>

Deux années, 1803 et 1804, avaient été employées à ces immenses préparatifs; le moment de l'exécution était arrivé : Napoléon se rendit à Boulogne pour donner un dernier coup d'œil à sa flottille et à son armée. Au bord de la mer, il passa en revue la plus belle armée que l'Europe eût encore vue, 100,000 hommes, rangés sur une seule ligne, soldats les plus aguerris et les plus braves du monde, spectacle imposant, noble et terrible. Des acclamations immenses l'accueillaient sur son passage, tandis que 900 coups de canon tirés des forts, retentissant jusqu'à Douvres, annonçaient à l'Angleterre que le jeune et hardi conquérant venait se mettre à la tête de ces Français impatients de s'élancer sur la terre de l'ennemi séculaire de leur patrie.

<small>Distribution des croix d'honneur. — 16 août.</small>

Une grande fête militaire vint encore exciter leur enthousiasme : Napoléon les réunit pour distribuer les croix de l'ordre de la Légion d'honneur qu'il venait de créer. C'était le lendemain de sa fête; au centre d'un vaste amphithéâtre naturel s'élevait son trône (1), autour duquel flottaient les drapeaux pris à Montenotte, à Lodi, à Arcole, à Rivoli, à Marengo; sur les marches se tenaient les ministres, les maréchaux, les amiraux, les sénateurs, les grands officiers de la couronne; des généraux portaient les décorations placées dans le

(1) C'était ce siége de forme gothique que l'on voit au musée des souverains et qu'on croit avoir appartenu à Dagobert.

casque et le bouclier de Bayard et de Duguesclin. Les troupes, disposées en colonnes, rayonnaient des extrémités vers le trône, figurant ainsi une immense étoile de la croix d'honneur; le long du rivage était rangée la flottille chargée de matelots, et un soleil éclatant éclairait la terre et les flots. Lorsque Napoléon parut et monta sur son trône, 2,000 tambours battirent aux champs, et un cri immense de *vive l'Empereur!* monta aux cieux; puis, le silence le plus profond plana sur cette multitude, et Napoléon distribua les croix à ses soldats, à ses compagnons d'armes, qui, avec lui, avaient triomphé de l'Égypte et de l'Italie, et qui maintenant allaient le suivre dans toutes les capitales de l'Europe.

Tout était donc prêt; Napoléon avait assisté à un combat naval où la flottille soutint sans faiblir le choc des vaisseaux anglais. Il était plein de confiance, et autour de lui chacun partageait ses espérances; en passant à Amiens, il avait lu sur la porte de la ville : *Route d'Angleterre :* « Le détroit est un fossé, écrivait-il à l'amiral Brueix, il sera franchi lorsqu'on aura l'audace de le tenter! »

Mais ces vastes et sublimes combinaisons, qui devaient amener la ruine de l'Angleterre, allaient échouer par l'action même des Anglais. Le projet de descente leur avait paru d'abord peu sérieux : la grandeur des préparatifs leur décéla bientôt la vérité et leur inspira une vive inquiétude; ils hérissèrent leurs côtes de canons, ils augmentèrent leur armée, ils firent des levées de volontaires; ils établirent des relais et des chariots

Préparatifs de guerre de l'Angleterre.

pour transporter en poste les troupes aux points menacés. Puis, ces moyens ne leur semblant pas suffisants, ils négocièrent près des puissances étrangères, et cherchèrent à les animer contre la France. Le génie de l'Empereur, sa gloire et l'ambition qu'on lui supposait excitaient l'envie universelle. En peu de temps, ils réussirent à nouer une coalition, dans laquelle l'Autriche, la Russie et la Suède devaient fournir des hommes, et eux l'argent.

Désobéissance de Villeneuve.

Napoléon était en Lombardie, où il venait d'être couronné roi d'Italie, quand il apprit cette alliance et les rassemblements des troupes ennemies, qui déjà se mettaient en marche vers la France : sans perdre un instant, il part de Milan, traverse rapidement la France, et arrive au camp de Boulogne. Il ne pouvait se résoudre à abandonner ce projet de descente en Angleterre, et espérait encore que la flotte de Villeneuve apparaîtrait assez tôt. Dans son impatience, sans cesse il allait sur le bord de la mer, une lorgnette à la main, interrogeant l'espace et cherchant s'il n'apercevrait pas une voile à l'horizon. Mais Villeneuve n'avait pas exécuté ses ordres : esprit timide quoique brave, il avait hésité à affronter l'escadre anglaise, et, au lieu de se rendre dans la Manche, il s'était dirigé vers Cadix. Lorsque Napoléon, qui avait longtemps douté de cette désobéissance, sut qu'elle n'était que trop certaine, et qu'il ne devait plus compter sur sa flotte, il eut un de ces accès de colère que connaissent ceux qui ont rêvé de grandes entreprises, et qui, ayant tout combiné pour les faire réussir, les voient tout à coup renversées par une force inattendue dont ils ne sont pas maîtres. « Ses cris, ses plaintes, ses récriminations montrèrent dans toute son amertume la douleur du génie abandonné par la fortune (1). » Sa colère effrayait tous ceux qui l'entouraient ; mais soudain, et des témoins oculaires ont raconté cette scène avec étonnement et admiration, sa fureur tomba, il se calma en un moment ; nulle trace d'irritation dans sa voix et sur son visage ; il se tourna vers son secrétaire Daru, et lui dit : Écrivez ! et aussitôt, tout d'une haleine, sans hésiter, sans s'arrêter, pendant plusieurs heures de suite, il dicta le plan d'une nouvelle campagne, celle qui s'appela la *campagne d'Austerlitz*. Le départ de tous les corps d'armée, depuis le Hanovre et la Hollande jusqu'aux confins de l'ouest et du sud de la France, l'ordre de leur marche, leur durée, le lieu de réunion des colonnes, les mouvements divers de l'ennemi, les hypothèses d'attaque et de rencontre, tout est prévu ; et, telle est la précision des détails et la justesse des calculs, que les opérations sur une ligne de près de 300 lieues vont être suivies, d'après ses indications, jour par jour et lieue par lieue ; ce plan, préparé sur les côtes de l'Océan, sera rigoureusement exécuté jusqu'au cœur de l'Allemagne !

En effet, ce n'est plus l'Angleterre qu'il attaque, ce sont les armées de l'Europe qu'il va chercher au delà du Rhin. Or, voici quelles étaient les dispositions des puissances alliées : quatre armées marchaient en même temps contre la France : la première, composée d'Autri-

Plan de la campagne d'Allemagne.

---

(1) Thiers, *Histoire du Consulat*.

chiens, s'avançant le long du Danube, envahirait la Bavière et se porterait sur le Rhin; elle devait être jointe au mois d'octobre par 100,000 Russes, qui se réunissaient sur les frontières de Pologne; la seconde, également autrichienne, commandée par l'archiduc Charles, agissant en Italie, enlèverait la Lombardie aux Français; une troisième armée, formée d'Anglais, de Russes et de Suédois, s'emparerait du Hanovre et descendrait, par la Hollande et la Belgique, vers la Flandre française; enfin, une quatrième, anglo-russe, débarquerait dans le royaume de Naples, et, remontant l'Italie, aiderait l'archiduc Charles à chasser les Français par delà les Alpes.

Toutes ces forces réunies montaient à 500,000 hommes.

Napoléon saisit ce plan de l'ennemi comme s'il lui eût été communiqué; de ces quatre attaques, il le voit, les deux principales sont celles d'Allemagne et d'Italie, et la première seule est menaçante. S'il la repousse, et s'il arrête seulement les Autrichiens en Italie, les autres attaques secondaires tombent d'elles-mêmes. Il ne peut disposer que de 250,000 hommes, mais il suppléera au nombre par la vivacité de ses opérations. Porter le gros de ses forces en Allemagne, sur le Danube, franchir ce fleuve au-dessous des Autrichiens, et, tandis qu'ils sont encore séparés des Russes, les tourner, les envelopper, les détruire; puis, s'avancer sur Vienne, s'en emparer, et livrer aux Russes une bataille décisive; tel est le plan qu'il conçoit, qu'il dicte, et qu'il va exécuter à la lettre, de même qu'il avait fait déjà dans l'immortelle campagne de Marengo. « Fiez-vous-en à moi, écrit-il à Cambacérès effrayé de l'état du continent, je surprendrai le monde par la grandeur et la rapidité de mes coups ! » et, indiquant jusqu'aux lieux où il veut les frapper : « Si les ennemis viennent à moi, je les détruirai avant qu'ils aient repassé le Danube ; s'ils m'attendent, je les prendrai entre Ulm et Augsbourg ! » et c'est à Ulm, en effet, qu'il va prendre l'armée autrichienne.

Quelques mesures sont d'abord indispensables : une armée est laissée en Italie, pour s'opposer aux Autrichiens ; elle ne compte que 50,000 hommes, mais elle a pour chef le vainqueur de Rivoli et de Zurich, le défenseur de Gênes, Masséna. Un autre détachement de 25 à 30,000 hommes garde les côtes et veillera au salut de la flottille, que les Anglais cherchent sans cesse à incendier ; maintenant, tranquille de ce côté, Napoléon s'occupe de l'attaque principale.

Des bords de l'Elbe aux côtes de Belgique, toutes ses forces se mettent en mouvement et toutes tendent vers le même but, au Danube. Bernadotte, qui occupait le Hanovre, descend par la Hesse en Franconie, Marmont quitte la Hollande, longe le Rhin, et entre en Bavière où il se joint à Bernadotte ; en même temps, l'armée de Boulogne lève ses camps ; les corps de Davoust, de Ney, d'Augereau, de Soult, partent des bords de la Manche, traversent la Flandre, la Picardie, la Champagne, la Lorraine, la France dans toute sa largeur, à marches forcées, sans s'arrêter, franchissent le Rhin, et débouchent tout à coup en Allemagne. Les ordres de départ

Marche de l'armée française.

ont été donnés le 29 août; en vingt jours, toutes les troupes, venues de points si opposés, sont arrivées sans malades, sans traînards, au lieu marqué. L'Europe les croyait encore sur les côtes de l'Océan, elles sont au delà du Rhin, à Wurtzbourg. En voyant paraître les régiments français, les Bavarois battaient des mains. La voilà toute réunie, cette armée de 170,000 hommes, ardente, pleine de confiance, commandée par les premiers lieutenants de l'Empereur, Ney, Soult, Marmont, Lannes, Murat, Davoust, Augereau, Mortier, et composée de soldats ayant presque tous fait la guerre et remporté des victoires : Napoléon se met à sa tête, et lui donne ce nom qu'elle va rendre à jamais célèbre, celui de la *grande armée*.

Cependant, les Autrichiens, après avoir envahi la Bavière, avaient pris position à Ulm; ils étaient commandés par Mack, général savant, qui avait rédigé tous les plans de campagne contre la France dans les guerres de la révolution. Mack avait concentré son armée à Ulm, parce que cette place est comme le nœud des routes d'où l'on peut se porter dans plusieurs directions : appuyé à gauche au Danube, à droite aux défilés du Tyrol, il se croyait garanti des deux côtés, et espérait attendre, dans cette forte situation, les Russes qui venaient de Vienne. Quant à ses derrières, il ne s'en inquiétait pas ; il ne soupçonnait pas que les Français pussent arriver autrement que par les routes venant de France. Or c'est précisément ses derrières que menace Napoléon.

Premières opérations de Napoléon.

Le 4 octobre, le mouvement destiné à tourner les Autrichiens commence. Tandis que des têtes de colonnes se montrent en avant de l'ennemi, vers Stuttgard et dans les gorges de la Forêt-Noire, afin de le tromper, l'armée française, étendue sur une ligne de vingt-six lieues, opère rapidement un détour immense, souvent très-rapprochée des Autrichiens, et sans que ceux-ci se doutent qu'ils sont tournés. « Dieu veuille, écrivait Napoléon, qu'ils restent où ils sont et que nous ne leur fassions pas trop de peur ! » En deux jours, les divisions françaises ont atteint la rive gauche du Danube ; ils surprennent et enlèvent les ponts sur plusieurs points, franchissent le fleuve et se placent entre Ulm et Augsbourg, derrière l'ennemi.

Napoléon a réussi, il a mis les Autrichiens et les Français dans la position inverse de celle qu'ils devraient occuper : les Autrichiens tournent le dos à la France, comme s'ils en étaient venus, tandis que les Français marchent sur eux, comme s'ils étaient partis de Vienne.

En voyant les Français sur ses derrières, Mack se réveille : il est isolé des Russes, et la retraite lui est coupée ; d'heure en heure, le cercle qui l'étreint se resserre et bientôt sera entièrement fermé ; il n'y a pas un moment à perdre ; il prend alors la résolution de tenter un effort pour se dégager : il ne restait sur la rive gauche du Danube qu'une division, celle du général Dupont ; il lance sur cette division, qui compte à peine 6,000 soldats, une masse de 25,000 hommes, à Haslach ; le général Dupont ne recule pas ; au contraire, il charge les Autrichiens à la baïonnette et enfonce leur première ligne ; ils reviennent en plus grande

Combat d'Haslach.

11 octobre.

force ; les Français, presque cernés de toutes parts, combattent pendant cinq heures, repoussent cinq fois l'ennemi d'un village qu'il veut emporter, et ne se retirent qu'à la nuit, en emmenant 4,000 prisonniers.

<small>Combat d'Elchingen.
14 octobre.</small>

Cette résistance opiniâtre avait empêché les Autrichiens de faire une trouée de ce côté, mais il importait de leur en ôter complétement le moyen, en renforçant les troupes de la rive gauche : pour cela il fallait rétablir le pont d'Elchingen, qui avait été détruit, et s'emparer de ce village, situé sur la rive gauche. C'est Ney qui est chargé de cette importante opération : il ne restait du pont que des pilotis ; d'intrépides sapeurs s'avancent dans le fleuve, et, sous un feu meurtrier, placent une première planche, puis une seconde, une troisième, réparent ainsi le pont jusqu'à l'autre bord ; à peine est-il praticable, Ney donne le signal à ses régiments, et, à leur tête, en grand uniforme, paré de ses décorations, le traverse au pas de course et attaque les Autrichiens. Deux fois repoussé, il revient à la charge avec emportement, franchit la plaine, gravit les rues tortueuses du village d'Elchingen, en enlève les maisons l'une après l'autre, et s'empare d'un couvent qui le domine. Sur un autre point, les dragons enfoncent les carrés ennemis ; les Autrichiens sont rejetés sur Ulm, après avoir perdu 3,000 hommes. Désormais ils y sont enfermés, et ils n'en peuvent plus sortir. C'est là que le maréchal Ney gagna son titre de *duc d'Elchingen*, qu'il porta jusqu'au jour où il fut créé prince de la Moskowa.

La situation de Mack était désespérée : le lendemain de la bataille d'Elchingen, les retranchements qui dominent la ville furent encore emportés à la baïonnette par le maréchal Ney ; le trouble et la division se mirent dans le conseil des Autrichiens. Un de leurs généraux, l'archiduc Ferdinand, essaya en vain de s'échapper la nuit, avec quelques milliers de chevaux ; Murat bientôt l'atteignit, et contraignit presque tout ce corps à mettre bas les armes. Ulm n'était pas une place assez forte pour soutenir un siége ; Mack capitula. Les conditions de cette capitulation ne ressemblèrent pas à celles de Mélas à Alexandrie : les Autrichiens furent contraints de livrer la ville, de déposer les armes et de se rendre prisonniers ; « on leur accorda ce qu'on est convenu d'appeler les *honneurs de la guerre*, honneurs ressemblant plutôt à l'exécution d'une condamnation et à un supplice solennel ; ils défilèrent devant leurs vainqueurs (1). »

Reddition d'Ulm.

Le jour de la reddition, l'armée française se rangea en bataille sur les hauteurs qui entourent la ville dans tout l'éclat d'une toilette militaire recherchée ; l'Empereur Napoléon était placé sur un monticule, en avant de son armée : le soleil était éclatant, les tambours battaient, les musiques jouaient ; la porte d'Ulm s'ouvrit, l'armée autrichienne s'avança en silence, défila lentement et alla, corps par corps, mettre bas les armes à quelques pas de l'Empereur :

20 octobre.

(1) *Mémoires du duc de Raguse.*

28,000 hommes passèrent ainsi sous de nouvelles fourches caudines. « Soldats de la grande armée, dit-il dans une proclamation à ses troupes, en quinze jours nous avons fait une campagne! l'armée autrichienne est anéantie; de 100,000 hommes dont se composait cette armée, 60,000 hommes sont prisonniers; 200 pièces de canon, 90 drapeaux, tous les généraux sont en notre pouvoir. Cette journée est une des plus belles de l'histoire de France. Ce succès est dû à votre confiance sans bornes en votre Empereur, à votre patience à supporter les fatigues et les privations de tout genre, à votre rare intrépidité! »

Dans cette courte et décisive campagne, les Français n'avaient pas perdu 2,000 hommes. Après ces victoires, qu'ils avaient remportées presque sans combattre, leur enthousiasme pour le génie de leur Empereur éclatait en expressions originales : « Il a trouvé, disaient-ils, une nouvelle manière de faire la guerre, il ne la fait plus avec nos bras, mais avec nos jambes. »

Marche sur Vienne. Il s'agissait maintenant de battre l'armée russe, qui faisait diligence pour venir au secours des Autrichiens (1). Après avoir donné quelques jours de repos à ses troupes, Napoléon se remet en marche, et presque chaque jour est marqué par un succès. Le 28 octobre, Lannes occupe Braunau; le 30, Augereau fait mettre bas les armes au corps de Jellachich; le 4 novembre, Murat

---

(1) Depuis Lintz on la faisait partir en poste pour la Bavière sur des chariots préparés exprès.

disperse une arrière-garde russe ; le 7, Ney chasse du Tyrol l'armée de l'archiduc Jean ; le 10, Davoust renverse un autre corps autrichien au combat de Marienzell ; le 11, le général Dupont, renouvelant sa belle défense de Haslach, avec 5,000 hommes rencontre, à Diernstein, dans un défilé, l'arrière-garde russe forte de 25,000 soldats, lui tue 2,000 hommes, fait 900 prisonniers, prend 10 drapeaux, et, après un combat de dix heures, se fraie un passage à travers les colonnes russes et rejoint l'armée avec sa troupe.

Enfin, le 15, Napoléon occupe Vienne, que l'empereur d'Autriche avait abandonné : il ne lui avait fallu que deux mois pour arriver des bords de l'Océan à cette capitale de l'Autriche, dans laquelle n'était jamais entrée une armée venue d'Occident. <small>Prise de Vienne.</small>

Quelques jours après, il se trouvait en face des forces alliées, commandées par les deux empereurs d'Autriche et de Russie, et, sous eux, par le général Kutusow, près d'un village jusqu'alors inconnu, mais qui allait devenir immortel, Austerlitz.

Ces forces s'élevaient à plus de 100,000 hommes l'empereur d'Autriche semblait attristé et humilié de ses récents revers, mais autour de l'empereur Alexandre, tout respirait une confiance arrogante et vaniteuse. Les jeunes généraux russes affectaient de mépriser les Autrichiens et ne doutaient pas que l'armée russe ne triomphât aisément des Français. Un des aides de camp d'Alexandre, le prince Dolgoroucki, qui vint pour saluer Napoléon de la part de l'empereur de Russie, ne dissimula même pas ses espérances ; en- <small>Préparatifs de la bataille d'Austerlitz.</small>

hardi par le silence de Napoléon, il parla comme si les Français n'avaient plus qu'à accepter les conditions qu'on leur imposerait. Napoléon, afin de mieux choisir son terrain, avait reporté ses troupes en arrière; les généraux russes s'imaginèrent qu'il avait peur et qu'il reculait, leur seule préoccupation était de lui couper la retraite; ils prétendaient, imitant sa manœuvre d'Ulm, le tourner et lui faire mettre bas les armes.

Cependant Napoléon, observant leurs mouvements, avait deviné leur projet, et prenait des dispositions pour le déjouer. L'armée austro-russe occupait, vis-à-vis des Français, une position élevée, le plateau de Pratzen; il résolut, tandis que l'ennemi se porterait sur la droite de l'armée française pour la tourner, de marcher sur le plateau, de s'en emparer, de couper ainsi les Russes en deux, puis, se jetant sur leur flanc, de les écraser et de les pousser dans les étangs qui bordent la plaine.

Depuis plusieurs jours il avait étudié avec soin le terrain, il le connaissait aussi bien que les environs de Paris. La veille de la bataille, il plaça lui-même toutes ses divisions, donna les ordres les plus précis à ses maréchaux, et, sûr du succès, jetant un regard sur les Russes, qui déjà marchaient sur la droite : « Demain, dit-il, cette armée sera à moi! » Dans une proclamation à ses soldats, il annonça le plan même qu'il avait conçu : « Pendant que les Russes tourneront ma droite, ils me présenteront le flanc.... Cette victoire finira notre campagne ! »

Dans ces belles guerres, il se mêle sans cesse aux combats sanglants des incidents qui font ressembler les hommes de cette époque aux héros des temps antiques : la nuit venue, Napoléon était sorti de sa tente pour visiter le camp ; à peine a-t-il fait quelques pas, qu'il est reconnu : aussitôt les soldats, avec la paille de leur bivouac, forment des torches enflammées, les mettent au bout de leurs fusils et lui font un éclatant cortége, où retentissent les cris mille fois répétés de *vive l'Empereur !* en quelques minutes, l'illumination court sur tout le front de l'armée, et 50,000 hommes le saluent d'enthousiastes acclamations. A ce moment, un vieux grenadier s'approche de lui, et avec cette familiarité guerrière qu'avaient gardée les anciens soldats d'Égypte et d'Italie : « Sire, lui dit-il, tu n'auras pas besoin de t'exposer ; je te promets, au nom de mes camarades, que tu n'auras à combattre que des yeux, et que nous t'amènerons demain les drapeaux et l'artillerie de l'armée russe, pour célébrer l'anniversaire de ton couronnement ! »

Le lendemain, dès quatre heures du matin, Napoléon était à cheval : un brouillard épais couvrait la plaine, et le silence était absolu : « On n'eut jamais pensé qu'il y avait autant d'hommes et de foudres prêtes à tonner dans ce petit espace. » Le soleil se leva radieux, ce soleil dont on a dit plus tard : le *soleil d'Austerlitz.* Napoléon parcourut le front de bandière, adressant à chacun des régiments des paroles chaleureuses, leur rappelant leurs exploits passés, leur promettant une nouvelle gloire : « Souvenez-vous, dit-il

Bataille d'Austerlitz.

2 décembre 1805.

au 57ᵉ, qu'il y a bien des années, je vous ai surnommé le *Terrible*; » et au 28ᵉ composé en grande partie de soldats tirés du Calvados : « J'espère que les Normands se distingueront aujourd'hui ! » à tous enfin, en passant au galop : « Terminez la campagne par un coup de tonnerre ! »

Bientôt, tout s'ébranle et la bataille commence. « Elle ne fut, selon l'expression du général Savary, qu'une suite de manœuvres dont pas une ne manqua, et qui coupèrent l'armée russe en autant de tronçons, qu'on lui présenta de têtes de colonnes pour l'attaquer. » Les Russes étaient descendus des hauteurs de Pratzen pour tourner la droite des Français; ils trouvèrent de ce côté une résistance qui les arrêta court; pendant plusieurs heures, la division du général Friant, forte à peine de 10,000 hommes, lutta sans plier contre 35,000 Russes; elle venait de faire une marche de 36 lieues, et au commencement du combat, elle n'était pas au complet; mais les hommes restés en arrière, entendant le bruit du canon, se pressaient d'arriver, et se mettaient aussitôt en ligne.

Tandis qu'elle soutenait ce rude combat, Napoléon, voyant le centre de l'ennemi devenir de plus en plus faible, à mesure que ses colonnes s'avançaient sur la droite des Français, commande au maréchal Soult de marcher sur le plateau de Pratzen, et de l'enlever : c'était la clef de la position; Soult passe devant ses régiments, et lui, aussi, les harangue : « Rappelez-vous, dit-il au 10ᵉ d'infanterie légère, que vous avez battu les Russes en Suisse! — Nous ne l'avons pas oublié,

répondent-ils, encore moins aujourdhui que jamais! »
Et ils s'élancent en courant. Une masse de troupes autrichiennes et russes, au milieu desquelles se trouvaient les deux empereurs, François et Alexandre, occupait le Pratzen et faisait un feu terrible; les Français, sans y répondre, sans tirer un coup de fusil, gravissent la hauteur, se précipitent sur les Autrichiens à la baïonnette et les jettent sur le revers opposé. En vain les deux empereurs s'efforcent d'arrêter la fuite de leurs soldats, leur artillerie est prise et tournée aussitôt contre eux; en une heure les Français sont maîtres du plateau.

A plusieurs reprises, les Russes et les Autrichiens, firent les tentatives les plus énergiques pour l'enlever: tous leurs efforts furent inutiles.

Cependant à gauche, les corps de Lannes et de Murat recevaient le choc de la cavalerie ennemie, composée de 82 escadrons qui s'étendaient sur une ligne immense : les uhlans du grand-duc Constantin commencent la charge et fondent sur les Français, en poussant des clameurs sauvages; sans s'étonner, les bataillons de Lannes les accueillent par un feu meurtrier, en jettent un grand nombre par terre, et Kellermann avec ses cavaliers achève leur déroute. Toute la cavalerie ennemie s'élance au secours des uhlans, et alors, Français et Autrichiens, sont confondus dans une mêlée affreuse; on se prend corps à corps; là périssent héroïquement le général Walhubert, les colonels Mazas, Bourdon, Morland, etc. Walhubert avait la cuisse fracassée par un boulet, ses soldats voulaient l'enlever:

« Restez ici, leur dit-il, je saurai bien mourir tout seul, il ne faut pas pour un homme en perdre six (1). »

Enfin, 4,000 cuirassiers du général d'Hautpoul et de Nansouty arrivent au galop, se précipitent le sabre au poing sur la cavalerie ennemie, l'enfoncent et la mettent en fuite.

Ainsi par ces succès au centre et à gauche déjà, à une heure, la victoire était assurée : le général Friant, à la droite de l'armée française, avait pourtant encore devant lui de nombreuses troupes ennemies et qui s'étaient de plus en plus augmentées ; Napoléon, qui du haut point où il est placé, embrasse tout le champ de bataille, détache en ce moment la cavalerie de sa garde contre la réserve de l'armée russe qui s'avançait en ligne, et marche lui-même avec une partie de sa réserve pour renforcer le général Friant. La cavalerie de la garde se rencontre face à face des cavaliers nobles de la garde russe. Entre ces deux corps d'élite le choc fut violent et la lutte terrible; mais, malgré leur bravoure, les Russes ne purent résister aux vieux soldats français éprouvés dans vingt batailles; ils sont renversés et leur colonel, le prince Repnin est pris de la main même du général Rapp, aide de camp de l'empereur. De son côté, le général Friant, faisant un dernier effort, charge les Russes à la baïonnette, enlève le village où ils se sont fortifiés, et les chasse en désordre. Alors commence la déroute la plus complète : enfoncés, entourés

---

(1) Napoléon donna le nom de ces braves à la place et aux boulevarts qui avoisinent le pont placé vis-à-vis le Jardin des Plantes, et qui fut appelé le pont d'Austerlitz.

ou poursuivis, les Russes se précipitent vers les étangs glacés, seule voie de retraite qui leur reste : un parc de 50 pièces de canons se risque même sur ce sol fragile ; mais la glace n'est pas assez forte, elle se rompt sous cette charge énorme, et hommes, chevaux, canons, caissons, tout est englouti. Le même désastre se répète sur plusieurs autres points. Russes et Autrichiens fuient par tous les chemins ; les empereurs sont emportés dans la déroute : « J'avais vu bien des batailles perdues, dit un général ennemi, je n'avais pas l'idée d'une pareille défaite. » Ces hauteurs, que la nuit précédente occupait l'armée alliée, sont à cette heure couronnées par les Français vainqueurs.

La perte des Russes et des Autrichiens fut considérable : 18,000 Russes et 6,000 Autrichiens furent tués ou noyés, 30,000 faits prisonniers, et parmi eux, 15 généraux et plus de 400 officiers russes de tout grade. Napoléon n'avait pas même employé toutes ses troupes ; 20,000 hommes n'avaient pas tiré un coup de fusil ; la garde impériale demeura immobile ; quelques-uns en pleuraient de rage : « Réjouissez-vous, au contraire, de ne rien faire, leur dit-il, tant mieux si l'on n'a pas besoin de vous ! »

Après la victoire, selon son habitude, il s'occupa des soins à donner aux blessés ; il traversa le champ de bataille pour revenir à son quartier : « Il était déjà nuit ; il avait recommandé le silence à tout ce qui l'accompagnait, afin d'entendre les cris des blessés ; il allait tout de suite de leur côté, mettait lui-même pied à terre, leur faisait boire un verre d'eau-de-vie de la cantine qui le suivait toujours, donnait ses ordres pour qu'ils fussent immédiatement transportés à l'hôpital et se retirait comblé de bénédictions (1) ». Au milieu de leurs souffrances, les blessés s'informaient de la bataille : La victoire est sans doute à nous, disaient-ils, notre Empereur avait pris de trop bonnes dispositions pour qu'il en soit autrement ! Les traits de courage avaient été si nombreux, dit le bulletin de la bataille, que pour être juste il aurait fallu nommer tout le monde. « J'ai besoin de toute ma puissance, s'écria Napoléon pour récompenser tant de braves gens ! » Larges gratifications aux blessés (2), pensions accordées aux veuves, adoption des orphelins, dots aux filles, croix d'honneur décernées à un grand nombre de soldats, rien ne fut négligé pour témoigner magnifiquement à l'armée la reconnaissance de l'Empereur. « Soldats, leur dit-il dans une belle proclamation, je suis content de vous! vous avez par la journée d'Austerlitz justifié tout ce que j'attendais de votre intrépidité; vous avez décoré nos aigles d'une immortelle gloire; cette infanterie tant vantée, et en nombre supérieur, n'a pu résister à votre choc, et, désormais, vous n'avez plus de rivaux à redouter ! Bientôt je vous ramènerai en France; là, vous serez l'objet de mes tendres sollicitudes, mon peuple vous reverra avec joie, et il vous suffira de dire : J'étais à la bataille d'Austerlitz, pour qu'on vous réponde, *voilà un brave !* »

(1) *Mémoires du duc de Rovigo.*
(2) Les simples soldats eurent 60 francs, les officiers en proportion.

Dès le lendemain, l'empereur d'Autriche envoya le prince de Lichtenstein demander une entrevue à Napoléon. Le 4 décembre, le successeur des Césars, et l'homme qui, dix ans auparavant, était un simple officier d'artillerie, se trouvèrent ainsi face à face, traitant des destinées d'une partie de l'Europe. L'entrevue eut lieu en plein air, au bivouac de Napoléon, où l'on avait allumé du feu : « Ce sont-là, dit-il à l'empereur d'Autriche, les seuls palais que Votre Majesté m'oblige à habiter depuis trois mois ! — Vous tirez si bien partie de votre habitation, répliqua François II, qu'elle doit vous plaire. » Il demanda la paix : un armistice fut conclu aussitôt, dans lequel étaient compris les Russes, et le général Savary fut dépêché à Alexandre pour l'en prévenir : « Dites à votre maître, s'écria le jeune souverain, qu'il a fait des miracles, que cette journée a accru mon admiration pour lui, et qu'il faut à mon armée cent ans pour égaler la sienne ! » *Entrevue de Napoléon et de l'empereur d'Autriche.*

Les Russes se mirent immédiatement en marche vers leurs frontières, et les négociateurs se réunirent à Presbourg, pour traiter de la paix. Leur œuvre était facile. « La *victoire*, selon l'expression de Lannes, *avait taillé leurs plumes à coups de sabre.* » *Paix de Presbourg.*

L'empereur d'Autriche souscrivit à toutes les conditions de Napoléon : par le traité, signé le 25 décembre 1805, le vieil empire germanique, qui existait depuis Charlemagne, fut dissous ; *l'empereur d'Allemagne* ne s'appela plus que *l'empereur d'Autriche.* Napoléon agrandit les États secondaires de l'Allemagne et en forma la *Confédération du Rhin*, dont il se fit le *protecteur*. Quant à lui, reconnu roi d'Italie, il ajouta à ses États Venise, l'Albanie et la Dalmatie ; les électeurs de Bavière et de Wurtemberg, qui prirent le titre de rois, et le margrave de Bade celui de grand-duc, eurent leur territoire presque doublé ; c'était la récompense de leur fidélité. Enfin Napoléon déclara le prince Eugène, qui venait d'épouser la princesse royale de Bavière, son successeur comme roi d'Italie, s'il mourait sans postérité.

Ce traité signé, le plus glorieux qu'il eût conclu, Napoléon revint en France, précédé par 2,000 canons et 40 drapeaux pris à l'ennemi. Des applaudissements enthousiastes accueillirent, comme après Marengo, ce vainqueur qui, en trois mois, avait terminé une si grande guerre ; le Sénat lui décerna le surnom de *Grand* ; le Corps législatif demanda qu'une colonne fût érigée sur une des principales places de Paris et surmontée de sa statue : c'est la *Colonne de la place Vendôme*, faite avec une partie des canons russes et autrichiens, et sur le fût de laquelle s'enroulent, en tableaux de bronze, les principaux épisodes de cette immortelle campagne de la Grande-Armée.

1806.

CAMPAGNE D'IÉNA.

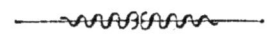

Bataille d'Iéna. — Bataille d'Auerstaëdt. — Conquête de la Prusse. — Prise de Berlin.

La paix qui suivit la rapide et triomphante campagne d'Austerlitz ne fut pas de longue durée ; l'Angleterre, ne pouvant plus compter sur l'Autriche, chercha à armer la Prusse contre la France. Quelques prétextes furent mis en avant ; mais les dispositions malveillantes de la Prusse furent la véritable cause de la guerre. La conduite de cette cour avait été fort équivoque pendant la campagne d'Autriche : elle avait tenu son armée toute prête à prendre part à la lutte et n'avait été arrêtée que par le désastre d'Austerlitz. La reine, qui s'était placée à la tête du parti de la guerre, ainsi que le prince Louis et le duc de Brunswick, en-

Causes de la guerre de Prusse.

traîna le roi, et une nouvelle coalition fut formée entre l'Angleterre, la Suède, la Prusse et la Russie.

Les Prussiens espéraient, d'ailleurs, tirer profit de cette guerre : ils comptaient s'établir définitivement dans le Hanovre, qui leur avait été cédé en 1805, mais dont ils craignaient d'être dépossédés. Ils étaient, de plus, poussés à combattre les Français par un autre sentiment que l'ambition : la grandeur et la gloire de la France les importunaient ; ils étaient outrés d'orgueil et de jalousie. De même que les Russes, l'année précédente, ils attribuaient les victoires de Napoléon à la médiocre qualité des troupes vaincues et à l'incapacité des généraux. Eux, leur armée avait été formée par Frédéric II ; leurs officiers passaient pour les plus instruits de l'Europe, et leurs généraux, anciens élèves du grand capitaine, pour des tacticiens de premier ordre ; ils seraient les vengeurs de l'Allemagne. Les têtes se montèrent ; la reine parut à cheval, vêtue en amazone, passant des revues ; ils furent emportés par une sorte de frénésie guerrière ; ils ne prirent pas même le temps d'attendre les Russes : ils entrèrent tout de suite en campagne, envahirent la Saxe et adressèrent un fier et insultant *ultimatum* à Napoléon. Les Français devaient repasser le Rhin, évacuer l'Allemagne, renoncer à toutes leurs conquêtes, sinon ils auraient à redouter la vengeance des armées prussiennes : sommation était faite, en outre, de répondre avant le 8 octobre. Napoléon n'acheva pas la lecture de cette note inspirée par un fol orgueil : « Je plains le roi de Prusse, dit-il, il n'entend pas le français ; mais on nous donne un rendez-vous d'honneur pour le 8, nous serons exacts; seulement ce jour-là, au lieu d'être en France, nous serons en Saxe! »

C'était pourtant le moment où il s'appliquait, avec l'activité qu'il portait à la guerre, à de grands travaux qui devaient accroître la splendeur et la prospérité de la France. Le 5 mars, le ministre de l'intérieur avait présenté au Corps législatif le compte rendu de l'année, et les faits qui y étaient accumulés attestaient éloquemment quelle était la brillante situation de l'Empire: le culte relevé, l'administration de la justice améliorée, d'immenses travaux publics entrepris sur le territoire, des routes ouvertes à travers les Alpes, au Simplon, au Mont-Cénis, au Mont-Genèvre; des ponts bâtis ou reconstruits sur toutes les rivières; des canaux commencés pour faire communiquer les fleuves entre eux et les joindre à la mer; Lyon reconstruit et se relevant de ses ruines; deux cités nouvelles s'élevant en Bretagne et en Vendée, au foyer des anciennes guerres civiles; des bassins creusés ou agrandis dans trente-cinq villes maritimes; Paris plus embelli, dans le cours d'une année de guerre, qu'il ne le fut jadis en un demi-siècle de paix; les hospices, le mont-de-piété réorganisés et l'agriculture encouragée; les manufactures publiques, les établissements d'éducation, rétablis ou créés, etc., tels étaient les résultats du génie de Napoléon appliqué à l'administration de son empire; jamais on n'avait présenté à la nation une image d'elle-même plus éclatante et plus capable d'exciter l'enthousiasme et d'inspirer de grandes actions.

Prospérité de la France.

Forcé à recommencer la guerre, Napoléon résolut de la pousser avec une vigueur inaccoutumée, et de porter à la Prusse un coup qui la mettrait pour longtemps dans l'impossibilité de nuire.

Il partit aussitôt et donna à son armée l'ordre de marcher sur la Saxe : elle était encore en grande partie en Allemagne, où l'avaient retenue les difficultés survenues dans l'exécution du traité de Presbourg ; Napoléon lui avait promis, après Austerlitz, de la réunir à Paris, autour de son palais, dans une fête triomphale ; et tout à coup, la mauvaise foi de la Prusse obligeait ces valeureux soldats à recommencer leurs travaux. Ils souhaitaient ardemment de se mesurer avec ces Prussiens arrogants, qui les menaçaient d'une nouvelle défaite de Rosbach : « Il n'est aucun de vous, leur avait dit l'Empereur, qui veuille retourner en France par un autre chemin que celui de l'honneur ! »

Les forces des Français, partagées en trois corps, se composaient de 180,000 hommes ; celles des Prussiens, sous les ordres du roi, du duc de Brunswick et du prince de Hohenlohe, étaient de 160,000 hommes. De plus, ils devaient être rejoints par une grande armée russe qui s'assemblait en Pologne.

Napoléon combina son plan d'après cette situation de l'ennemi : de même qu'en Italie, à la bataille de Marengo, et en Allemagne, l'année précédente, il résolut de tourner les Prussiens, de se mettre entre eux et les Russes, et après leur avoir coupé la retraite, de leur livrer bataille. Pour la réalisation de ce plan, il n'eut même pas besoin de chercher à tromper les généraux prussiens; la rapidité de sa marche déjoua toutes leurs prévisions. Ils auraient pu, en agissant tout de suite, attaquer un à un les corps français avant leur rassemblement; ils demeurèrent immobiles : ils discutaient longuement et savamment divers plans de campagne, tandis que les Français s'avançaient de tous côtés. L'ordre du mouvement général de l'armée prussienne était donné pour le 10 octobre, et le 7, les Français entraient déjà à Wurtzbourg ; le 8, ils franchissaient la frontière de Saxe et, se portant rapidement sur la gauche, débordaient l'armée prussienne ; le 9, à Schleitz, ils repoussaient un corps prussien ; le 10, à Saafeld, Lannes rencontrait l'avant-garde du prince de Hohenlohe et la culbutait ; le prince Louis de Prusse, un des instigateurs de cette guerre injuste, fut tué dans ce combat par un sous-officier qui ne le connaissait pas (1). En trois jours, l'armée prussienne était tournée, comme l'avait été l'armée de Mack : elle avait le dos au Rhin, tandis que les Français, ayant le dos à l'Elbe, marchaient sur elle.

Le duc de Brunswick comprit alors le dessein de l'Empereur : il eut peur à la fois pour Berlin et pour la ligne de l'Elbe, où Napoléon pouvait arriver avant lui et se poster de manière à empêcher les Russes de

---

(1) Il se nommait Guindé; ayant atteint le prince Louis, qu'il prenait pour un officier général, il lui cria : « Rendez-vous, ou je vous tue. » Le prince lui répondit par un coup de sabre sur la figure; Guindé fondit sur lui, et lui donna un coup de pointe dans la poitrine qui l'étendit mort. Napoléon fit entrer Guindé dans la garde.

franchir le fleuve. Il était à Weimar, il divisa son armée en deux corps; le premier, commmandé par le prince de Hohenlohe, dut défendre les défilés au delà d'Iéna, seul endroit par lequel les Français pouvaient déboucher; et lui-même, avec le second, se dirigea du côté de l'Elbe; ce double projet allait être déjoué par la décision et l'activité de Napoléon.

Les deux corps prussiens étaient à peine éloignés 'un de l'autre de quelques lieues, que les Français passaient la petite rivière de la Saale, et entraient dans la ville d'Iéna; sur-le-champ un détachement du corps de Lannes gravit les premières hauteurs au delà d'Iéna, et s'y établit à quelques pas des avant-postes de l'ennemi.

Bataille d'Iéna. 14 octobre.
L'armée prussienne occupait, en effet, toutes les hauteurs qui faisaient face aux Français, et leur barrait le chemin; c'était ce passage qu'il s'agissait d'emporter. Là allaient être livrées, non pas une bataille, mais deux batailles dans le même jour.

Le soir, Napoléon alla lui-même reconnaître le terrain : accompagné du maréchal Lannes, il s'avança si près des lignes ennemies qu'on tira plusieurs fois sur lui; il reconnut que la hauteur, dont s'était emparé Lannes, devait servir de point de départ pour l'attaque; c'était un plateau très-élevé, où l'on n'arrivait que par des ravins, et si étroit à son sommet, que quatre bataillons seulement pouvaient s'y déployer. Cependant la garde gravit ces pentes escarpées, à dix heures du soir, et campa sur le plateau en rangs pressés; mais la difficulté était d'amener l'artillerie sur ces hauteurs. Après avoir placé chaque corps à son poste, Napoléon descendit le revers de la montagne afin de hâter la marche de ses canons ; il les trouva engagés dans un ravin, que l'obscurité avait fait prendre pour un chemin ; deux cents chariots à la file étaient arrêtés dans ce défilé, sans pouvoir avancer ou reculer. Aussitôt il ordonne d'ouvrir une route praticable ; les canonniers attaquent le roc sous sa direction ; il est redevenu officier d'artillerie ; impatient et plein d'ardeur, il se porte partout, une torche à la main, éclairant les travailleurs : il ne se retire que lorsque la route est élargie, et que la première voiture est passée, quand la nuit est déjà fort avancée.

Le lendemain, il était debout avant le jour, selon son habitude en campagne, et comme on le voit dans ses lettres et ses ordres souvent datés de trois heures et quatre heures du matin. Un brouillard épais enveloppait le camp ; accompagné d'hommes qui portaient des torches, il parcourut le front des troupes, en leur adressant des paroles brèves et vives : « L'armée prussienne est dans la même situation que les Autrichiens un an auparavant ; ils ne combattent que pour s'ouvrir une retraite ; le corps qui les laisserait passer serait perdu d'honneur et de réputation ! »—« En avant ! en avant ! » répondent les soldats ; devant un régiment de chasseurs à cheval : « Quelle est, demande-t-il, la force de ce régiment ? » — « Il est de tant d'hommes ! dit le colonel ; mais ce ne sont presque que des conscrits ! » — Qu'importe ! s'écrie-t-il, ne sont-ils pas Français ! » puis s'adressant aux chasseurs : « Jeunes gens, quand on ne craint pas la mort, on la fait entrer dans les rangs ennemis! » Ces mots héroïques mettaient le feu au cœur des soldats.

L'action commença au milieu du brouillard ; on se battit quelque temps sans se voir; on tirait au juger, à la lueur même des fusils. Pendant ce temps, l'armée française quitta la hauteur et se déploya sur les pentes des plateaux. Ce ne fut qu'à dix heures, quand le soleil eut apparu éclatant, que la bataille devint générale : l'action fut courte et décidée en peu d'instants. La position qu'occupaient les Prussiens était excellente, leur cavalerie considérable, leur artillerie bien servie : ils luttèrent avec ordre et fermeté. Le maréchal Ney emporté par son ardeur avait commencé l'attaque à droite avec moins de 4,000 hommes; trente escadrons l'assaillirent à plusieurs reprises : ses troupes formées en carrés repoussèrent sans faiblir ces chocs successifs, jusqu'à ce que Napoléon, qui voyait cette poignée d'hommes lutter si vaillament, envoyât Lannes pour la dégager. A la gauche des Prussiens, Soult se porte sur un village, l'enlève et commence à les ébranler ; presque en même temps, Augereau qui arrivait de fort loin à Iéna, entendant le canon, accourt sur le champ de bataille, tombe sur les derrières des Prussiens, et les met en désordre. L'Empereur, alors, lance sa cavalerie légère sur leur centre; ce centre plie et recule en cherchant à conserver un peu d'ordre; mais tout à coup survient Murat, à la tête des dragons et des cuirassiers, qui fond sur ces lignes flottantes, les rompt, entre dedans, et les met dans une déroute complète; tous se précipitent à la débandade, à travers les ravins et descendent en courant les pentes des plateaux. En vain la cavalerie prussienne se présente pour arrêter la poursuite de son infanterie, elle est elle-même emportée; en vain aussi le corps du général Ruchel, arrivant de Weimar où il était placé en réserve, se présente intact et en bon ordre; fuyards et vainqueurs, se précipitent parmi ses bataillons, les renversent et les entraînent; lui-même est tué : ce corps, le dernier qui pouvait résister, fuit avec le reste de l'armée. Les dragons de Murat, le sabre à la main, les poursuivent au galop sur le chemin de Weimar, les poussent comme une cohue, entrent ête-mêle avec eux dans la ville et les font prisonniers par milliers ; sur une étendue de six lieues, douze mille Prussiens morts ou blessés couvrent le terrain, les canons sont abandonnés; de cette armée de 60,000 hommes, pas un corps ne reste entier.

Tandis que Napoléon battait si complètement, à Iéna, l'armée du prince de Holenlohe, un de ses lieutenants, le maréchal Davoust, remportait le même jour, à quelques lieues de là, à Auerstaëdt, une victoire non moins éclatante et non moins glorieuse. Il avait été chargé par l'Empereur de s'opposer au grand corps d'armée prussien du duc de Brunswick, qui se dirigeait sur l'Elbe. Le 14 au matin, les deux armées se trouvèrent tout à coup face à face, à une portée de fusil au milieu du brouillard, sans s'être reconnues : mais elles étaient toutes deux dans des conditions bien différentes : les Prussiens comptaient 66,000 hommes, ayant à leur tête le roi de Prusse, les princes et leurs meilleurs généraux, ces vieux lieute-

Bataille d'Auerstaedt.

nants si renommés de Frédéric, Brunswich, Mollendorf, Schmettau; Kalkreuth. Davoust n'avait avec lui que trois divisions célèbres, il est vrai, dans l'armée par leur valeur et leur discipline, les divisions Friant, Gudin et Morand, mais ne formant en tout que 26,000 hommes, et aux 10,000 hommes de la cavalerie prussienne il ne pouvait opposer que 1,500 chevaux. Aussitôt il dépêche près de Bernadotte, campé à peu de distance avec 20,000 hommes, pour lui apprendre la situation où il se trouvait et lui demander de le venir joindre. Bernadotte, et ici, déjà, il préluda par une inertie coupable à la trahison qu'il devait commettre en 1813, quand il s'unit aux ennemis de la France, Bernadotte, jaloux et haineux, refusa de marcher au secours de Davoust qu'il détestait; il retint même immobiles les cuirassiers de Nansouty qui sollicitaient avec instance la permission de prendre part à la bataille (1). Réduit ainsi à ses seules forces, Davoust, dont la fermeté égale la droiture et le courage, accepte néanmoins le combat; il défendra jusqu'à la dernière extrémité le poste que lui a confié l'Empereur. Ses divisions étaient en marche et assez loin l'une de l'autre; il forme les deux premières en carré, s'empare d'un village et s'y barricade. Bientôt une masse énorme de troupes se porte sur le village et l'entoure d'un cercle de feux; des décharges aussi nourries que précises abattent des lignes entières d'ennemis; un régiment,

(1) Napoléon eut un moment la pensée de le traduire devant un conseil de guerre.

le 85ᵉ, placé à l'entrée du village, résiste intrépidement pendant plusieurs heures aux attaques incessantes des Prussiens ; il a perdu la moitié de ses hommes, il tient encore. Pendant cette lutte si disproportionnée, la troisième division, commandée par le général Morand, arrive sur le champ de bataille; sans perdre de temps, sous la mitraille de l'ennemi, elle se déploie et se forme en deux carrés; Davoust se met dans l'un, Morand dans l'autre, et ils attendent ainsi le choc de toute la cavalerie qui, massée derrière l'infanterie ennemie, se prépare à les attaquer. En effet, les rangs prussiens s'ouvrent et 10,000 chevaux, conduits par le prince Guillaume, se précipitent comme un torrent sur les carrés français qu'ils débordent de tous côtés et semblent devoir emporter dans leur course. Les soldats français, immobiles, laissent arriver .ces cavaliers, puis, à trente pas, font une décharge si meurtrière qu'un grand nombre tombe par terre ; le reste tourne bride; ils reviennent encore et renouvellent coup sur coup plusieurs charges terribles; les Français ne s'émeuvent pas de ces rudes assauts : bien plus, au moment où arrivent sur eux les Prussiens ventre à terre, les soldats d'un régiment, au lieu de les coucher en joue, mettent leurs schakos au bout de leurs baïonnettes : « *Vive l'Empereur !* » s'écrient-ils, — « Mais tirez-donc ! » dit le colonel, — « *Nous avons le temps !* répondent-ils, « *à quinze pas nous verrons !* » et en effet, à cette distance, ils font feu et couvrent le terrain de corps d'hommes et de chevaux. La cavalerie prussienne épuisée cesse enfin ses charges inutiles et se retire derrière son infanterie. Et alors Davoust forme ses colonnes d'attaque; à son tour il prend l'offensive, renverse les Prussiens, et les poursuit de plateau en plateau; un de ses lieutenants, le général Petit, gravit par une côte escarpée et sous un feu plongeant, les hauteurs d'Eckarsberg, les enlève à la baïonnette, s'empare de 22 canons et les pointe à l'instant sur l'ennemi. Les Prussiens sont partout en déroute; le général Schmettau avait été tué au commencement de l'action; le duc de Brunswick, désespéré, se met à la tête d'une colonne; un éclat d'obus le blesse à mort; bientôt le maréchal Mollendorf, qui le remplace, a le même sort; le roi, les princes, qui se sont battus comme des soldats, sont entraînés dans la fuite de leur armée. Les Français, après six heures d'un combat acharné, sont victorieux : Davoust, qui n'avait que 44 canons, en a pris 115 à l'ennemi.

En recevant la nouvelle de cette étonnante victoire, Napoléon, d'abord, n'y voulut pas croire : « Cela ne peut être, dit-il à l'officier qui le lui annonçait, 26,000 hommes contre 70,000 ! votre maréchal y voit double. » Mais lorsqu'il connut les détails du combat, il combla d'éloges le maréchal et ses soldats. La journée d'Auerstaëdt avait valu à Davoust l'admiration générale ; l'armée française avait prouvé plus que jamais qu'elle était la *première du monde*. L'Empereur écrivit au maréchal une lettre qui fut lue dans les chambrées ; quelques jours après, passant ses troupes en revue : « Vous vous êtes couverts de gloire, leur dit-il, j'en conserverai un éternel souvenir ! » Il donna à Davoust le titre de duc d'Auerstaëdt, et pour récompense spéciale décida que ce serait le corps qu'il commandait qui entrerait le premier à Berlin, et Davoust qui en recevrait les clefs. C'est ainsi que ce capitaine qui savait vaincre, emplissait du plus noble et du plus juste orgueil le cœur de ces vaillants hommes!

Les résultats de cette double victoire furent immenses : les Prussiens avaient eu 12,000 hommes hors de combat, 15,000 prisonniers et avaient perdu 200 pièces de canon; leurs deux armées fuyant chacune de leur côté, et comptant l'une sur l'autre pour se secourir, se rencontrèrent dans leur commune déroute, et l'épouvante se mit parmi elles, à la vue de ce complet désastre. Le désordre devint général : tous s'échappèrent dans mille directions, ne reconnaissant plus ni chefs, ni discipline, jetant leurs équipements et leurs armes, couvrant les routes de sacs, de sabres et de fusils. La nouvelle en arriva rapidement à Berlin; la terreur y fut telle que la *Gazette officielle* ne publia que ces seuls mots : *L'armée du roi a été battue à Iéna; le roi et ses frères sont en vie!* Suites de la bataille d'Iéna.

Dès le lendemain, l'empereur prit ses dispositions pour achever la ruine de l'armée prussienne : ses lieutenants furent lancés sur plusieurs points avec ordre de la poursuivre et de s'emparer de toutes les places fortes de la Prusse. Leur marche ne fut qu'une suite de succès : le 16 novembre, Ney écrase le maréchal Kalkreuth et le poursuit jusqu'à Magdebourg; le 17, Lannes investit la ville, et n'ayant que 16,000 hommes en fait capituler 23,000; le 18, Murat s'empare d'Er- Conquête de la Prusse.

furth, y enlève 120 pièces de canons, et y fait 14,000 prisonniers; le 20, un de ses régiments de hussards somme la ville forte de Stettin, garnie d'une nombreuse artillerie; la place se rend aussitôt; Custrin est pris de la même manière : « Puisque vous enlevez des places avec de la cavalerie, lui écrivit Napoléon, je n'ai plus qu'à licencier mes ingénieurs et à fondre ma grosse artillerie. » Le 25, Lannes s'empare de Spandau; le 26, la cavalerie de Lassalle atteint le régiment de dragons de la reine, le culbute dans des marais, le fait prisonnier presque tout entier, et enlève l'étendard brodé des mains de la reine; le 28, le prince de Hohenlohe met bas les armes à Prenzlow avec 16,000 hommes, six régiments de cavalerie et 64 pièces de canon. « Que veut donc votre Empereur? demandaient les généraux prussiens aux Français; nous poursuivra-t-il toujours l'épée dans les reins? depuis la bataille, nous n'avons pas un moment de repos! »

Le 6 novembre, enfin, Blücher, qui avait fui jusqu'à la mer, et qui pour s'échapper avait violé la neutralité de la ville de Lubeck et s'y était enfermé, est obligé de se rendre avec 15,000 hommes; c'était le dernier corps de l'armée prussienne. Cette armée qui comptait 170,000 hommes un mois auparavant, était entièrement détruite : 40,000 hommes étaient morts ou blessés, 100,000 prisonniers, le reste fuyait jusque par delà l'Oder; 4,000 pièces de canon, les plus fortes places du royaume étaient entre les mains des Français; le roi de Prusse, retiré à l'extrémité de ses frontières, à Kœnigsberg, avait perdu presque tous ses

États, et n'avait plus d'espérance que dans les Russes.

Pendant les courses de ses maréchaux, Napoléon avait agi avec sa rapidité accoutumée : après la bataille d'Iéna, par un acte d'habile politique, il renvoya libres sur parole les troupes de l'électeur de Saxe qui ne s'était uni que par force aux Prussiens, et dont il s'assurait ainsi la reconnaissance et la fidélité. Il se dirigea ensuite vers Berlin; sur sa route se trouvait le champ de bataille de Rosbach, où, en 1757, les Français, commandés par un général incapable, avaient été battus ; les Prussiens y avaient élevé une colonne commémorative : il la fit détruire et en envoya les débris à Paris. A Postdam, il visita avec recueillement le tombeau de Frédéric; dans le palais de *Sans-Souci* il trouva le ceinturon et l'épée de ce grand capitaine; il s'en saisit avec enthousiasme : « Voilà un beau présent pour les Invalides, s'écria-t-il, il existe encore de vieux soldats qui ont fait la guerre de Hanovre; ils le garderont comme un témoignage des victoires de la grande armée, et de la vengeance de Rosbach! »

Prise de Berlin

Deux jours après, 28 octobre, il fit son entrée solennelle à Berlin, à la tête de sa garde, accompagné de ses maréchaux, au milieu d'une foule immense qui remplissait les rues et contemplait avec une admiration triste et silencieuse le conquérant, qui, d'un seul coup de son épée, venait de renverser l'œuvre du grand Frédéric.

A Berlin, il fit un des actes les plus importants de sa vie, il décida l'établissement du *blocus continental*; il voulut dater de la capitale de Frédéric ces décrets

Blocus continental.

qui allaient donner à la lutte de la France et de l'Angleterre le caractère d'une guerre de race contre race. Depuis le commencement de la révolution, l'inimitié de l'Angleterre s'était accrue à mesure que les triomphes de la France se succédaient, ne pouvant lui infliger des revers sur les champs de bataille, les Anglais tentaient de la ruiner dans son commerce; ils venaient d'interdire aux nations neutres tout commerce avec la France. Napoléon répondit à cet abus de la force par des mesures de même nature, mais étendues à des proportions gigantesques; le guerrier exerça en grand le droit de la guerre. Il déclara les îles Britanniques en état de blocus : tous les ports de France, de Hollande, de Belgique, d'Italie, d'Allemagne furent fermés aux vaisseaux anglais ; tout commerce, toute correspondance furent défendus; les marchandises provenant de leurs manufactures furent confisquées, les lettres arrêtées; tout Anglais saisi en France, ou dans les pays dépendant de la France, fut considéré comme prisonnier de guerre. « Les oppresseurs des mers, dit Napoléon dans un de ses bulletins, ne respectent aucun pavillon et ferment l'Océan; je leur fermerai la terre et les bloquerai véritablement dans leur île ! »

1807.

CAMPAGNE DE POLOGNE.

Conquête de la Pologne. — Quartiers d'hiver. — Bataille d'Eylau. — Bataille de Friedland. — Entrevue et traité de Tilsitt.

En un mois la Prusse avait été conquise : il ne restait au roi Frédéric-Guillaume que quelques places sur le littoral de la Baltique, Dantzick, Kœnigsberg, Memel ; chassé de sa capitale, il errait de ville en ville, cherchant un asile à l'extrémité de ses États, lorsqu'il apprit l'entrée des Russes sur le territoire prussien. La confiance lui revint ; des négociations étaient entamées avec l'Empereur, il les rompit : « Votre Majesté a pris le cornet et joue aux dés, lui écrivit Napoléon ; les dés en décideront. » Aussitôt il mit ses troupes en marche vers la Pologne : l'hiver, si rigoureux dans ces contrées du Nord, s'approchait ; les Français partirent néanmoins pleins d'ardeur et de gaieté : après leurs succès si deci-

Reprise des hostilités.

Novembre 1807.

sifs, ils dédaignaient tout obstacle et tout danger. Une grande armée russe s'avançait, commandée par le général Beningsen : « Qui donne aux Russes le droit d'espérer balancer nos destins ? dit Napoléon à son armée dans une éloquente proclamation ; eux et nous, ne sommes-nous pas les soldats d'Austerlitz! » Avec sa promptitude ordinaire, il porta le corps du maréchal Davoust dans le grand-duché de Posen ; en même temps, Lannes se dirigea vers Thorn, Murat sur Varsovie, tandis que Bernadotte, détaché à gauche, alla continuer le siége de Dantzick, commencé par le maréchal Lefebvre.

Occupation de la Pologne.

L'envahissement de la Pologne fut l'affaire de quelques jours : l'armée française était partie de ses cantonnements le 10 novembre ; le 30, Murat entre à Varsovie ; le pont est coupé, les troupes franchissent le fleuve à la nage ou dans des batelets, et chassent l'ennemi du faubourg de Praga ; le 6 décembre, sur un autre point, à Thorn, le maréchal Ney passe aussi la Vistule sur des glaçons, en face d'un corps prussien, et s'empare de la ville. A un mouvement si rapide, Beningsen, qui n'avait pas réuni toutes ses forces, s'était hâté de rétrograder derrière la Vistule ; déjà la ligne de la Vistule était franchie ; il recula encore et mit une nouvelle rivière, le Bug, entre lui et les Français. Mais Napoléon ne le laisse pas respirer ; il ne veut prendre ses quartiers d'hiver qu'après avoir rejeté les Russes bien loin de lui ; les chemins sont affreux, les plaines de la Pologne, formées d'une terre noire et légère, détrempées par les pluies continuelles, sont changées en étangs de boue ; on y enfonce parfois jusqu'aux genoux ; il faut quadrupler les attelages de l'artillerie pour la faire avancer ; les Français, quoique avec plus de peine, marchent toujours à la poursuite des Russes, supportant ces fatigues d'une nouvelle espèce avec cet entrain particulier à la nation. L'Empereur, pendant ces marches pénibles, se tient au milieu d'eux, à cheval, les entretenant, riant à leurs saillies, les encourageant : « Allons, encore quatre jours de patience, et je ne vous demande plus rien ; alors vous serez cantonnés. »

Cependant, sur le chemin, chaque fois que l'on rencontre un corps ennemi, on le pousse et on le culbute, à Czarnowo, à Nasielsk ; le 26 décembre, les Russes, qui se sont partagés en deux corps, s'arrêtent, l'un à Pulstuck, sous Beningsen, l'autre à Golymin, sous Buxowden ; le maréchal Lannes, quoiqu'il n'ait avec lui que 18,000 hommes, attaque le premier qui en compte 43,000, et qui est retranché derrière de formidables batteries, lui livre un combat acharné, et l'oblige à la retraite ; le même jour, Davoust met en déroute l'armée de Buxowden à Golymin, et Soult les débris de l'armée prussienne à Soldau. Sur toute la ligne, dans une suite de combats, les Russes avaient été coupés en plusieurs tronçons, ils avaient perdu 20,000 hommes ; ils se retirèrent enfin derrière la Prégel, à une grande distance. Napoléon remplit la promesse faite à son armée : il la ramena sur les bords de la Vistule, et lui donna ses quartiers d'hiver.

Retraite des Russes.

C'est alors, dans sa résidence de Varsovie, qu'on vit ce génie si impétueux à la guerre s'appliquer avec une

Quartiers d'hiver de l'armée française.

sollicitude incessante et admirable à la vaste administration de son armée : tout à la fois, élever des redoutes devant Varsovie, des retranchements autour des lieux de cantonnements, et, après avoir passé son armée en revue sur la grande place de Varsovie, où étaient rangés 89 canons pris aux Russes, rentrer dans son palais et donner, de cette même plume qui traçait le plan d'immortelles campagnes, les ordres les plus minutieux pour assurer le bien-être et la santé de ses soldats. Organisation des hôpitaux, soins vigilants aux blessés, approvisionnements pour plusieurs mois amenés du fond de la Prusse et de l'Allemagne, objets de toutes sortes à l'usage des troupes, commandés avec les détails les plus précis, les matelas et les chemises, les draps, les couvertures et les pantalons, avec l'indication du lieu où l'on devait les prendre, de la route par laquelle on les amènerait, des étoffes qu'il fallait employer ; il ne négligeait aucun service, il pourvoyait à tous les besoins : « On ne saurait, écrivait-il à Daru, employer trop de moyens pour nous approvisionner ; que les voituriers soient largement payés et contents ; vous avez envoyé 100,000 boisseaux d'avoine à Mariender, qu'est-ce que cela ? comment n'ai-je pas 300,000 boisseaux depuis Custrin jusqu'à Bomberg ? A Bomberg, 400,000 pintes d'eau-de-vie, 100,000 quintaux de farine, 50,000 quintaux de blé ? Voilà la saison où il y aura des fièvres, prenez des mesures efficaces pour vous procurer une grande quantité de quinine : n'épargnez pas l'argent pour faire acheter les médicaments ; achetez du vin ; que les hôpitaux n'en manquent pas ! »

Les rivières, les routes, les canaux étaient couverts de barques et de voitures apportant des approvisionnements ; l'armée vivait dans la sécurité et l'abondance de toutes choses, grâce à la prévoyance ardente et inquiète de son empereur.

Ce repos ne dura qu'un mois : à la fin de janvier, le maréchal Bernadotte, qui était cantonné à l'extrême gauche des Français, donna tout d'un coup l'alarme : l'armée russe s'approchait en force ; les gelées avaient durci la terre, les marches étaient faciles ; le général ennemi se proposait de surprendre la gauche des Français, puis, passant la Vistule au-dessus de Thorn, de couper Napoléon de Dantzick, et de le laisser isolé au milieu des plaines de la Pologne. *Attaque soudaine des Russes.*

A ce plan, qu'il devina, Napoléon en opposa immédiatement un autre qui devait dérouter l'ennemi. Les Russes s'avançaient vers la gauche, pour le tourner ; il ordonna à cette gauche de reculer devant eux, afin de les encourager dans l'exécution de leurs desseins ; lui, cependant, faisait marcher sa droite en avant, de sorte que, tandis que les Russes descendaient vers la Vistule, il montait vers la Baltique ; tandis qu'ils pensaient le tourner, ils allaient être tournés eux-mêmes, acculés et jetés dans la mer. Ce plan réussissait complétement, Bernadotte et Ney se retiraient pas à pas devant les Russes, tout en leur livrant de brillants combats : « Il en coûtera cher aux Russes, disait Napoléon, s'ils ne se ravisent pas. » Le *Plan de Napoléon.*

général Beningsen marchait avec sécurité, ne se doutant pas du piége où il allait donner, quand, par une fortune de la guerre, une dépêche de l'Empereur tomba entre ses mains ; cette dépêche lui fit tout comprendre: aussitôt il arrête ses troupes dans leur mouvement en avant et rebrousse chemin précipitamment, inquiet, craignant à chaque instant d'être surpris.

Il poursuit les Russes. Napoléon, étonné, apprend cette retraite soudaine des Russes qui remontent à marches forcées vers le nord et vont se mettre à l'abri du canon de Kœnigsberg ; mais sa proie ne lui échappera pas : son armée a été arrachée de ses quartiers au plus fort de l'hiver ; il frappera les Russes de manière à leur ôter la pensée de le venir de nouveau troubler jusqu'au retour du printemps. Il se met à leur poursuite, les harcèle sans relâche, leur enlève ou leur tue plusieurs milliers d'hommes, à chaque lieu où ils font tête, à Bergfried,

3 février.
5 et 6 février. à Landsberg, à Hoff ; enfin, il les atteint à Eylau.

Poursuivis à outrance, les Russes se décidèrent à livrer une grande bataille : le 7 février, au soir, ils s'arrêtèrent dans la petite ville d'Eylau, dont ils voulaient faire leur centre de résistance ; mais Napoléon, qui comprenait toute l'importance de cette position, les y attaqua si vigoureusement qu'après un combat sanglant il les en chassa et s'y établit. Les Russes allèrent camper sur des collines au delà de la ville, et s'y disposèrent à une bataille pour le lendemain.

Bataille d'Eylau.
8 février. Elle eut lieu dans des circonstances peu ordinaires à la guerre. Cette époque de l'année, surtout dans les climats du Nord, est le temps où les troupes prennent leurs quartiers d'hiver; ici, au contraire, deux puissantes armées se trouvaient en pleine campagne, vis-à-vis l'une de l'autre, prêtes à s'entr'égorger; la terre était couverte d'une neige épaisse et durcie, les lacs semés dans la plaine, gelés à une grande profondeur, disparaissaient sous la neige et ne se distinguaient plus de la terre : un ciel sombre et bas pesait sur cette morne campagne, et, de temps en temps, d'épais flocons de neige enveloppaient tout, champs, bois et maisons, de blanches et impénétrables ténèbres.

Tel était le champ de bataille. Les Russes occupaient les hauteurs qui dominent la plaine étendue en avant d'Eylau; les Français étaient massés de l'autre côté, sur l'éminence où est situé Eylau, autour de la ville. Du cimetière descendant en pente douce on dominait toute la plaine; c'est là que s'était placé l'Empereur, entouré de sa garde : ce champ d'ossements allait être en un jour couvert de plus de morts qu'il n'en avait reçus en plusieurs siècles.

Les forces, du reste, étaient fort inégales : les Russes comptaient 80,000 hommes; l'armée française, diminuée du corps de Bernadotte, qui était éloigné de plus de trente lieues, et de celui de Soult, qui poursuivait le général prussien Lestocq à quelques lieues de là, ne pouvait leur opposer que 54,000 soldats; les Russes avaient de plus une artillerie immense, 4 à 500 bouches à feu; l'artillerie française ne s'élevait pas à plus de 200 pièces; enfin, les Russes étaient dans de meilleures conditions que les Français qui, les poursuivant depuis plusieurs jours, avaient à peine trouvé de quoi manger, et étaient harassés de fatigue et de froid.

Chaque grande bataille de l'Empereur a un caractère net et distinct : Austerlitz est une bataille de manœuvres, Eylau une bataille d'artillerie. Les Russes avaient rangé devant eux leurs nombreux canons ; Napoléon, pour leur répondre, avait fait mettre en ligne toute l'artillerie de son armée : le combat commença par une épouvantable canonnade de ces 700 bouches à feu, qui troublaient l'air et faisaient trembler la terre ; elles tiraient à une demi-portée de canon, et, à cette courte distance, elles produisaient des ravages affreux : les Français, abrités par la ville, souffraient moins ; les Russes, rangés en épais bataillons, à découvert, étaient comme un mur vivant où les boulets français, mieux dirigés, ouvraient des brèches innombrables ; mais ces brèches se refermaient aussitôt, et les rangs se serraient incessamment, de nouveaux soldats prenant la place des morts étendus à leurs pieds. Après un long et sanglant échange de coups de canon, « les Russes parurent les premiers, selon l'expression de Napoléon, éprouver une sorte d'impatience ; » car la mort n'est jamais plus horrible que frappant dans l'immobilité. Ils s'ébranlèrent sur leur droite, descendirent dans la plaine et vinrent aux Français ; la lutte de près s'engagea.

Napoléon avait, la veille pendant la nuit, envoyé courriers sur courriers au maréchal Davoust, qui avait pris une autre direction, pour qu'il arrivât à marches forcées, et pût, se portant sur la droite des Russes, les prendre en flanc. Davoust venait d'arriver. Napoléon ordonna à Augereau d'aller assaillir les Russes à leur gauche pour les pousser des deux côtés à la fois. Augereau part et traverse la plaine, lorsque survient un de ces accidents, qui, tant de fois, eurent une influence inattendue sur le sort des batailles : une neige épaisse tombe tout à coup, et, poussée par un vent violent à l'encontre des Français, les frappe à la face et les aveugle. Dans cette nuit nouvelle, ils s'égarent, perdent leur chemin, et, lorsque la neige a cessé, ils se trouvent à quelques pas et au milieu des Russes. Aussitôt que l'éclaircie permet de les voir, les Russes démasquent une batterie de 72 pièces de canons, et une mitraille effroyable pleut sur cette troupe étonnée ; en même temps la cavalerie ennemie la charge sur le flanc ; Augereau est blessé grièvement ; ses soldats, dans l'impuissance de rester devant cette canonnade à bout portant, lâchent pied et se hâtent de fuir vers le cimetière ; les Russes se pressent sur leurs pas.

A ce moment, Napoléon n'avait autour de lui que quelques bataillons de sa garde ; la masse des Russes approchait, le danger était imminent ; mais déjà il a pris ses mesures : Murat, qu'il a fait appeler, arrive : « Eh bien ! lui dit-il dans cette langue familière et héroïque qui semble la vraie langue des batailles, nous laisseras-tu dévorer par ces gens-là ? » Murat se met à l'instant à la tête de sa cavalerie légère, et se lançant avec cette intrépidité fière qui le faisait ressembler à un guerrier d'Homère, disperse les cavaliers qui précèdent l'infanterie russe; derrière lui arrive la grosse cavalerie, les dragons d'Hautpoul et les cuirassiers, 24 escadrons pesants et couverts de fer. Ils se jettent sur les Russes, malgré leur résistance acharnée, rompent leurs lignes, les ouvrent en plusieurs points, et entrent dedans à flots pressés; les fantassins russes, courbés sous ces lourds cavaliers, sont sabrés et foulés aux pieds. Du haut des collines, leur général, pour les dégager, fait tirer une batterie sur les cavaliers français, enveloppant dans une commune destruction ses propres troupes mêlées à l'ennemi; là, le brave général d'Hautpoul est blessé à mort. Mais cet effort est inutile; une partie de la réserve de la garde, venant en aide à la grosse cavalerie, achève de rompre le centre des Russes; ils fuient vers les collines et vont se réfugier derrière les bois.

D'autres scènes aussi émouvantes avaient lieu en même temps près du cimetière : 4,000 grenadiers russes s'étaient avancés vers ce point central de l'armée française, où Napoléon se tenait avec son état-major. En les voyant approcher, les bataillons de la garde se disputèrent à qui les irait assaillir; un seul bataillon, commandé par le général Dorsenne, marche sur eux, au pas et l'arme au bras : « l'aspect de ces vieux grenadiers suffit pour arrêter la colonne russe (1). » En même temps, l'escadron de service auprès de l'Empereur fond sur elle, les chasseurs du général Bruyère l'attaquent en queue; sous ce triple assaut, les Russes sont

(1) *Victoires et conquêtes.*

accablés, renversés, détruits presque jusqu'au dernier.

Le reste de la bataille ne présenta plus de ces épisodes dramatiques : le centre des Russes était enfoncé ; à gauche, Davoust s'était emparé de leurs positions ; la nuit était venue, déjà ils commençaient à fuir et à se débander. A cette heure avancée, ils eurent un moment d'espoir : le général prussien Lestocq, poursuivi par Ney, arriva sur le champ de bataille avec 8,000 hommes, et, ralliant les Russes dispersés, tenta de reprendre les hauteurs ; mais ses troupes furent reçues si vigoureusement par le corps de Davoust, qui les attaqua à la baïonnette, qu'elles se rompirent et se dispersèrent ; ce fut la dernière tentative de l'ennemi. Il était dix heures du soir ; Ney, apparaissant à la suite de Lestocq, allait couper la retraite à l'armée vaincue ; le général Beningsen se hâta de donner l'ordre de la retraite, et les Russes, s'éloignant rapidement du champ de bataille, s'enfoncèrent dans les ombres d'une nuit noire.

Ils avaient fait des pertes énormes : 30,000 hommes étaient hors de combat, 4,000 prisonniers. « Le pays est couvert de morts et de blessés, écrivait Napoléon à Joséphine ; l'on souffre et l'âme est oppressée de voir tant de victimes (1). » Murat les poursuivit, pendant dix heures, et poussa jusqu'aux portes de Kœnigsberg. Les Français, qui avaient eu 3,000 hommes tués et 6,000 blessés, ne s'étaient nulle part battus avec plus d'intrépidité. L'armée ennemie était incapable de rien

(1) Le peintre Gros a représenté Napoléon visitant le champ de bataille d'Eylau, dans un tableau saisissant d'horreur et de vérité qui se trouve au musée du Louvre.

entreprendre de tout le reste de l'hiver : « Qui osera troubler notre repos s'en repentira, » dit Napoléon à ses soldats, et il rentra paisiblemment dans ses cantonnements.

<small>Mai 1807.
Nouveau plan des Russes.</small>

Jusqu'au mois de mai, les deux armées demeurèrent tranquilles, les avant-postes, fort rapprochés l'un de l'autre, se rencontrant souvent à la recherche des vivres et sans s'attaquer; mais, dès que le soleil eut reparu et séché la terre, que les troupes furent sorties des villes et campèrent sous la tente, des mouvements plus animés montrèrent le projet de reprendre les hostilités. Les deux armées avaient profité de l'hiver pour se renforcer (1) : le général Beningsen pouvait mettre en ligne 130,000 hommes; un nouveau plan avait été combiné d'accord avec l'Angleterre : il s'agissait de porter une armée composée d'Anglais, de Prussiens, de Russes et de Suédois en Poméranie, sur les derrières des Français, tandis que la grande armée russe les assaillerait en tête, et de les mettre ainsi entre deux feux. Napoléon s'inquiéta peu de la partie de ce projet qui le menaçait par derrière : un corps d'armée qu'il avait réuni de ce côté sous les ordres du maréchal Brune, suffisait pour arrêter les vaines tentatives de l'ennemi. Il tourna toute son attention vers l'armée de

---

(1) C'est alors que les Français rencontrèrent pour la première fois des Baskirs et des Kalmoucks; ces barbares venus des steppes de l'Asie, montés sur de petits chevaux tartares, étaient armés d'arcs et de flèches. La vue de ces nouveaux ennemis si singuliers d'accoutrement, d'armes et de physionomie, excita la risée des soldats : « Nous allons maintenant faire prisonniers des amours, disaient-ils, mais il faut avouer qu'ils sont bien laids. »

Beningsen : celui-ci était entré le premier en campagne, et avait attaqué les Français sur toute leur ligne ; mais les Français avaient vaillamment défendu les retranchements qui couvraient leurs camps : bien que surpris, Bernadotte à Spandau, Ney à Deppen, avaient partout repoussé l'ennemi.

Napoléon, à la nouvelle de ce mouvement général des Russes, partit de son quartier général et donna ses ordres pour prendre partout l'offensive : aussitôt le général russe, peu encouragé par les débuts de la campagne, recula et se retira sur l'Alle, à Heislberg, où il avait fait établir d'avance des retranchements formidables armés de nombreux canons. Le corps de Soult et la cavalerie de Murat, qui s'étaient mis à sa poursuite, arrivant avant le reste l'armée, ne s'arrêtèrent pas devant ces obstacles ; n'étant que 30,000 hommes, ils osèrent en attaquer 90,000, rangés dans une forte position, sur des hauteurs, et protégés par des redoutes garnies d'artillerie. Là eut lieu un rude combat : les Français, qui s'étaient laissé emporter par leur ardeur et engagés imprudemment, se battirent avec acharnement jusque dans la nuit et culbutèrent plusieurs divisions russes ; Soult, formant ses troupes en carré, les maintint intrépidement en face d'ennemis si supérieurs ; la cavalerie de Murat fit une suite de charges terribles, lui-même eut deux chevaux tués sous lui ; un chef d'escadron du 6ᵉ régiment de cuirassiers, Chipault, reçut cinquante-deux blessures, et ne quitta le champ de bataille que lorsque, épuisé par la perte de son sang, il n'avait plus la force de se soutenir à cheval. Le

4 juin.

*5 e
6 juin.*

Combat d'Heislberg.

10 juin.

colonel de ce régiment se présenta devant Murat, son sabre dégoûtant de sang : « Prince, dit-il, passez la revue de mon régiment, vous verrez qu'il n'est aucun cuirassier dont le sabre ne soit comme le mien ! »

Napoléon arriva avec toute son armée lorsque le combat était fini, les Russes s'étaient retirés derrière leurs retranchements; il espérait leur livrer bataille le jour suivant; mais le lendemain on fut fort étonné de ne plus trouver, devant soi, qu'une arrière-garde; les Russes, malgré la force de leurs retranchements, n'avaient pas voulu y attendre le choc de toute l'armée française. Le général Beningsen avait, d'ailleurs, des craintes pour Kœnigsberg : la ville de Dantzik avait été prise par les Français qui y avaient trouvé d'immenses provisions de blé et de vin; il voulait empêcher que Kœnigsberg subît le même sort, et décampant au plus vite, il remontait le cours de l'Alle pour couvrir cette grande place; mais Napoléon était résolu à le devancer de vitesse.

22 mai.

Tous les corps sont lancés dans différentes directions pour déborder les Russes et leur couper la retraite. Dans cette vive poursuite, Lannes, qui marchait en avant du reste de l'armée française, arriva près de Friedland, au matin, et se trouva seul en face de toute l'armée ennemie. Le général Beningsen, dont l'armée comptait 75,000 hommes, sachant que Lannes n'en avait que 26,000, voulut profiter de cette infériorité de forces et l'attaqua. Un combat s'engagea où les Français, quoique en nombre si disproportionné, luttèrent sans pouvoir être rompus : ce combat n'était que le prélude d'une grande bataille.

Cependant l'Empereur avait été prévenu : aussitôt il presse le pas, donne ordre à tous les corps de se hâter, et les devançant tous, arrive près de Lannes qui résistait depuis l'aube du jour. Du premier coup-d'œil, il embrasse le champ de bataille : Lannes était posté sur des collines couvertes de grands bois, en demi-cercle ; devant lui était la ville de Friedland, au fond d'un coude formé par une rivière, l'Alle, qui la contournait ; les Russes occupaient Friedland et la plaine, entre la rivière et les collines. A cet aspect, Napoléon a tout de suite fait son plan : il faut descendre dans la plaine, prendre la ville, jeter les Russes dans la rivière. Il était plein d'enthousiasme : « C'est un jour de bonheur, s'écria-t-il, c'est l'anniversaire de Marengo ! » On veut lui faire observer que la journée est bien avancée ; il était cinq heures : « Non ! non ! on ne surprend pas deux fois l'ennemi en pareille faute ! » Les bois des collines sont profonds et épais ; il en profite pour former ses troupes à mesure qu'elles arrivent : les colonnes se massent dans de grandes et larges percées, toutes prêtes à franchir la lisière au premier ordre. Une demi-heure est laissée aux soldats pour se reposer, puis vingt coups de canon donnent le signal : tout débouche à la fois ; les mouvements étaient prescrits comme pour une manœuvre d'exercice. Aussitôt Ney, chargé de l'attaque de droite, s'avance impétueusement à la tête de son corps d'armée : en le voyant partir, bouillant d'une ardeur héroïque « Cet homme est un lion ! » s'écrie Napoléon.

Bataille de Friedland. 14 juin 1807.

Il lui avait commandé de marcher sur la ville sans regarder autour de lui : « Prenez Friedland, ne vous inquiétez pas de ce qui se passera d'ailleurs. » Ney suit cet ordre à la lettre : ses troupes s'emportent même dans leur premier élan et poussent si avant qu'elles sont ramenées par le gros de l'armée russe; mais le général Dupont, avec la même pénétration qu'à Haslach et à Diernstein, saisit le moment d'agir, se jette sur les Russes qui pressent les soldats de Ney et les arrête court. L'Empereur, de son côté, envoie dans la plaine l'artillerie de Victor qui, mettant en batterie quarante pièces de canon, ouvre un feu terrible contre la colonne ennemie qui s'avance : le général Beningsen, attaqué ainsi en face et en flanc, n'a que le temps de former ses troupes en carré et essaie de résister, acculé à la ville, centre d'un demi-cercle dont les Français occupent la circonférence. Dans cette position, pressés les uns contre les autres, ses carrés reçoivent en plein les boulets des batteries françaises, dont tous les coups portent, et les démolissent : les Russes tombent en si grande quantité, « qu'après la bataille on suivait l'ordre de leurs carrés par la ligne des monceaux de cadavres (1). » Bientôt assaillis en outre par les soldats de Ney, ils se débandent et prennent confusément la fuite vers la ville. Les Français s'élancent sur leurs pas, et là, dans un espace de 250 toises, 60,000 hommes se battent pêle-mêle, les Français pour entrer dans la ville, les Russes pour s'y maintenir. Les Français l'empor-

(1) *Mémoires du duc de Rovigo.*

tent, et les Russes, épouvantés, se précipitent à la fois sur les ponts qu'enfilent les boulets français, et dans la rivière où ils périssent en grand nombre; en vain, sur la droite, leur cavalerie tente des charges répétées pour couvrir la retraite de l'infanterie ; elle est, elle-même, contrainte à fuir; elle se jette dans l'Alle, au-dessous de Friedland : les uns passent à gué, beaucoup se noient; une partie de l'artillerie s'embourbe dans la rivière. A dix heures et demie la victoire, qui n'a pas été disputée un instant, et à laquelle 25,000 Français ont assisté sans combattre, est complète; les Russes fuient au delà de l'Alle, dans un désordre égal à celui de l'armée prussienne après Iéna, errant à l'aventure dans la campagne, abandonnant canons, caissons et voitures sur les routes; ils ont perdu 25,000 hommes, tués, blessés ou prisonniers, 80 canons, 25 généraux, « Ils ont attaqué nos cantonnements, s'écria l'Empereur dans une proclamation, ils se sont aperçus trop tard que notre repos était celui du lion ! »

Pour le génie, pour l'éclat du courage, la bataille de Friedland peut être comparée aux plus belles de Napoléon : « C'est une digne sœur de Marengo, d'Austerlitz et d'Iéna, écrivit-il à l'Impératrice Joséphine.» Ses soldats virent avec étonnement et admiration leur Empereur, après avoir pris de si belles dispositions, présent partout, affrontant le danger, et parcourant les endroits les plus exposés, au milieu des boulets qui passaient à ses côtés. Les résultats furent considérables et immédiats : à la nouvelle de cette sanglante défaite, le roi de Prusse quitta précipitamment Kœnigsberg et s'enfuit à Memel, dernière ville qui lui restât à l'extrême frontière de la Russie : les Français trouvèrent dans Kœnigsberg 200 bâtiments chargés, 160,000 fusils, d'immenses approvisionnements. L'armée russe, impuissante à combattre, courut sans s'arrêter jusqu'au Niémen, passa ce fleuve et brûla le pont de Tilsitt. Le Niémen marque la frontière de Russie ; là arrivaient, après avoir traversé toute l'Europe, vaincu les armées russes et prussiennes, conquis la Prusse et la Pologne, les Français ardents encore et infatigables : un mot de Napoléon, et ils franchissaient le Niémen, prêts à frapper les Russes jusque sur leur territoire.

Entrevue de Tilsitt.
19 juin.

Mais l'empereur Alexandre ne voulut pas continuer une guerre qui lui avait été si désastreuse : le jour même où Napoléon entra à Tilsitt, cinq jours seulement après Friedland, il envoya un parlementaire demander une armistice. Napoléon, modéré dans un si grand triomphe, accueillit favorablement ces ouvertures ; une entrevue fut convenue entre les deux souverains : elle eut lieu au milieu du Niémen, sur un radeau où l'on avait dressé une tente. Les deux empereurs, celui qui régnait dans le Nord et celui qui dominait dans l'Occident, s'embrassèrent en présence des deux armées rangées sur les rives et au bruit de leurs acclamations : « Je n'ai pas moins de griefs que vous contre l'Angleterre, » dit Alexandre à Napoléon, en l'abordant. — « En ce cas, répondit Napoléon, la paix est faite ! » Alexandre vint s'établir à Tilsitt ; bientôt le roi et la reine de Prusse y arrivèrent. Les conférences furent interrompues par des fêtes magnifiques. Napoléon fit passer aux souverains la revue de son armée; unissant la grâce au sentiment de sa puissance, il les recevait chaque jour à sa table; il fit présent de son lit de campagne à l'empereur Alexandre. De cent lieues on accourut pour voir cette réunion de souverains à qui l'empereur des Français faisait les honneurs de Tilsitt. La paix fut faite aux dépens de la Prusse. Vainement la reine employa la flatterie, les supplications et les larmes pour obtenir de moins dures conditions : la Prusse avait été l'instigatrice de la guerre; elle en porta le châtiment; de neuf millions d'habitants, elle fut réduite à cinq; son revenu, de 120 millions, ne fut plus que de 69; elle rendit en territoire ce qu'elle avait gagné depuis l'avénement de Frédéric II, sauf la Silésie; elle paya enfin une contribution de 600 millions. La France obtint les plus éclatants avantages : le royaume de Wesphalie, formé aux dépens de la Prusse, fut donné à Jérôme, frère de Napoléon; l'érection du duché de Varsovie fut décidée comme base du projet de reconstituer la Pologne : Napoléon fut reconnu comme protecteur de la Confédération du Rhin; ses frères, Joseph et Louis, qu'il avait créés roi de Naples et de Hollande, furent aussi reconnus; enfin, l'empereur de Russie s'engagea à seconder ses projets pour réduire l'Angleterre. « Si j'étais roi de France, avait dit Frédéric le Grand, il ne se tirerait pas un coup de canon en Europe sans ma permission. » Après Tilsitt, Napoléon réalisait ce vœu. Ses soldats, enthousiasmés

Traité de Tilsitt.
—
8 juillet 1807.

et comme s'ils ne trouvaient pas qu'il eût encore un titre à la hauteur de son génie, criaient : *Vive l'Empereur d'Occident !* Leur pensée lui donnait l'Europe avant qu'il la prît.

1809.

CAMPAGNE DE WAGRAM.

Entrevue d'Erfurth. — Bataille d'Eckmülh. — Prise de Ratisbonne. — Combat d'Abensberg. — Prise de Vienne. — Bataille d'Essling.

L'année qui s'écoula entre la paix de Tilsitt et la campagne de Wagram fut féconde en événements importants : une grande révolution accomplie en Espagne, l'ancienne dynastie renversée, le roi Charles IV de Bourbon remplacé par un Bonaparte, Joseph, frère de Napoléon; la couronne de Naples, que Joseph vient d'échanger contre celle d'Espagne, donnée à Murat; les armées françaises entrant à Madrid, de même qu'elles étaient entrées dans tant d'autres capitales, à Milan, à Rome, au Caire, à Vienne, à Berlin. Jamais Napoléon n'a été plus puissant qu'à cette période de sa vie où, semblable à Charlemagne, ayant pour empire la moitié de l'Europe, il partage les royaumes, détrône une antique famille royale, distribue des couronnes à ses lieutenants, et reçoit en son palais de Fontainebleau les princes, les rois qu'il a créés et qui viennent lui rendre hommage comme les vassaux à leur suzerain.

Et ses soldats participent à cette grandeur : l'armée, à son retour en France, fut reçue comme en triomphe. Partout, des banquets furent donnés en son honneur; le corps municipal de Paris lui offrit des couronnes d'or pour surmonter ses aigles.

Bien plus, ce n'est pas seulement en France que Napoléon apparaît en cette pompe de conquérant victorieux : l'empereur de Russie, en quittant Tilsitt, lui avait exprimé le désir de le revoir : cette nouvelle entrevue eut lieu à Erfurth, en Saxe, parmi un concours de souverains de toute l'Allemagne, qui paraissaient bien petits auprès de ces deux princes de qui dépendaient cent millions d'hommes.

Entrevue de Napoléon et d'Alexandre à Erfurth.
27 septembre, 14 octobre.

Pendant les trois semaines que durèrent ces fêtes, Napoléon fut l'objet des attentions les plus empressées de tous ces princes, devenus les flatteurs de sa puissance et de son génie; lui-même, accueillant ces hommages avec une dignité calme et une affabilité gracieuse, se tenait en cette première place que tous lui laissaient comme lui étant due et comme s'il l'occupait naturellement. Il était à quelques lieues d'Iéna; il alla visiter ce champ de bataille, où deux ans auparavant il avait triomphé de l'armée prussienne; il y trouva un temple de la Victoire élevé sur l'emplacement même de son bivouac; à Weymar, les deux plus illustres poëtes de l'Allemagne, Wieland et Gœthe, vinrent saluer le grand homme du siècle; il leur donna la croix de la Légion d'honneur, qui déjà était considérée comme l'ordre le plus enviable de l'Europe. Quant à Alexandre, il lui fit don de son épée : « Votre majesté doit être bien certaine, lui dit l'empereur de Russie, que je ne la tirerai jamais contre elle. » Ebloui et charmé par le prestige qui environnait son vainqueur, il se glorifiait de l'intimité qui s'était établie entre lui et Napoléon : les acteurs du Théâtre-Français étaient venus de Paris donner des représentations, auxquelles assistaient les deux empereurs et un *parterre de rois;* un jour, à l'instant où le célèbre acteur Talma prononça ce vers de la tragédie d'*OEdipe* :

L'amitié d'un grand homme est un bienfait des Dieux,

l'empereur Alexandre saisit la main de Napoléon et la pressant vivement : *Je l'éprouve tous les jours!* s'écria-t-il. Après cette entrevue où avaient été discutées les destinées du monde, Napoléon en annonça publiquement le résultat, en faisant l'ouverture du corps législatif : « L'empereur de Russie et moi, nous nous sommes vus à Erfuth, dit-il; notre première pensée a été une pensée de paix, nous sommes d'accord et invariablement unis ! »

En ce moment pourtant l'Autriche se préparait à recommencer la guerre : Austerlitz l'avait humiliée, mais non pas abattue. Pendant la campagne de Prusse et de Pologne, elle avait plusieurs fois été sur le point de s'unir aux Russes et aux Prussiens. Iéna et Friedland l'avaient arrêtée; mais maintenant que la domination de Napoléon s'étendait sur le midi de l'Europe

Préparatifs de guerre de l'Autriche.

et sur presque toute l'Allemagne, elle ne pouvait supporter de demeurer dans cet état d'infériorité : elle pensa que le moment était opportun où la meilleure partie des troupes françaises était en Espagne ; elle rompit brusquement avec Napoléon.

Alors commença la campagne de 1809, qu'ont rendue immortelle les noms d'Eckhmulh, d'Essling et de Wagram.

Résumé et caractère de la campagne. — Cette campagne se divise en trois périodes : dans la première, à Abensberg, à Eckmulh, à Ratisbonne, l'Empereur, en cinq jours et cinq combats, renverse le plan de l'ennemi; dans la seconde il pénètre jusqu'à Vienne, s'empare de cette capitale et, dans une formidable bataille, à Essling, est sur le point de détruire l'armée ennemie, lorsqu'il est arrêté par un accident imprévu, la rupture des ponts du Danube qui le prive de munitions ; dans la troisième enfin, il achève, à Wagram, l'œuvre commencée, et, par une éclatante victoire, oblige l'Autriche à faire la paix.

La campagne de 1809 a d'ailleurs un caractère nouveau : déjà, dans les expéditions d'Autriche, de Prusse, et de Pologne, en 1805, 1806 et 1807, le chiffre des armées engagées était bien plus élevé que celui des armées qui avaient combattu dans les guerres d'Italie ; mais jamais jusque-là elle n'avaient été aussi nombreuses : on ne compte plus par divisions, mais par corps; les régiments disparaissent, il n'y a plus que des masses ; l'archiduc Charles dispose de plus de 200,000 hommes; Napoléon va en réunir 180,000, et l'on verra, à la terrible bataille de Wagram,

1,100 pièces de canon réunies sur le même champ de carnage.

La première partie de cette campagne ressemble cependant à la campagne d'Italie, où, par ses marches rapides, ses mouvements imprévus, ses savantes combinaisons, Bonaparte déroutait les plans de l'ennemi. Ici, l'Autriche était entrée en campagne avant que Napoléon eût pris toutes ses dispositions : elle n'avait pas fait de déclaration de guerre; l'archiduc se contenta d'envoyer de Munich un billet ainsi conçu : « D'après une déclaration de Sa Majesté l'Empereur d'Autriche à l'Empereur Napoléon, je préviens monsieur le général en chef de l'armée française que j'ai l'ordre de me porter en avant avec les troupes sous mon commandement et de traiter en ennemies toutes celles qui me feront résistance. » Puis, immédiatement, il franchit l'Iser à Landshut, en repoussant aisément un faible corps bavarois qui s'y trouvait, et s'avança le long du Danube, vers Ratisbonne. *Commencement des hostilités.* *9 avril 1809.*

En ce moment, Napoléon, à peine revenu d'Espagne, était encore à Paris, et l'armée française, qui ne s'attendait pas à être attaquée, se trouvait séparée en deux corps éloignés de 25 lieues : l'un de 50,000 hommes, sous Davoust, à Ratisbonne; l'autre de 25,000 hommes, sous Masséna, près d'Augsbourg. L'archiduc Charles, à la tête d'un corps d'armée considérable, avait conçu le projet de se porter vers Ratisbonne, afin de se placer entre les deux corps de l'armée française et de les écraser l'un après l'autre.

Napoléon, cependant, avait été averti du commencement des hostilités ; il quitte Paris subitement et arrive à Donawerth. « Il était venu si vite qu'il n'avait pour chevaux que ceux que lui prêta le roi de Bavière ; il avait à peine de quoi changer, il vivait comme un soldat. (1) » Il voit de suite où est le danger, et ses ordres partent à la fois vers Davoust et Masséna : à Davoust, il commande de quitter Ratisbonne et de marcher sur la droite, pour se réunir à Masséna ; à Masséna, de sortir d'Augsbourg et de s'avancer sur la gauche à la rencontre de Davoust. Ce qui importe, c'est de concentrer son armée pour faire face à l'archiduc. En même temps, afin d'attester à ses soldats qu'il n'est pas l'agresseur, il leur adresse une proclamation. « Soldats ! leur dit-il, j'étais entouré de vous lorsque le souverain de l'Autriche vint à mon bivouac d'Austerlitz, vous l'avez entendu implorer ma clémence, me jurer une amitié éternelle ; vainqueurs dans trois guerres, l'Autriche a dû tout à notre générosité ; trois fois elle a été parjure ! Nos succès passés nous sont un sûr garant de la victoire qui nous attend : marchons donc, et qu'à notre aspect l'ennemi reconnaisse son vainqueur ! »

Ici commence une suite de combats qui ressemblent presque à des manœuvres, qu'il faudrait indiquer seulement avec des lignes, mais qui ont les résultats les plus décisifs. Pour se faire une idée de ces journées à la fois sanglantes et glorieuses, que l'on se figure un triangle formé par trois points, Landshut, Eckmuhl, et Abensberg : l'archiduc était à Landshut, en arrière

<small>Arrivée de Napoléon en Allemagne.
17 avril.</small>

---

(1) *Mémoires du duc de Rovigo.*

d'Eckmulh et d'Abensberg ; à Ratisbonne, le long du Danube, se trouvaient les troupes de Davoust. C'est dans ce triangle que va se livrer ce combat de cinq jours, et sur ces trois points que l'archiduc va être successivement poussé, battu et repoussé comme une balle; arrivant de Landshut sur Abensberg, être rejeté d'Abensberg sur Landshut; battu encore à Landshut, puis rattrapé et battu à Eckmulh; repoussé sur Ratisbonne, chassé de Ratisbonne et relancé enfin sur la route de Vienne d'où il était parti.

La maréchal Davoust devait, pour exécuter l'ordre de Napoléon, suivre le Danube, en se dirigeant sur Augsbourg. Dans le même moment l'archiduc Charles s'avançait de Landshut sur Ratisbonne ; Autrichiens et Français marchaient en sens inverse, en se côtoyant de très-près : le pays où opéraient les deux armées était très-accidenté, formé de bois, de ravins et de marais ; une partie du corps français avait déjà dépassé la hauteur de l'armée autrichienne sans être aperçu, lorsque des troupes légères des deux partis se rencontrèrent à Thann. Là les Autrichiens sont déjà repoussés. A la nouvelle du combat, Napoléon accourt la nuit même d'Ingolstadt, il examine la position de l'ennemi : l'archiduc, poussé par son désir de prendre Davoust, a démesurément étendu sa ligne ; Napoléon va la couper en deux. Il a avec lui, à Abensberg, le contingent des troupes bavaroises, qui viennent de se réunir à son armée : il les passe en revue, et les harangue avec cette éloquence mâle et entraînante qui enlevait les cœurs : « Je ne fais, leur dit-il aucune différence entre

19 avril.

Combat d'Abensberg.

20 avril.

vous et les Français ; je me fie à votre courage, et je veux combattre à votre tête, dans cette journée ! » Les Bavarois, à qui leur prince et leurs officiers traduisent les paroles de l'Empereur, l'acclament avec enthousiasme : ils vont se battre sous les yeux du grand capitaine ; ils se montreront dignes d'être commandés par lui. Lannes à gauche, le maréchal Lefèbvre à droite, chargent les Autrichiens ; nulle part l'ennemi ne tient, il est coupé en deux ; une partie sous le général Hiller, s'enfuit vers Landshut ; l'autre, commandée par l'archiduc Charles, se rejette du côté d'Eckmulh. En apprenant l'arrivée de Napoléon, l'archiduc avait été comme frappé de stupeur : jusque-là il avait montré une résolution hardie ; dès lors, il ne sait plus que décider. Dans ces deux combats, il avait déjà perdu 12,000 hommes.

Combat de Landshut 21 avril. Dès le lendemain, Napoléon, se met à la poursuite de l'armée autrichienne qui retournait à Landshut : il l'atteint au moment où, embarrassée de ses canons, de ses voitures, d'un équipage de pont, elle était entassée dans un ravin, à l'entrée de la ville, et commençait à passer le pont : la cavalerie française, commandée par Bessières, se jette sur cette masse, sabre ceux qui résistent, entre dans la ville, et y prend tout ce qui s'y trouve ; une multitude de voitures, de canons et l'équipage de pont sont enlevés. Le général Hiller, avec ce qui lui reste, s'enfuit vers l'Iser ; dès lors il est coupé de la grande armée autrichienne.

En trois jours, voici déjà trois victoires ; ce n'est pas assez. A l'heure même où il vient de repousser au loin la gauche des Autrichiens, Napoléon apprend que Davoust, qui a suivi de son côté l'archiduc, est aux prises avec lui près d'Eckmulh; les forces de l'archiduc étaient de 80,000 hommes, Davoust n'en avait que 30,000. Napoléon, à deux heures du matin, fait aussitôt partir la cavalerie à son secours, et, dès le point du jour, le reste de l'armée se met en marche vers Eckmulh. La bataille ne fut pas plus disputée que les combats des trois jours précédents : Davoust s'était maintenu avec la plus grande fermeté devant l'ennemi, lorsqu'à une heure Napoléon arriva à la tête d'une partie de ses forces; tandis qu'il attaquait vigoureusement le centre, il lança toute sa cavalerie, seize régiments, contre la gauche de l'ennemi pour la déborder. Rien ne résista à ce choc; deux régiments de cuirassiers, entre autres, qui avaient devant eux un grand corps autrichien qu'ils ne pouvaient atteindre que par une côte très-raide, montèrent cette côte au galop, sous le feu du canon, avec un tel emportement que, malgré le désavantage du terrain, ils enfoncèrent les Autrichiens et les mirent en déroute, aux acclamations de l'infanterie française qui battait des mains. Une partie des troupes ennemies fut jetée dans les marais; la cavalerie, qui tenta de résister, fut poursuivie jusqu'à la nuit dans la plaine; l'archiduc se retira à Ratisbonne, il avait 20,000 hommes hors de combat ou prisonniers. Le maréchal Davoust reçut de l'Empereur le titre glorieux de *prince d'Eckmulh*, qu'il ajouta à celui de *duc d'Auerstaëdt* gagné deux ans auparavant, le jour même de la bataille d'Iéna.

Bataille d'Eckmulh. 22 avril.

Prise de Ratisbonne.

23 avril.

Mais ici, de même qu'en Italie, tout n'est pas fini, puisqu'il reste encore à faire : dès que le jour est levé Napoléon fait avancer ses troupes vers Ratisbonne pour en chasser l'armée de l'archiduc. L'archiduc ne l'a pas attendu; déjà ses troupes défilent sur les ponts et se hâtent de passer de l'autre côté du Danube. Cependant les portes de la ville sont fermées, et un corps nombreux de cavalerie, déployé en avant, masque et protége ce passage des Autrichiens. Napoléon balaie rapidement cette cavalerie, et, tandis que ses canons tirent sur le pont de bateaux, l'incendient et le détruisent, il fait battre en brèche la muraille de la ville; il veut y entrer avant que l'armée ennemie se soit tout à fait échappée.

Mais plus le danger est imminent, plus la résistance des Autrichiens est vive : embusqués sur les murailles, ils font un feu continuel, déterminés à tenir jusqu'à ce que la retraite de l'archiduc soit assurée. Après cinq jours de combats sans repos, soldats et officiers étaient harassés de fatigue : Napoléon lui-même s'était étendu sur un manteau; mais, bientôt impatient de ce retard, il se relève et, une lunette à la main, s'avance pour examiner la muraille, quand tout à coup : « *Je suis touché !* » dit-il froidement ; une balle venait de le frapper au pied : « Ce ne peut être qu'un Tyrolien, ajouta-t-il qui m'ait ajusté de si loin ; ces gens-là sont fort adroits. » Ce n'était heureusement qu'une blessure légère : aussitôt, et à peine le premier appareil est-il placé, il remonte à cheval, parcourt les rangs des soldats accourus de toutes parts, au milieu des cris d'enthousiasme et d'admiration, et les rassure en se montrant à eux avec un visage souriant et calme.

Tandis que l'Empereur s'exposait ainsi, ses lieutenants ne se ménageaient pas davantage, et c'est par un trait d'héroïque bravoure de Lannes que Ratisbonne est emportée. Une maison avancée sur le rempart, battue par les canons français, s'était écroulée et ses débris comblant le fossé rendaient possible l'escalade ; les grenadiers posent une échelle contre les décombres, mais le feu des Autrichiens est si vif et si précis, que tout homme qui se présente tombe frappé au pied de l'échelle : après plusieurs tentatives, les grenadiers hésitent. Lannes alors saisit une échelle et, en costume brodé et étincelant de décorations, s'élance dans le fossé : « Je vais vous montrer, s'écrie-t-il, que votre maréchal n'a pas cessé d'être grenadier ! » Les grenadiers, ses aides de camps, tous se précipitent sur lui, lui arrachent l'échelle ; vingt autres échelles sont dressées à la fois, la muraille est escaladée, la ville enlevée, et 8,000 Autrichiens qui s'y trouvent encore sont faits prisonniers. C'était le cinquième jour de cette campagne dont l'histoire n'a pas d'exemple, où chaque jour avait été un combat et une victoire, et où l'ennemi avait perdu 100 pièces de canon, 40 drapeaux, 3,000 voitures, toutes les caisses de ses régiments, 50,000 prisonniers. Jamais, depuis les campagnes d'Italie, Napoléon n'avait donné plus de preuves de génie, compensant les avantages du nombre par une prodigieuse activité et de profonds calculs : « Soldats, dit-il à son armée, dans une de ces proclamations où il se plaisait à rappeler les souvenirs antiques, vous avez glorieusement marqué la différence qui existe entre les soldats de César et les cohues armées de Xerxès!... avant un mois, nous serons à Vienne! »

<small>Marche des Français sur Vienne.</small>

Les Autrichiens se retiraient de deux côtés à la fois, l'archiduc Charles vers la Bohême, le général Hiller vers Vienne : Napoléon chargea Davoust d'observer l'archiduc et prit lui-même la route de Vienne; alors on vit se renouveler la marche victorieuse de l'armée française en 1797, poursuivant l'archiduc, le poussant de rivière en rivière, et arrivant aux portes de la capitale. Le succès cette fois fut plus complet encore : à mesure que les Français avancent, Hiller recule; il laisse ainsi derrière lui Neumark, Braunau, Lambach, Wels; l'Inn lui semble une barrière insuffisante, il ne cherche pas à la défendre. Ce n'est que sur les bords de la Traun et après avoir reculé pendant plus de 40 lieues, qu'il s'arrête enfin, à Ebersberg, pour disputer le passage aux Français.

<small>Combat d'Ebersberg.
3 mai.</small>

Nulle position n'était plus favorable à la défense : au delà de la rivière, le village étagé sur des coteaux et un château assis au-dessus dominaient au loin la plaine, et la couvraient du feu de leur artillerie ; et le seul passage pour y arriver, était un pont fort étroit, jeté sur les divers bras de la rivière, qui, là, avait la largeur d'un fleuve. C'était un autre pont de Lodi, et défendu, non par un corps de 10,000 hommes, mais par une armée qui comptait près de 40,000 combattants. Aussi, l'Empereur, qui doutait que l'on pût franchir la Traun à Ebersberg, avait-il songé à passer plus bas, à quelques lieues plus près de Vienne; mais les hommes qu'il commandait étaient si habitués aux actions extraordinaires, qu'ils se laissaient emporter, pour ainsi dire, à *des extravagances de courage* (1).

Le corps de Masséna arriva en face d'Ebersberg, au moment où l'arrière-garde des Autrichiens s'engageait sur le pont pour rentrer dans la ville; aussitôt le général Cohorn, descendant du célèbre ingénieur de ce nom, à la tête de quelques bataillons de voltigeurs corses, s'élance sur eux, les pousse devant lui, franchit le pont sous une mitraille et une fusillade terribles, que vomissent les batteries du bord opposé, pénètre dans le village à la suite des Autrichiens, le traverse dans toute sa longueur, et les chasse jusque dans la campagne. Mais, pendant cette course effrénée que rien ne peut arrêter, l'artillerie ennemie a mis le feu au pont, les dernières arches du côté du village se rompent, et la troupe intrépide qui a suivi Cohorn se trouve enfermée dans Ebersberg et séparée du reste de l'armée. Alors, pendant plusieurs heures, on vit six à sept mille Français, assaillis par toute l'armée autrichienne, foudroyés par les canons du château, lutter avec un indomptable courage dans les places, dans les rues, dans les maisons qui s'écroulaient sous les boulets. Cependant ils allaient être chassés d'Ebersberg et précipités dans la rivière; quand les troupes restées à l'autre bord réussissent à repasser le pont, et viennent à leur secours; les cuirassiers du général Durosnel, la division Legrand se por-

(1) *Mémoires du duc de Rovigo.*

tent sur la gauche des Autrichiens et menacent de les prendre à dos; les Autrichiens alors abandonnent l'attaque, et se retirent en laissant dans Ebersberg plusieurs canons, des drapeaux et un monceau de morts. Les témoins de ce sanglant et glorieux combat rapportent avec des détails saisissants l'impression d'horreur que leur donna la vue de ce village incendié, dont « les ruines fumaient encore huit jours après (1); » les maisons, les rues, le bord du fleuve étaient encombrés de cadavres à demi brûlés ; « au sortir de la ville, on marchait dans un bourbier de chair humaine cuite; pour tout enterrer, on fut obligé de se servir de pelles, comme pour nettoyer un chemin bourbeux (2). »

Napoléon, arrivé à la fin du combat, blâma en l'admirant cette héroïque imprudence; il passa en revue les tirailleurs corses qui avaient tenu la tête de la colonne: « Vous avez essuyé bien des pertes, leur dit-il. — « Oh! répondit l'un d'eux, il y en a encore pour deux fois! »

<small>Prise de Vienne. 13 mai.</small> Après cette lutte dans laquelle il avait eu 7,000 hommes hors de combat, le général Hiller se retira plus précipitamment encore; il poussa vers la ville de Vienne un détachement pour la couvrir, puis il passa le Danube et alla rejoindre l'armée de l'archiduc Charles sur la rive gauche. La route de Vienne était libre : en quelques marches, Napoléon fut aux portes de cette capitale où il était déjà entré une première fois en 1805. L'archiduc Maximilien essaya en vain de la défendre :

---

(1) *Victoires et conquêtes.*
(2) *Mémoires du duc de Rovigo.*

Napoléon fit établir une batterie à 200 mètres de la ville; c'était le même emplacement où les Turcs avaient ouvert la tranchée dans le siége de 1683. En quatre heures, 1,800 obus tombèrent sur cette grande cité, et mirent le feu à plusieurs endroits. Un parlementaire vint annoncer que l'archiduchesse Marie-Louise, atteinte d'une maladie assez grave qui l'avait empêché de suivre sa famille, se trouvait dans le palais impérial exposée au feu de l'artillerie française : Napoléon fit changer aussitôt la direction des batteries, de manière à ce que le palais fût épargné. Il ne se doutait pas alors que la princesse en faveur de laquelle il donnait cet ordre, allait, avant peu, devenir l'impératrice des Français. Bientôt l'archiduc sortit de la ville, et les habitants se hâtèrent de demander à capituler. Du château de Schœnbrunn, où il s'établit, Napoléon adressa cette proclamation à son armée : « Soldats, un mois après que l'ennemi passa l'Inn, au même jour, à la même heure, nous sommes entrés dans Vienne. Ses landwehrs ou levées en masse, ses remparts n'ont pas soutenu nos regards; les princes de la maison de Lorraine ont abandonné la capitale, non comme des soldats d'honneur qui cèdent aux circonstances, mais comme des parjures que poursuivent leurs propres remords. Le peuple de Vienne sera l'objet de vos égards; j'en prends les bons habitants sous ma spéciale protection. Soyons bons pour les pauvres paysans, pour ce peuple qui a tant de droit à votre estime; ne conservons aucun orgueil de nos succès; voyons-y une preuve de cette justice divine qui punit *l'ingrat et le parjure.* »

Vienne était pris, mais il restait l'armée autrichienne à vaincre : à peine les Français étaient-ils dans Vienne, qu'ils apprirent l'arrivée de l'archiduc Charles sur la rive opposée du Danube. Le général autrichien, qui avait rallié les restes du corps d'Hiller, se trouvait à cette heure à la tête de 90,000 hommes : il pouvait passer le fleuve, et, attaquant les Français dans une ville ennemie, les accabler ou les obliger à la retraite. Mais Napoléon n'attendra pas d'être attaqué : c'est lui qui ira au-devant de l'archiduc, et, pour l'aller chercher, il tentera une entreprise dont aucun général n'avait donné l'exemple, le passage d'un fleuve immense sur lequel il n'y a pas de ponts, en face de l'armée ennemie.

Passage des Français sur la rive gauche du Danube.

Napoléon, dans le but de franchir le Danube, choisit un point situé au-dessous de Vienne, où le fleuve, se divisant en plusieurs branches, forme l'île de Lobau, longue d'une lieue et demie, assez grande pour que l'armée pût s'y établir tout entière, et couverte, comme une forêt, d'arbres et de taillis épais qui devaient dérober à l'ennemi la vue de la construction des ponts. Il n'avait à sa disposition aucune des ressources nécessaires, les bateaux, les ancres, les cordages, les madriers. Dès le commencement de la guerre, il avait chargé le ministre de la marine de lui expédier des marins de la flotille; mais sa marche avait été si rapide qu'ils n'avaient pas eu le temps d'arriver. On se trouvait à l'époque de la fonte des neiges, le fleuve grossissait de jour en jour, et le courant de plus en plus rapide détruisait souvent les travaux à peine commencés; ces difficultés ne l'arrêtèrent pas. L'industrieuse habileté des ingénieurs suppléa à ce qui manquait : ils construisirent un pont de bateaux assez solide pour porter l'artillerie ; à défaut d'ancres, ils jetèrent dans le fleuve des canons attachés à des câbles, et des caisses remplies de boulets. En deux jours, le pont qui traversait le grand bras du Danube fut achevé; il avait un demi-kilomètre de long ; l'autre bras du côté de la rive gauche était fort petit, on y établit facilement un second pont, et aussitôt commença le défilé de l'armée.

Trente mille Français seulement avaient passé le fleuve, lorsque l'archiduc Charles, incertain jusqu'alors de l'endroit où ils débarqueraient, et prévenu de leur approche, se présenta devant eux avec toute son armée. Les Français, en débarquant, avaient occupé deux villages, Aspern, à gauche, et Essling à droite : au delà de ces deux villages s'étendait une vaste plaine; c'était dans cette plaine que s'avançait l'armée autrichienne : trois fois forte comme l'armée française et divisée en cinq colonnes, elle formait un vaste demi-cercle, qui, se rétrécissant à mesure qu'elle marchait en avant, devait envelopper les Français, les acculer au Danube, et les précipiter dedans. L'attaque commença en même temps à Aspern, où commandait Masséna, et à Essling où commandait Lannes. Là, pendant plusieurs heures, la lutte fut acharnée : les Français assaillis par des troupes si supérieures en nombre, presque entièrement entourés, avaient à combattre sans cesse des ennemis nouveaux : chassés une première fois d'Aspern, ils y rentrèrent la baïonnette au bout du fusil, et en chassèrent

Bataille d'Essling.
—
21-22 mai

les Autrichiens; ceux-ci revinrent à la charge et reprirent le village; trois fois de suite, dans ce va-et-vient de Français et d'Autrichiens, repoussant ou repoussés tour à tour, Aspern fut pris et repris : les deux parties se battaient avec fureur dans les rues, dans les maisons, dans la halle, dans l'église, dans le cimetière; enfin, le village finit par rester aux Français.

A Essling, sur la droite, le maréchal Lannes, à la tête de la division Boudet, soutenait une attaque aussi terrible avec une égale vigueur; ce combat sur les deux ailes était pourtant si disproportionné, que Lannes et Masséna auraient été obligés de céder, quand le maréchal Bessières reçoit l'ordre de charger le centre de l'ennemi, mais de *charger à fond*. « Je n'ai pas l'habitude de charger autrement! » répond Bessières, et alors, avec huit régiments de chasseurs et de cuirassiers, il s'élance au galop sur la première ligne ennemie, l'enfonce, renverse sa cavalerie, et, repoussant le centre des Autrichiens, dégage ainsi Aspern et Essling. La nuit était venue, les deux armées cessèrent ce combat, où 30,000 Français avaient glorieusement tenu tête à 90,000 Autrichiens, mais qui n'était le prélude d'une bataille bien autrement meurtrière.

Seconde journée d'Essling. La nuit se passa en préparatifs : Napoléon se hâta d'amener sur la rive gauche des troupes, des canons, des munitions; cependant, quand le jour se leva, à trois heures du matin, les Français n'étaient pas plus de 45,000 en face de l'armée autrichienne, et n'avaient que 140 pièces de canon à opposer à ses 300 pièces d'artillerie. Malgré cette différence de forces, les Français remplis d'enthousiasme, debout dès le point du jour, demandaient la bataille par des cris répétés de *Vive l'Empereur*. Napoléon parcourut les lignes; « chaque fois qu'il paraissait, il excitait le délire » (1) : il lui fallut presque céder à l'élan de ses soldats. Si la lutte dans des conditions si inégales avait été rude la veille, les Français, cette fois, devaient vaincre les Autrichiens qui n'étaient plus que deux contre un.

Le combat le plus vif eut lieu aux mêmes points que le 21, aux villages d'Aspern et d'Essling ; un seul mot dira combien il fut terrible : Essling qui, la veille, avait été pris et repris cinq fois, le fut huit fois dans cette journée. Les Autrichiens avaient conservé la même disposition de lignes ; de tous les points de la circonférence jaillissait sur le centre des Français un feu croisé d'artillerie. Napoléon, cependant, du haut d'un tertre, en arrière, observait le mouvement de la bataille ; le centre de l'ennemi lui parut présenter un front trop étendu ; c'est là qu'il faut frapper. Par ses ordres, Lannes sort d'Essling, avec le corps d'Oudinot et les divisions Boudet et Saint-Hilaire, et, précédé par son artillerie, s'avance dans la vaste plaine, se jette sur les Autrichiens, les rompt et les met en déroute. Leur cavalerie accourt, elle est également culbutée ; la cavalerie française la poursuit, le sabre à la main. A la vue de ce désordre, l'archiduc Charles, qui comprend que, son centre enfoncé, son armée est coupée en deux et perdue, accourt, se jette dans les rangs d'un de ses régiments, saisit un

---

(1) *Mémoires du duc de Rovigo.*

drapeau et s'élance en avant, ramenant les fuyards avec lui ; mais c'est en vain, il est emporté dans la déroute ; la cavalerie française atteint déjà son quartier général, le village de Breitenlee.

Il n'est que neuf heures du matin : les Français sont maîtres de la plaine ; encore quelques efforts, et la victoire est assurée ; mais tout à coup arrive à l'Empereur la nouvelle d'un accident qui va changer la face de la bataille : le pont du Danube est rompu.

1809.

CAMPAGNE DE WAGRAM.

(SUITE.)

Rupture des ponts du Danube. — Mort de Lannes. — Succès de l'armée d'Italie. — Préparatifs d'un second passage. — Bataille de Wagram.

Déjà, depuis huit jours, une crue de trois pieds avait causé plusieurs ruptures ; mais, pendant la nuit, le fleuve a encore monté de huit pieds : un courant d'une violence irrésistible brise les câbles et entraîne les bateaux qui forment le pont; on les ramène à grand' peine, on jette pour les fixer, au fond du fleuve, des masses de plus en plus pesantes ; mais rien ne résiste à la force des eaux fougueuses. Bien plus, voici que du haut du fleuve descendent, emportés par le courant rapide, des moulins enflammés et de grands bateaux chargés de pierre ; ce sont les Autrichiens qui les ont

<small>Rupture des ponts du Danube.</small>

lancés pour rompre le pont ; en vain essaie-t-on de détourner ces puissantes machines de destruction, elles heurtent violemment le pont, et aidées de la violence des flots, l'ouvrent en plusieurs endroits ; les bateaux, tournoyant sous ses chocs violents, sont séparés les uns des autres, entraînés au loin ; toute communication est rompue.

Dès lors, de cette grande armée, une partie, 40,000 soldats, avec 80 pièces de canons et un parc immense de munitions, demeure là, sur la rive droite du Danube, immobile et inutile, et l'autre, réduite déjà de plusieurs milliers d'hommes par le combat, se trouve sur la rive opposée, séparée de tout renfort par un large fleuve et sans espoir d'être secourue.

A ce moment solennel, et quoiqu'il découvre les terribles conséquences de cette situation, Napoléon ne s'émeut pas : la victoire lui est arrachée des mains ; supérieur à la fortune et impassible, il prend ses dispositions avec un inaltérable sang-froid : déjà les munitions commencent à manquer, il ordonne à Lannes de s'arrêter dans sa marche en avant, et de reculer au contraire peu à peu vers le Danube, car il faut, non plus espérer vaincre, mais songer à la retraite.

Retraite des Français. Les soldats de Lannes obéissent en frémissant de regret et d'impatience, ils cessent de poursuivre les Autrichiens et s'arrêtent. A ce mouvement inattendu, l'archiduc comprend la vérité : les efforts tentés pour détruire les ponts ont réussi ; l'armée française est coupée en deux. L'espoir lui revient, il rallie ses troupes, les fuyards se retournent et font feu, l'artillerie reprend ses positions, les Autrichiens marchent à leur tour en avant et poussent les Français devant eux. Alors, on vit ces troupes, réduites pour se défendre presque à leurs seules baïonnettes, céder le terrain devant un ennemi qui les déborde de toutes parts, mais céder pas à pas, et avec une froide lenteur : obligées de ménager le peu de munitions qui leur restent, elles ne répondent que rarement à la meurtrière canonnade qui ouvre leurs lignes et les décime : *Serrez les rangs !* disent incessamment les officiers, et les rangs se serrent sans murmurer. De temps en temps seulement, quand ils sont trop pressés, ils s'arrêtent, attendent que l'ennemi soit à quarante pas, et font sur lui une sanglante décharge, qui jette le trouble dans ses rangs et leur donne un instant de répit. Ainsi se passe le reste de la journée : les Autrichiens ont bientôt regagné le terrain perdu et attaquent de nouveau Aspern et Essling. Là sont renfermés, comme au matin, Masséna et Lannes ; la retraite dans l'île Lobau, par le petit bras du fleuve ne pourra se faire qu'à la nuit, Napoléon e prévoit ; il faut donc que ces deux villages, placés à droite et à gauche de son armée, restent en son pouvoir, comme deux piliers qui soutiennent ses ailes. Il envoie un officier vers Masséna pour lui demander s'il peut tenir quelque temps dans Aspern : « Allez dire à l'Empereur, répond Masséna, qui, à la tête de ses soldats, combat au milieu de maisons en ruines et d'un amas de décombres, que je tiendrai deux heures, six heures, vingt-quatre heures s'il le faut, tout ce qui sera nécessaire au salut de l'armée ! »

Lannes blessé à mort.

De son côté, Lannes dans Essling repousse sans faiblir l'attaque formidable des Autrichiens : les canons ennemis sont si près qu'il y a de la témérité à rester à cheval ; Lannes met pied à terre, et, intrépide, parcourt le front de ses soldats, les excitant de sa voix et de son exemple, lorsqu'un boulet le frappe aux deux jambes et le renverse baigné dans son sang. Des grenadiers l'enlèvent et l'emportent en formant un brancard de leurs fusils.

Malgré la valeur de ses soldats qui font des charges répétées à la baïonnette sur les Autrichiens, Essling pourtant va être enlevé ; Napoléon se tourne vers le général Mouton, qui commande les fusiliers de la garde : « Allons, brave Mouton, lui dit-il, encore un effort, mais cette fois-ci, finissez-en ! » Les fusiliers s'élancent, la baïonnette en avant, entrent au pas de charge dans Essling, dont les Autrichiens s'étaient déjà à moitié emparés, les en repoussent et s'y établissent avec une telle fermeté que l'ennemi s'arrête en arrière, désespérant désormais de pouvoir les en chasser. C'est en souvenir de ce beau fait d'armes que le général Mouton reçut le titre de comte de Lobau.

Grâce à ce double appui d'Aspern et d'Essling, les Français restèrent dans la plaine jusqu'au soir, où ils repassèrent dans l'île de Lobau. L'ennemi ne chercha pas à continuer vivement le combat, il se contenta d'entretenir de loin une longue canonnade ; il était lui-même épuisé de cette lutte qui, presque sans interruption, durait depuis trente heures, où il avait tiré 40,000 coups de canon, et perdu un tiers de ses forces.

En rentrant dans l'île, Napoléon rencontra les grenadiers tout couverts de sang et de poussière et noircis par la poudre, qui portaient le maréchal Lannes. Ici il faut laisser parler un de ces nobles guerriers qui, après avoir combattu en héros sur tous les champs de bataille de l'Europe, ont raconté avec une éloquence émue ces luttes gigantesques : « Dès que l'Empereur le reconnut, il pressa le pas pour venir au-devant de lui ; les grenadiers s'arrêtent, et Napoléon, étreignant de ses bras son vieux compagnon d'armes, en ce moment presque évanoui par la perte de son sang, lui demande à plusieurs reprises et d'une voix étouffée par les larmes : « Lannes, mon ami... me reconnais-tu ? c'est l'Empereur, c'est Bonaparte.... c'est ton ami ! » A ces mots, le maréchal, entr'ouvrant ses paupières fermées, lève ses bras affaiblis pour les passer autour du cou de Napoléon, qui le tient lui-même embrassé : « Adieu, lui dit-il, vous allez perdre celui qui fut votre meilleur ami ; vivez pour tous et sauvez l'armée ! » Leurs sanglots se confondent : pendant cette scène déchirante, les vieux grenadiers, honneur de l'armée française, saisis de respect et tremblants d'émotion, laissaient couler de leurs yeux sombres et farouches des larmes d'attendrissement. » Le maréchal mourut à Vienne quelques jours après.

Entrevue de Napoléon et du maréchal Lannes.

Aussitôt après avoir pourvu aux besoins de son armée dans l'île, Napoléon réunit quelques-uns de ses maréchaux pour aviser à ce qu'il y avait à faire. Assis au

Conseil de guerre au bord du Danube.

(1) *Victoires et conquêtes.*

pied d'un arbre, sur le bord du Danube, ils avaient devant eux les débris du pont emporté par les eaux : à chaque instant défilaient les blessés ramenés de la bataille ; abattus par un désastre dans lequel les hommes avaient été impuissants à combattre la nature, la plupart, Berthier, l'intrépide Masséna, Davoust lui-même, opinaient à repasser le Danube et à se retirer; mais Napoléon, toujours inébranlable, confiant en son génie et en la valeur de ses soldats, releva leur courage : la retraite c'était la perte d'une partie de l'armée, des bagages, de l'artillerie, des blessés ; si l'on restait, au contraire, l'ennemi n'oserait pas venir attaquer l'île ; là on réparerait ses pertes, on attendrait l'arrivée de l'armée d'Italie, et toutes ces troupes rassemblées achèveraient la ruine des Autrichiens si glorieusement commencée. Masséna alors, retrouvant son énergie d'autrefois, saisit la main de Napoléon, et la pressant chaleureusement : « Oui, Sire, vous avez raison, vous êtes un homme de cœur et digne de nous commander! » Et la confiance, revenue aux chefs, rentre dans l'âme des soldats.

<small>Succès du prince Eugène.</small> Cette armée d'Italie, sur laquelle Napoléon comptait, venait de se montrer digne de la grande armée. On ne peut, en ces guerres où tant d'actions dignes de mémoire se succèdent sans relâche, s'arrêter à toutes celles qui mériteraient d'être rappelées à la postérité; on est réduit à mentionner seulement quelques traits. Cette armée, que commandait le jeune prince Eugène, attaquée par les forces supérieures de l'archiduc Jean, avait <small>16 avril.</small> d'abord été repoussée à Sacile; puis en apprenant les

succès de Napoléon en Allemagne, elle avait repris l'offensive et marché en avant. Les Autrichiens, rejetés au delà de la Piave, avaient repassé les Alpes, abandonné le Tyrol, et, poursuivis l'épée dans les reins, n'avaient plus eu qu'un but, atteindre le Danube et se réunir à l'armée de l'archiduc Charles. Mais Eugène, secondé par Macdonald, ne lui donne pas de repos : chaque fois qu'il les rejoint, il leur fait subir de sanglants échecs : à Tarvis, à San Michele, à Raab, à Gratz. A ce dernier combat, un régiment, le 84e, commandé par le colonel Gambin, donna un exemple de fermeté qui, même parmi tant d'autres, frappa l'armée de surprise et d'admiration. N'étant que 1,100, ces vaillants hommes, entourés de tous côtés par des troupes nombreuses, non-seulement combattirent toute la journée sans être forcés; mais eux-mêmes, prenant l'initiative, ils enlevèrent une forte position, en chassèrent l'ennemi, et, ramassant sur les morts étendus par terre les munitions qui commençaient à leur manquer, soutinrent le combat jusqu'à cinq heures. A ce moment, n'ayant plus de cartouches, ils s'élancent la baïonnette en avant sur les rangs ennemis qui les pressent, y font une trouée, et rejoignent leurs camarades, en emmenant avec eux 450 prisonniers. *(16 avril.)* *(Combat de Gratz. — 26 juin.)*

L'Empereur, en souvenir de ce brillant combat, ordonna que le 84e aurait désormais cette devise écrite sur son drapeau : *Un contre dix!* et cette devise, ce régiment la garda jusqu'en 1814, au licenciement de la grande armée.

Quelques jours après, l'armée d'Italie, après avoir *(2 juillet.)*

fait 35,000 prisonniers, et enlevé 200 pièces de canon, se rallia à l'armée d'Allemagne.

Napoléon a maintenant entre les mains toutes ses forces réunies : il va livrer une grande bataille, ou plutôt la continuer, car, quoique séparés par quarante jours, Essling et Wagram sont une seule bataille; le terrain est le même, la victoire commencée à Essling s'achèvera à Wagram.

<small>Construction des ponts sur le Danube.</small>
Napoléon était résolu à franchir le fleuve une seconde fois; il s'occupa avant tout d'établir entre la rive droite du Danube, l'île de Lobau et la rive gauche, des ponts si solides qu'aucun accident ou aucune tentative de l'ennemi ne les pût détruire.

Dès qu'il eut pris les dispositions nécessaires pour assurer la sécurité de son armée, il fit commencer les travaux sur le grand bras du Danube : deux ponts furent construits, dont un en pilotis, et, en avant de ces ponts une estacade très-forte, destinée à arrêter les bateaux et les grosses masses que l'ennemi lancerait sur les ponts. Le pont en pilotis, long de six cents pas, était assez large pour que trois voitures y pussent passer de front, les autres devaient servir à l'infanterie et à la cavalerie. Pour la construction de ces ponts, on avait pris dans l'arsenal de Vienne une grande quantité de bois descendus des montagnes du Tyrol : les bords du fleuve ressemblaient aux chantiers d'un grand port; des soldats de l'armée, des charpentiers de Vienne, un bataillon d'ouvriers de la marine, travaillaient au pont de pilotis, tandis que 1,200 marins de la garde, venus d'Anvers, parcourant sur de légères nacelles les rives du fleuve, arrêtaient les corps flottants et ramenaient tous les bateaux qu'ils pouvaient saisir. L'artillerie et le génie, sous la direction du général Bertrand, déployaient la même activité qu'au camp de Boulogne. Napoléon, tous les matins, partait à cheval du château de Schœnbrunn, où il habitait, et venait inspecter les chantiers ; on sciait les planches, on enfonçait les pilotis, on construisait des bateaux, tout à la fois.

En même temps, des préparatifs d'une autre sorte se faisaient dans l'île et sur le petit bras du Danube : afin de couvrir les grands ponts du côté de la rive droite, une tête de pont fut élevée dans l'île, véritable fort avancé, armé de 120 pièces de gros canons et capable de résister à une longue attaque. Des magasins, des hangars, des fours bâtis dans l'île, l'avaient transformée en une immense cité militaire, où l'on circulait par des routes tracées exprès et éclairées la nuit comme les rues d'une ville.

Quant au petit bras du fleuve, Napoléon fit préparer plusieurs ponts de bateaux qui devaient être si promptement jetés que l'armée pourrait passer tout entière sur l'autre bord en très-peu d'heures : un officier du génie, Dessales, inventa même un pont articulé, long de 240 pieds, et que l'on accrochait d'une rive à l'autre, tout d'une pièce. Enfin, les bords de l'île étaient hérissés d'artillerie : sur tous les points saillants s'élevaient des batteries dominant la plaine opposée ; grâce aux combinaisons les plus savantes, le passage de l'armée devait être aussi sûr que rapide. « Les armées romaines n'avaient jamais rien fait de pareil en aussi peu de temps (1). » Il ne fallut que quarante jours pour accomplir ces immenses travaux ; « *au commencement de juillet, il n'y avait plus de Danube pour les Français ! (2).* »

Que l'on se figure cette armée, au milieu d'un pays ennemi, à la porte d'une capitale de 500,000 âmes, qui peut à tout instant se soulever, séparée seulement par un ruisseau d'une armée de 150,000 hommes, ayant tout contre elle, les dispositions des habitants, l'échec qu'elle a subi, son isolement, son éloignement de la France, et, dans cette position qui semble désespérée, songeant non à se défendre, mais à attaquer ! Napoléon et ses soldats apparaissent ici dans toute la plénitude d'énergie et de volonté que Dieu a départie à l'homme. L'antiquité et les temps modernes n'ont pas un spectacle plus propre à renforcer les âmes.

<small>Position de l'armée autrichienne.</small> Les Autrichiens, cependant, depuis la bataille d'Essling, étaient demeurés immobiles, étonnés de n'avoir pas été battus : « La frayeur que le nom de l'Empereur leur inspirait était telle qu'ils ne songeaient qu'à ce qu'il allait faire, sans envisager ce que leur force leur permettait d'entreprendre (3). » Leur général, l'archiduc Charles, s'attendant à voir de nouveau Napoléon déboucher devant lui, n'avait pas quitté la plaine d'Essling ; seulement il avait porté son camp un peu plus haut, sur des collines qui formaient un demi-cercle, entre

---

(1) *Mémoires du duc de Rovigo.*
(2) Expressions du Bulletin officiel.
(3) *Mémoires du duc de Rovigo.*

Wagram et Neusiedel, et dominaient la plaine ; mais, comme étonné lui-même par le voisinage de son terrible adversaire, il n'avait pas songé à prendre les précautions nécessaires à la défense de la rive gauche : quelques faibles redoutes, entre Aspern et Essling, près de la petite ville d'Ebersdorf, située à droite d'Essling, étaient les seuls ouvrages qu'il avait élevés pour disputer le passage aux Français. Retiré dans son camp de Wagram, il semblait disposé, non à chercher la bataille, mais à l'attendre avec une armée qui, ayant reçu des renforts, montait à plus de 160,000 hommes.

Napoléon, de son côté, tandis qu'il veillait à ses préparatifs de passage, s'était aussi occupé de réparer les pertes de son armée : l'artillerie avait été augmentée, la cavalerie remontée, des recrues étaient arrivées de France ; elle comptait, en ce moment, 180,000 hommes et près de 700 pièces d'artillerie.

Tout étant près, le 4 juillet, au milieu de la nuit, Napoléon, qui avait rassemblé toutes ses troupes dans l'île de Lobau, donna le signal du départ : aussitôt on jette les ponts sur le petit bras du fleuve ; deux heures suffisent pour les placer ; le pont d'une seule pièce fut attaché, d'un rivage à l'autre, en dix minutes ; le défilé des troupes commence. A ce moment, pour détourner l'attaque de l'ennemi, les batteries françaises ouvrent leur feu et font pleuvoir une grêle de boulets dans la plaine et sur Ebersdorf : « les Français passent sous une véritable voûte d'obus et de boulets qui se croisent sur leur tête (1). » En même temps, et tandis

Nouveau passage des Français sur la rive gauche.

(1) *Victoires et conquêtes.*

que cette épouvantable canonnade retentit sur les deux rives, un orage d'été se déchaîne, et les roulements et les coups de tonnerre se mêlent aux grondements du canon, sans qu'on puisse les distinguer ; la pluie tombe par torrents, et des éclairs rapides, sillonnant les airs, jettent de fauves lueurs sur les armes de ces longues colonnes qui défilent au milieu de cette double tempête du ciel et des hommes.

Toute la journée du 5 fut employée à s'avancer dans la plaine et à prendre position en face des Autrichiens : le soir, une tentative fut faite pour couper leur centre, mais elle ne réussit pas, et les deux armées se préparèrent à la bataille du lendemain.

Bataille de Wagram.
6 juillet.

A cinq heures du matin la vaste plaine, comprise entre Essling et Aspern, les bords du Danube, et les hauteurs de Wagram, présenta un spectacle saisissant et formidable : 300,000 hommes, 150,000 de chaque côté, avec 1,100 bouches à feu, rangées sur deux lignes, vis-à-vis l'une de l'autre, dans une étendue de deux lieues et demie, étaient prêts à livrer une bataille sanglante. Les habitants de Vienne, séparés seulement de la plaine par le Danube, étaient montés sur les tours, les clochers, les toits des maisons ; ils allaient suivre, avec toutes les passions de la crainte et de l'espoir, les péripéties de cette lutte suprême qui déciderait de la victoire.

L'archiduc Charles ne s'était pas opposé au passage des Français, mais la position qu'il occupait était très-favorable : aussi son plan consistait-il à se maintenir sur les hauteurs de Wagram et de Neusiedel, tandis que son aile droite, s'avançant entre les Français et le Danube, les détacherait de leurs ponts et les pousserait dans la plaine; il descendrait alors des hauteurs et, les prenant entre deux feux, les écraserait ou les jetterait dans le fleuve.

Napoléon attendit quelque temps, avant de se mettre en mouvement, que l'exécution du plan de l'archiduc fût commencée; alors, il prit aussi ses dispositions: le plateau de Wagram était le point le plus important; il fallait l'enlever. Il eût été difficile de l'aborder de front, il ordonna à Davoust qui commandait à droite de se porter plus loin, au delà de Neusiedel, où les collines s'abaissaient sensiblement, de les tourner et d'enlever de flanc le plateau de Wagram. Avec Davoust était la division Friant qui, à Austerlitz, avait tenu si longtemps contre les forces supérieures des Russes et qui avait dans l'armée une réputation d'inébranlable fermeté. Davoust lance aussitôt ses troupes sur Neuseidel; la division Friant, la première, monte en colonnes serrées, au pas de charge, la colline, emporte Neuseidel, et en quelques instants couronne le plateau. En suivant du milieu de son état-major cette charge impétueuse : « Vous verrez, s'écrie Napoléon, se rappelant la conduite de Davoust à Auerstaëd, que Davoust me gagnera encore cette bataille! » Oudinot, près de là, a enlevé le village de Wagram : la situation est excellente de ce côté. Mais il n'en était pas de même à gauche, où se trouvait Masséna : les Autrichiens s'y étaient portés en grandes masses et avaient rompu les Français; en même temps, le corps Saxon, commandé par Bernadotte, au centre, avait été mis en déroute. Les Autrichiens, gagnant du terrain, avaient repoussé les Français jusqu'à Aspern; déjà ils marchaient sur les ponts, le plan de l'archiduc allait se réaliser.

Masséna se désespérait et prévoyait un revers, lorsqu'un aide de camp accourt, et lui dit de la part de l'Empereur : « Tenez bon, la victoire est gagnée ! » et, presque aussitôt, l'Empereur arrive. Il examine l'état des choses et voit où l'effort doit se porter : les Autrichiens débordent la gauche des Français, il faut attaquer leur centre; une fois ce centre enfoncé, il n'y a plus à craindre ceux qui marchent en avant. Pour cela il donne ordre de marcher à l'artillerie de la garde : 100 bouches à feu s'avancent au trot dans la plaine, commandées par Lauriston; elles se rangent en batterie sur une seule ligne et commencent une épouvantable canonnade sur le centre de l'ennemi : bientôt sous ces décharges répétées où « les boulets couvrent la terre comme des grêlons un jour d'orage, » une large trouée s'ouvre dans les rangs ennemis. Aussitôt Macdonald, à la tête des troupes de l'armée d'Italie formées en colonnes, marche sur les Autrichiens qui font eux-mêmes un feu meurtrier de leur artillerie; sans s'ébranler, sans se détourner, il serre ses rangs sous la mitraille et pousse devant lui, droit à son but, dans le plus grand ordre : « Quel brave homme ! » s'écrie Napoléon. Il aborde l'ennemi, pénètre dans ses rangs, et le met en désordre; la cavalerie autrichienne l'assaille, ses troupes se forment en carrés et la repoussent; les cuirassiers de Nansouty qui le suivent accourent et se jettent sur les cavaliers ennemis; le centre des Autrichiens est rompu. Alors les troupes de Masséna, reprenant l'offensive, rentrent dans Aspern, l'aile droite des Autrichiens se voit séparée de son centre et isolée; elle se retire précipitamment, et ne s'arrête qu'à deux lieues de là, à Gérarsdorf. A trois heures, Davoust à Wagram, Macdonald au centre, Masséna à Aspern, ont partout repoussé l'ennemi, la victoire est complète.

Les soldats français avaient rivalisé d'intrépidité, les généraux ne s'étaient pas épargnés : le maréchal Bessières fut grièvement blessé; le général Lasalle, qui, à la tête de la cavalerie, avait acquis tant de gloire depuis les premières campagnes d'Italie, fut tué en chargeant; Masséna, blessé la veille d'une chute de cheval, voulut cependant assister à la bataille, et commandait ses troupes dans une calèche découverte. Quant à l'Empereur, on le vit, pendant le jour qui précéda le passage et les deux jours suivants, infatigable, présent partout : sur soixante-douze heures, il en passa soixante à cheval. Lorsqu'il apprit la position difficile de Masséna, il partit au galop et traversa le champ de bataille d'un bout à l'autre sur un espace de deux lieues : il montait un cheval d'une blancheur éclatante que lui avait donné le sophi de Perse et qu'on appelait, du nom d'un fleuve de son pays, l'*Euphrate;* l'ennemi, dont l'attention était attirée par le groupe des officiers qui l'entouraient, dirigea plusieurs fois son feu de ce côté; à un moment, suivant l'expression d'un de ses généraux, la place où il se tenait fut *un égout à boulets.*

Macdonald avait surtout contribué à la victoire : le

Macdonald fait maréchal.

lendemain, en passant la revue de ses troupes, Napoléon s'arrêta devant lui; depuis plusieurs années Macdonald était dans une sorte de disgrâce, mais sa conduite, dans la dernière campagne avec le prince Eugène et sur le champ de bataille de Wagram, avait fait oublier le passé : « Touchez-là, Macdonald, lui dit l'Empereur en lui tendant la main; d'aujourd'hui nous serons amis, et je vous enverrai pour gage le bâton de maréchal que vous avez glorieusement gagné hier. » Ému jusqu'aux larmes, Macdonald saisit avec transport la main de l'Empereur : « Ah! sire, s'écria-t-il, désormais, entre nous, c'est à la vie, à la mort! »

Mais, s'il récompensait ainsi ses principaux lieutenants, Napoléon montrait une sollicitude non moins vive pour ses soldats : « Dès le lendemain matin, il parcourut à cheval le champ de bataille, comme cela était sa coutume, et pour voir si l'administration avait fait exactement enlever les blessés. On était au moment de la récolte, les blés étaient fort haut et l'on ne voyait pas les hommes couchés par terre. Il y avait plusieurs de ces malheureux blessés qui avaient mis leur mouchoir au bout de leur fusil et qui le tenaient en l'air pour qu'on vint à eux. L'Empereur alla lui-même à chaque endroit où il apercevait de ces signaux; il parlait aux blessés et ne voulut pas se porter en avant que le dernier ne fût enlevé (1). »

(1) Que l'on compare ce récit du général Savary avec les réflexions du maréchal Marmont dans ses Mémoires : « Le len-
« demain, l'Empereur monta à cheval et, suivant son usage, par-
« courut une partie du champ de bataille. Je n'ai jamais com-

L'armée ennemie avait perdu en tués, blessés ou prisonniers, 24,000 hommes; elle se dirigea en toute hâte vers la Moravie; les troupes de Masséna et de Davoust se mirent à sa poursuite, et déjà l'attaquaient vivement près de Znaïm, lorsque le prince de Lichtenstein, le même qui, après Austerlitz, était venu trouver Napoléon de la part de l'empereur François, se présenta encore devant lui et demanda une armistice. Plusieurs généraux insistaient pour que l'on continuât la guerre; Napoléon ne le voulut pas : « *Il y a eu assez de sang versé*, dit-il; il consentit à l'armistice. Les conférences s'ouvrirent aussitôt. Napoléon, dans le premier moment de la guerre, s'était écrié qu'il détruirait à jamais la puissance de la maison d'Autriche; vainqueur, il fut plus généreux : l'Autriche fut cependant durement punie d'avoir manqué à ses engagements. Par le traité de Vienne, elle perdit près de 3,000,000 d'habitants, et céda la Carniole qui couvrit ainsi le royaume d'Italie, le pays de Salzbourg et la Gallicie qui agrandirent la Bavière et le grand-duché de Varsovie; 80,000,000 de contributions de guerre furent en outre levés sur le pays. Enfin, quelques mois après, l'archiduchesse Marie-Louise, fille de François II, épousa Napoléon. L'empereur d'Autriche, celui qui se disait le successeur des Césars, celui qu'on appelait autrefois

11 juillet.

Traité de Vienne.

14 octobre.

« pris l'espèce de curiosité qu'il éprouvait à voir les morts et
« les mourants couvrant ainsi la terre. » (*Mémoires du duc de Raguse*), et l'on verra de quel côté est la vérité, et quelle différence il y a entre un loyal soldat et l'égoïste ambitieux qui trahit plus tard son ami et la France. »

spécialement l'*Empereur*, s'allia par le sang à Napoléon, au soldat issu de la révolution française (1).

(1) Outre les 86 départements qui forment la France actuelle, l'empire comprenait alors les trente-trois départements suivants : 3 le long des Alpes : *Léman* (Genève), *Mont-Blanc* (Chambéry), *Alpes-Maritimes* (Nice) ; 15 au nord et à l'est, jusqu'au Rhin : *Sarre* (Trèves), *Mont-Tonnerre* (Mayence), *Rhin-et-Moselle*, (Coblentz), *Roër* (Aix-la-Chapelle), *Forêts* (Luxembourg), *Sambre-et-Meuse* (Namur), *Ourthe* (Liége), *Meuse-Inférieure* (Maestricht), *Jemmapes* (Mons), *Lys* (Bruges), *Escaut* (Gand), *Dyle* (Bruxelles), *Deux-Nèthes* (Anvers), *Bouches-de-l'Escaut* (Middelbourg), *Bouches-du-Rhin* (Bois-le-Duc); 17 au delà du Rhin : *Bouches-de-la-Meuse* (la Haye), *Zuyderzée* (Amsterdam), *Yssel-Supérieur* (Arnheim), *Bouches-de-l'Yssel* (Zwoll), *Frise* (Leuwarden), *Ems-Occidental* (Groningue), *Ems-Oriental* (Aurich), *Lippe* (Munster), *Ems-Supérieur* (Osnabruck), *Bouches-du-Weser* (Brême), *Bouches-de-l'Elbe* (Hambourg); 15 au delà des Alpes : *Simplon* (Sion), *Doire* (Ivrée), *Sesia* (Verceil), *Pô* (Turin), *Marengo* (Alexandrie), *Stura* (Coni), *Montenotte* (Savone), *Gênes* (Gênes), *Apennins* (Chiavari), *Taro* (Parme), *Arno* (Florence), *Méditerranée* (Livourne), *Ombrone* (Sienne), *Trasimène* (Spolette), *Rome* (Rome); enfin 7 provinces illyriennes : *Carinthie, Carniole, Istrie, Dalmatie, Raguse et Cataro, Croatie civile, Croatie militaire.* Le royaume d'Italie, gouverné par le prince Eugène, était de plus composé de 24 départements.

1812.

EXPÉDITION DE RUSSIE.

Passage du Niémen. — Prise de Smolensk. — Bataille de la Moskowa. — Entrée des Français à Moscou.

C'est ici une guerre sans précédents dans les siècles modernes : pour s'en faire une idée, il faut se reporter aux temps antiques, à l'époque des grandes invasions des Mèdes et des Perses, où des nations entières sortaient de chez elles comme des fleuves de leur lit et couvraient de leurs flots de vastes pays.   Caractère et causes de cette guerre.

Napoléon, jusqu'ici, n'avait commandé qu'à des armées françaises, dans lesquelles se trouvaient à peine quelques divisions d'alliés, éparses et comme perdues dans la masse. A cette heure, ce n'est plus une armée qui marche à sa suite, ce sont plusieurs armées réunies ; avec le temps, avec sa domination, ses inspirations se sont étendues : il est bien véritablement l'*empereur d'Occident;* l'occident lui obéit ; il commande, et l'occident se lève et vient à sa voix. Il montre au loin, par delà l'Allemagne et la Pologne, un pays presque inconnu, la Russie, habité par des peuples qui n'ont apparu encore en Europe que semblables aux hordes à peine disciplinées des premiers temps du christianisme. C'est en cette contrée sauvage, qu'il faut aller, ce sont ces barbares qu'il faut refouler dans leurs déserts. La pensée du conquérant, comme celle d'Alexandre rêvant la conquête des Indes, donne à cette expédition les proportions d'une épopée.

Mais tel est le caractère des soldats qu'il a formés par vingt ans de guerre, qu'ils se trouvent de pleinpied à la hauteur des gigantesques conceptions du grand capitaine ; il rêve une guerre épique, il va avoir des héros pour la faire.

Tout, dans cette guerre, a un caractère de grandeur et qui passe la mesure ordinaire : la cause, les moyens, les effets, les résultats. La cause, les négociateurs en donnent une qui doit être écrite dans les protocoles de la diplomatie : la Russie n'observait pas les rigoureuses conditions du blocus continental et introduisait dans ses ports les marchandises anglaises; la France, de son côté, refusait de laisser prendre au czar les provinces de la Moldavie et de la Valachie, selon les conventions secrètes du traité de Tilsitt. Mais ce ne sont là que des prétextes de la lutte : la vraie cause, c'est la rivalité des deux empires d'Occident et du Nord ; il n'y a plus que ces deux empires qui comptent en Europe; peu à peu leurs frontières se sont rapprochées; par la Pologne, où le grand-duché de Varsovie a été constitué, la France étend le bras jusqu'aux portes de la Russie. Depuis le traité de Tilsitt, d'ailleurs, les Russes sont humiliés : leur empereur a subi l'ascendant de Napoléon; enlacé par les grâces que le génie possède comme la beauté, Alexandre a accepté, même avec une sorte de fierté, d'être le second après le grand homme; mais son peuple est blessé dans son orgueil, et le vieux parti russe appelle une guerre terrible où il se vengera de ses défaites.

Aussi, sans s'expliquer, pendant deux ans, les deux empires préparent leurs forces : dès 1810, les esprits clairvoyants entrevoient une lutte prochaine; puis, quand l'un et l'autre sont prêts, quand Alexandre s'est entendu avec l'Angleterre et la Suède, Napoléon avec l'Autriche et la Prusse, il n'est pas besoin de déclaration de guerre; chacun retire ses ambassadeurs, et les deux peuples s'avancent l'un contre l'autre.

On vient de nommer les alliés des deux empereurs. Déjà les noms de ces alliés étonnent et montrent que l'on entre, pour ainsi dire, dans un monde fictif. Ces alliés, pour la France, sont le roi de Prusse vaincu à Iéna, dépouillé d'une partie de ses États, et l'empereur d'Autriche, deux fois vaincu aussi et abaissé par deux traités; mais, le premier par crainte, le second par les obligations de l'alliance de famille qui l'unit à Napoléon, mettent à son service une partie de leurs soldats. D'autre part, la Russie a contracté une alliance avec la Suède, et celui qui va, d'accord avec les Cosaques, combattre la France, est un maréchal de France, Bernadotte, récemment appelé par les Suédois pour régner sur eux, et dont le premier acte est de renier sa patrie et de s'engager dans les rangs de ses ennemis : et ainsi, l'orgueil blessé, l'ambition, la peur, la haine, l'envie, toutes les violentes passions, sont mises en jeu dans ce choc des deux grands empires du monde.

Napoléon à Dresde. Napoléon partit de Paris, le 9 mai 1812, pour se mettre à la tête de son armée, déjà réunie en Pologne : il s'arrêta à Dresde, capitale de la Saxe, et, comme le roi de Perse rassemblant ses Satrapes autour de lui, il y tint, pendant plusieurs jours, cour ouverte, où accoururent tous les rois et les princes de l'Allemagne. Là se traitaient les intérêts de ces princes ; il donnait aux uns des promesses d'agrandissement de territoire, il recevait des autres des remercîments pour les bienfaits passés ; là ses maréchaux et ses grands officiers étaient mêlés à des souverains (1); ses généraux, dont les titres de noblesse avaient été conquis sur les champs de bataille, se trouvaient ainsi presque les égaux de princes qui régnaient sur des millions d'hommes. Tous étaient là pour un seul, pour Napoléon, et lui, semblait le seul roi.

Après avoir reçu des hommages tels que jamais on n'en avait rendus à un souverain chrétien depuis Charlemagne, il traversa le reste de l'Allemagne, au milieu

---

(1) Souvent les officiers s'avertissaient de prendre garde et de ne pas froisser involontairement ces nouveaux courtisans confondus avec eux.

SÉGUR, *Histoire de Napoléon et de la grande armée.*

d'une haie de peuples venus de toutes parts, avides de le voir et de fixer dans leurs yeux les traits du conquérant. Il passa rapidement par la Pologne, et, arrivé aux bords du Niémen qui marque la frontière de la Russie, il donna à son armée l'ordre de la franchir.

Le passage se fit à Kowno sur plusieurs ponts et dura trois jours : Napoléon, du haut d'une colline où était plantée sa tente, assista pendant plusieurs heures à ce défilé, et put s'enivrer de sa puissance en voyant passer devant lui tant de soldats : il y en avait de presque toutes les nations de l'Europe, et l'historien semble ici faire un dénombrement comme Homère. Il était venu des Espagnols de l'Andalousie, des Portugais des Algarves, et des Italiens des Calabres, à l'extrémité du midi de l'Europe ; des Hollandais et des Belges des côtes de la mer du Nord ; des Suisses, du pied des Alpes ; tous les peuples de l'Allemagne étaient représentés, les Autrichiens au nombre de 34,000, sous le prince Schwartzemberg ; puis les Prussiens, les Bavarois, les Westphaliens, les Saxons ; les Polonais, dont la cavalerie est si brillante, si valeureuse, avaient pour chef un de leurs princes, le brave Poniatowski ; on comptait seize nations dans cette réunion d'hommes de mœurs, de races, de religions, de langues différentes, et qui n'étaient pourtant qu'une petite partie de l'armée française elle-même, appelée déjà depuis plusieurs années la *grande armée*.

Le tout formait un ensemble de plus de 400,000 hommes et de 60,000 chevaux traînant avec eux 1,200 pièces d'artillerie. D'innombrables troupeaux de bœufs,

<small>Passage du Niémen
—
22 juin.</small>

plusieurs équipages de siége et de pont, des milliers de voitures de vivres et de munitions, marchaient à la suite de cette armée, qui semblait ainsi accompagnée d'une seconde armée destinée à la servir. Quand elle passa les ponts jetés sur le Niémen, en bon ordre et par divisions, et qu'elle s'étendit sur les bords du fleuve, elle couvrit à plusieurs lieues toute la campagne ; les collines et les vallées parurent étincelantes de milliers de casques, de cuirasses et de baïonnettes.

C'était là l'armée active ; en outre, 200,000 hommes, sous les ordres des maréchaux Victor, duc de Bellune, et Augereau, duc de Castiglione, se tenaient en réserve vers les derrières et gardaient l'Allemagne.

<small>Principaux chefs des Français.</small> Quant aux chefs, c'étaient ces maréchaux qui, depuis vingt ans, s'étaient illustrés par tant de victoires : Ney, duc d'Elchingen, que l'on nommait dans l'armée le *brave des braves*, et qui allait conquérir le titre de prince aux portes de Moscou ; Davoust, prince d'Eckmulh, dont le corps d'armée était composé des divisions Morand, Friant, Gudin, Compans, aussi remarquables par leur tenue et leur discipline, que célèbres par leur valeur ; Oudinot, duc de Reggio, qui avait sous lui le brave général Legrand ; Gouvion-Saint-Cyr, qui se placera dans cette campagne au rang des plus illustres ; Junot, duc d'Abrantès ; Macdonald, duc de Tarente, qui, depuis Wagram, passait pour un des plus intrépides généraux de Napoléon ; les chefs de la jeune et de la vieille garde, Lefebvre, duc de Dantzick ; Mortier, duc de Trévise ; Bessières, duc d'Istrie : (Soult, Marmont,

Masséna combattaient en Espagne). Puis, une foule de généraux, dont les noms sont restés dans la mémoire des hommes, et seront cités un jour comme ceux des héros de l'Iliade : Lobau, Sébastiani, Latour-Maubourg, Nansouty, Montbrun, Grouchy, Reynier, Guilleminot, Baraguey-d'Hilliers, Caulaincourt, etc.

Le maréchal Berthier, prince de Neuchâtel, était chef de l'état-major, le général Mathieu-Dumas intendant de toute l'armée, et le général Jomini, le plus savant des écrivains militaires, devait raconter l'histoire de cette guerre. Bien plus, le roi de Westphalie, Jérôme, frère de l'Empereur, commandait un de ses corps d'armée ; le prince Eugène, vice-roi d'Italie, la garde royale et l'armée italienne, et le roi de Naples, Murat, toute la cavalerie. De même que dans les épopées, Napoléon avait des rois pour lieutenants.

Et tout est d'accord pour compléter le caractère de cette guerre, la plus grande que l'on ait vue depuis les croisades : Napoléon avait voulu que les familles nobles de France envoyassent leurs fils à son armée ; on y citait des noms historiques de l'ancienne noblesse, plusieurs même devenus célèbres dans les dernières guerres civiles, Bourmont et la Rochejaquelein. Il devait continuer à gouverner à 600 lieues de son empire, comme s'il était à Paris : il emmenait avec lui plusieurs de ces actifs et zélés administrateurs, qui contribuèrent tant à la gloire de son règne, des membres du conseil d'État et deux de ses ministres, Maret, duc de Bassano, et le comte Daru qui organisait et surveillait tous les services avec une intelligence qu'égalait seule son infatigable ardeur.

Murat. Murat, qui a quitté le gouvernement de ses États pour redevenir général de la cavalerie, est le romanesque héros de cette expédition presque fabuleuse : c'est en Russie surtout qu'il donne des preuves de cette bravoure intrépide et éclatante qui rappelle les temps de la chevalerie. Portant un costume tout brillant de broderies et de décorations, enveloppé de fourrures, la tête parée d'aigrettes et de panaches, quand, en cet appareil théâtral, beau d'une beauté martiale, il passe au galop, le sabre à la main, sur le front d'une ligne de cavaliers et leur donne le signal de la charge, il ressemble aux guerriers que peignent les poëtes, et excite l'admiration même des ennemis. Il cherche les occasions de faire parade de sa vaillance; il ne calcule pas le nombre de ses adversaires; n'ayant une fois que 60 hommes de son escorte avec lui, il charge tout un régiment et le culbute. Il dédaigne surtout les Cosaques, ces troupes légères qui, armées d'une longue lance, tâchent d'atteindre leurs adversaires de loin et fuient devant les escadrons réguliers, comme de légères nuées chassées par le vent; et en retour de ce dédain qu'il leur montre, ces barbares lui témoignent crainte et respect; ils connaissent tous le roi de Naples, et ils n'osent affronter sa fougueuse colère. Un jour, à Gjatz, impatienté de les voir tournoyer autour de sa troupe et la harceler de trop près, il s'avance seul au-devant d'eux, et d'un geste de commandement, la tête haute, comme s'ils étaient ses soldats, leur ordonne de se retirer, et les Cosaques, comme devant leur maître, obéissent et disparaissent. En arrivant à Moscou, que les Russes quittèrent d'après une convention sans être attaqués, son avant-garde se trouve mêlée un instant avec l'arrière-garde ennemie; aussitôt il est reconnu, les Cosaques l'entourent: C'EST LE ROI DE NAPLES! Ils se montrent le héros français avec des hourras et veulent toucher son cheval et ses habits; et lui, se laissant approcher, et s'enivrant de ces naïves marques d'enthousiasme, il prend les montres de ses officiers et les distribue aux Cosaques qui le saluent du titre d'*hetman;* il semble qu'ils voudraient l'avoir pour les commander.

Les Russes, de leur côté, avaient fait de grands efforts: Alexandre avait adressé à ses peuples un énergique appel; il leur avait peint la guerre qui allait s'engager, comme une guerre moins politique que religieuse: Napoléon était le tyran de l'Europe, l'ennemi commun des peuples et des rois qui devaient tous s'unir pour l'accabler; les Français, soldats impies, venaient renverser les autels, brûler les temples et anéantir la religion. Le peuple russe applaudit avec enthousiasme aux paroles de son empereur. Alexandre s'était rendu à Moscou, ancienne capitale de la Russie, où persistait le vieil esprit russe: l'assemblée des riches marchands de Moscou et les boyards votèrent par acclamation le don de plusieurs millions et de 80,000 serfs. La guerre allait être une lutte de nation contre nation; aussi se fit-elle avec des moyens qui ne sont pas ordinairement employés dans les guerres européennes.

<small>Forces des Russes.</small>

Pour résister à la grande armée française, les Russes rassemblèrent plus de 300,000 hommes, divisés en trois armées, qui prirent leur nom de la situation qu'elles occupaient dans ces vastes pays : *Première d'Occident*, commandée par Barclay de Tolly, *Deuxième d'Occident*, sous le prince Bagration, et armée de réserve, sous Tormasow. Un autre corps de 40,000 hommes, en outre, combattait les Turcs en Moldavie, et allait, grâce à la paix qui venait de se conclure entre la Porte et la Russie, pouvoir se réunir à ces trois armées. Enfin, un camp retranché, formé de douze grandes redoutes, avait été établi en arrière de ces armées, dans une forte position, à Drissa, sur la Dwina ; on y avait rassemblé depuis un an des magasins de toutes sortes, et un immense amas de munitions.

Mais quelles que fussent ces forces et la valeur de leurs soldats, c'était sur d'autres ressources, comme on va le voir, que les Russes comptaient pour arrêter les Français.

Marche en avant des Français. Dès qu'elle eut franchi le fleuve, l'armée française marcha en avant ; sa droite, et ici il faut, à cause de l'étendue des lignes et du pays, employer des expressions inusitées dans les opérations de la guerre, sa droite était au sud, tendant vers la Volhynie, sa gauche au nord, vers la Courlande et la Livonie, son centre à l'est, en Lithuanie. Napoléon l'avait divisée en trois corps : Macdonald, à gauche, se dirigeait sur Riga ; Davoust, à droite, sur Minsk et Mohilow ; lui, avec 220,000 hommes, tenait le milieu. Les deux armées occupaient, vis-à-vis l'une de l'autre, une étendue de plus de trente lieues. Le plan de Napoléon fut celui-ci : se jeter sur le centre des Russes, passer à travers, et, les coupant ainsi en deux, les rejetant à droite et à gauche, pénétrer au cœur de la Russie ; les grands et terribles coups qu'il frapperait finiraient rapidement la guerre. Ce plan ne rencontra d'abord presque aucun obstacle : il s'avance sur Wilna, centre de la ligne ennemie, et y entre sans difficulté, la ville est abandonnée. La marche en avant de l'armée française a suffi pour rejeter les Russes en arrière ; Barclay, trop faible contre de telles masses, remonte vers le camp de Drissa, et Bagration se retire vers le sud ; déjà les deux généraux russes sont séparés. Napoléon charge Davoust de contenir Bagration ; lui, repoussant l'armée de Barclay, il accomplira son grand projet d'invasion. *28 juin.*

Mais alors commence l'exécution du plan formé de longue main par les Russes et renouvelé des Scythes, leurs ancêtres. De même que ceux-ci, attaqués par le roi de Perse, reculèrent dans leurs déserts et y attirèrent son armée qui y périt presque tout entière ; de même aussi que les Parthes, devant les légions romaines, se retiraient dans leurs plaines de sables, les Russes ont résolu de ne pas combattre les Français et de ne leur livrer qu'une solitude. Ainsi, encore, au XVIᵉ siècle, François Iᵉʳ avait ruiné une partie de son royaume, changé la Provence en désert, pour s'opposer à l'invasion de Charles-Quint. Ils reculent donc, et, sans attendre les Français, se tenant toujours à une ou deux journées de distance, ils s'enfoncent dans le centre de leur pays, et, à mesure qu'ils avancent, dévastent tout alentour. Un *Système de défense des Russes.*

système complet de destruction est organisé et s'accomplit avec une impassible régularité : ils abattent les bois, ils coupent les blés en herbe, ils jettent dans les rivières les canons et les munitions qu'ils ne peuvent emporter, ils brûlent les magasins de vivres et d'habillements; toute ville, tout village, toute masure qu'ils quittent est livrée aux flammes; ils ne laissent derrière eux que des décombres.

Les Français s'étonnent d'abord de voir sans cesse l'ennemi reculer et éviter le combat : ils s'imaginent qu'il craint de les affronter; mais, bientôt, ils comprennent le motif de cette retraite de tous les jours. La solitude se fait autour d'eux; les vivres et les abris manquent partout; les chevaux ne trouvent nulle part de fourrages ; les villages sont vides de leurs habitants ou réduits en cendres; chaque soir, des troupes de soldats sont obligées de s'éloigner à plusieurs lieues pour couper le bois du bivouac et chercher des vivres; avec la maraude s'introduit le désordre, et la famine amène les maladies. A ces souffrances inattendues se joignent les fatigues d'une route qui s'allonge sans fin dans une contrée inconnue. Le pays est d'une uniformité morne; l'armée marche à travers de grandes plaines où çà et là s'élèvent des bouleaux au tronc pâle, où le sol mou se change en boue aux premières pluies, où les routes sont coupées de ravins comblés par des troncs de sapins, contre lesquels s'arrêtent et se brisent l'artillerie et les chariots. Enfin, c'est le fort de l'été, et, en ce pays où le froid est si violent et va bientôt faire sentir toutes ses rigueurs, les chaleurs de l'été sont accablantes ; les vieux soldats, qui ont fait les premières guerres de la révolution, affirment qu'elles ressemblent à celles de l'Égypte.

L'armée supporte courageusement ces fatigues et ces privations ; elle ne se plaint que de ne pas combattre ; si elle atteignait les Russes, toutes les peines seraient oubliées ; mais les Russes ne se laissent pas approcher, ils ne tiennent nulle part, ils cèdent chaque jour le terrain. Ils ont abandonné Wilna et se sont portés au camp de Drissa ; Napoléon marche sur Drissa, ils l'abandonnent aussitôt, malgré la force de son assiette ; ils sacrifient les immenses approvisionnements qu'ils y ont réunis, et se retirent vers Witepsk. Il en sera partout de même, à Witepsk, à Smolensk, à Gjatz, jusqu'aux approches de Moscou où ils s'arrêteront enfin pour défendre leur capitale. Aussi, les combats qui, dans cette marche de deux mois et demi, marquent comme de longues et glorieuses étapes, ne sont-ils guère que des combats d'arrière-garde, où une petite partie des armées est seule engagée, et qui ne font qu'exciter davantage le désir de livrer une grande bataille. {18 illet.}

C'est dans ces luttes partielles cependant que se montraient avec le plus d'éclat les brillantes qualités des soldats français, la valeur intrépide des fantassins, l'irrésistible fougue des cavaliers. A Ostrowno, en avant de Witepsk, dont Barclay essaya de défendre les abords, en deux jours, plusieurs combats furent livrés tout remplis d'épisodes héroïques. Le corps du prince Eugène avait atteint l'arrière-garde ennemie, forte de 10,000 {Combat d'Ostrowno. 26-27 juillet.}

hommes de cavalerie qui occupait une vaste plaine bordée par la Dwina : pendant qu'à droite une division française formée en carré, ses canons en avant, descendait d'une éminence pour attaquer les Russes, deux compagnies de voltigeurs, à l'extrême gauche, franchissent un ravin et se trouvent tout d'un coup dans la plaine en face d'ennemis nombreux. Aussitôt la cavalerie russe les entoure, ils disparaissent au milieu de la multitude de chevaux qui les pressent et des sabres levés sur eux. L'armée française, rangée au loin sur les collines, apercevant dans la plaine cette poignée d'hommes enveloppés de toutes parts, les croit perdus : tous les yeux sont fixés sur ce point du champ de bataille, et l'on s'attend à voir tout à l'heure la cavalerie russe s'écarter, en ne laissant là que des cadavres. Mais, ainsi cernés dans un cercle sans issue, les voltigeurs français ne perdent pas courage : les uns se pelotonnent autour de leurs officiers, et avec sang-froid et précision font tête à l'ennemi ; les autres se jettent dans les haies et les broussailles, où les lances des cavaliers russes peuvent difficilement les atteindre, et d'où ils les abattent par un feu soutenu. Cette résistance acharnée donne le temps à un bataillon français de les venir dégager après une lutte qui semble avoir duré une heure ; les cavaliers russes se dispersent, et les voltigeurs reparaissent délivrés dans la plaine. L'armée, à ce spectacle presque inespéré, éclata en bravos et battit des mains : Napoléon qui, du haut d'une éminence, avait été le témoin de la vaillante conduite de ces 200 hommes, envoya demander à quel régiment ils appartenaient : « Au

9e, répondirent-ils, et presque tous enfants de Paris. »
« Dites-leur, dit Napoléon, qu'ils sont des braves, et qu'ils méritent tous la croix ! »

Là aussi, à plusieurs reprises, Murat enfonça l'ennemi par des charges brillantes : l'infanterie russe, d'abord repoussée, ayant reçu des renforts, se porta sur une division française, la déborda, la fit reculer et allait l'écraser. Murat court vers un régiment de lanciers polonais, en quelques mots énergiques leur rappelle l'inimitié séculaire des deux nations, et leur montre les Russes qui s'avancent ; les Polonais, emportés par leur valeur et par leur haine, n'attendent pas la fin de son discours ; les lances baissées, toute la ligne s'ebranle, et Murat, oubliant qu'il est roi, comme un simple officier, charge à leur tête, rompt les Russes et les rejette dans les bois, où les tirailleurs les poursuivent jusqu'à la nuit. « La conduite des Polonais, dit l'Empereur dans un ordre du jour, a étonné les Russes habitués à les mépriser. » Et ces mots, selon sa prévision, excitèrent encore plus la haine des Polonais contre les oppresseurs de leur patrie.

La résistance de l'armée ennemie à Ostrowno avait fait espérer à Napoléon qu'ils se résoudraient à livrer bataille ; mais, pendant la nuit, ils levèrent leur camp, et se retirèrent sur la route de Smolensk. L'armée française entra dans Witepsk : la chaleur, les marches forcées, les privations, l'avaient affaiblie, Napoléon lui donna quelques jours de repos.

<small>Napoléon à Witepsk. 28 juillet.</small>

Mais, tandis que ses soldats se reposent, lui, s'occupe des objets les plus divers et les plus importants : à la fois, il donne des ordres pour la réorganisation de certains corps, il veille à l'approvisionnement des troupes, à l'établissement de magasins de vivres : déjà, à Wilna, il a rassemblé une grande quantité de rations ; à Minsk, il en réunit encore deux millions ; à Witepsk, de nouveaux magasins sont formés ; de fortes garnisons, des amas de munitions de toutes sortes sont échelonnés sur la route de Witepsk au Niémen. En même temps, chaque jour il reçoit des courriers de tous les points de l'Europe : des auditeurs au conseil d'État lui apportent les dépêches des divers ministères, et, des bords de la Dwina, il règle les différends, il expédie les affaires de son empire. Son attention se porte sur les points les plus éloignés, sur les intérêts en apparence les plus minimes. On le vit, quelques semaines après, dater de Moscou le décret d'organisation du Théâtre-Français ; de Witepsk partent des arrêtés qui vont atteindre les plus humbles villages de France.

Marche de Napoléon sur Smolensk

Cependant, de Witepsk, comme d'un point d'observation, il a jeté un regard sur le vaste champ où opèrent ses armées, et il a conçu un dessein audacieux et digne des campagnes d'Italie. La grande armée russe, retirée vers Smolensk, s'était réunie à celle de Bagration qui avait réussi à échapper à Davoust ; soit que cette réunion leur eût inspiré plus de hardiesse, soit honte de reculer toujours, les généraux russes avaient repris la route de Witepsk, comme s'ils avaient le projet d'attaquer l'armée française ; mais, ce n'est pas devant eux qu'ils trouveront Napoléon. Par une de ces combinaisons qu'il a déjà plusieurs fois tentées et qui ont toujours surpris

3 août.

l'ennemi, il quittera les bords de la Dwina où il est cantonné ; par un long détour, il descendra jusqu'au Dniéper, sur lequel est placé Smolensk, remontera ce fleuve jusqu'à Smolensk même, et ira se placer sur les derrières de l'ennemi, entre eux et Smolensk : alors, ou les Russes livreront bataille, et avec les troupes qu'il commande il est sûr de les vaincre, ou il s'emparera de Smolensk, et ce coup inattendu, en relevant l'espoir de ses soldats, frappera la Russie d'effroi et de douleur. Smolensk est une des cités vénérées par les Russes ; ils l'appellent la *forte* et la *sainte* ; un proverbe russe dit : « Quand Smolensk sera pris, le czar sera détrôné. »

A peine ce projet est-il conçu, Napoléon l'exécute : il ordonne à ses troupes de prendre pour quinze jours de vivres, et, avec le plus profond secret, en se faisant couvrir du côté des Russes par sa cavalerie, il commence cette marche qui doit le porter derrière eux : 185,000 hommes, opérant sur une ligne de 50 lieues, décrivent un cercle immense, non loin de l'ennemi et sans que l'ennemi s'en aperçoive. Ce mouvement audacieux, qui fait l'admiration de tous les hommes de guerre, réussit complétement : l'intervalle entre la Dwina et le Dniéper est franchi, les Français remontent ce dernier fleuve et arrivent en vue de Smolensk, dont ils vont s'emparer sans coup férir.

10 août.

16 août.

Mais les Russes, après avoir longtemps cherché l'armée française à côté d'eux et devant eux, viennent enfin d'être avertis de la marche de Napoléon, et aussitôt, s'arrêtant dans leur mouvement en avant, rebroussent chemin vers Smolensk ; à l'instant même où les Français arrivent sur la rive gauche, ils aperçoivent sur la rive droite les longues files des Russes qui, d'un pas précipité, accourent pour défendre la ville.

<small>Prise de Smolensk
—
17 août.</small>

A ce moment, Napoléon radieux croit qu'ils vont accepter cette bataille qui, depuis le commencement de la campagne, semble fuir devant les Français : « Enfin, je les tiens ! » s'écrie-t-il ; mais, cette fois encore, ce n'est pas une bataille : leur général Barclay veut sauver Smolensk, mais non compromettre son armée. La ville se compose de deux parties placées sur chaque rive du fleuve et communiquant par un pont ; il fait passer 30,000 hommes sur la rive gauche, et lui, demeurant sur la rive droite, à l'embranchement des routes de Saint-Pétersbourg et de Moscou, il se tient sur la défensive, prêt à tout événement.

Séparé des Russes par le fleuve, Napoléon voit l'impossibilité de les atteindre, mais du moins il prendra Smolensk : la ville est ceinte de fortes murailles, flanquée de tours et armée de 200 pièces de canons de gros calibre, et les Russes ont construit en outre des ouvrages considérables dans les faubourgs ; il semble qu'elle ne puisse être prise que par un siège en règle ; il l'enlèvera de vive force comme une simple redoute de campagne. Son armée aussitôt commence l'attaque de trois côtés, Poniatowsky à droite, Davoust au centre et Ney à gauche. L'armée russe, restée sur la rive droite, avait établi des batteries qui, par de là le fleuve, atteignaient la rive gauche et frappaient les Français de flanc, tandis qu'ils recevaient de face le feu de la ville ;

entre ces deux pluies de mitraille, les soldats de Davoust s'avancent intrépidement « attaquent les Russes à la baïonnette, à la bouche même des canons (1) », et entrent dans les faubourgs. Sur les autres points, le combat est aussi vif : depuis quatre heures du soir jusqu'au milieu de la nuit, les Français, à découvert, luttent contre les Russes retranchés derrière des remparts, et malgré le désavantage de cette position, chassent successivement l'ennemi de poste en poste, des chemins couverts, de tous les faubourgs, et enfin battent en brèche le corps de la place. Pendant ce combat, les obus de l'artillerie française, tombant dans l'intérieur de la ville toute construite en bois, y mettent le feu : tout à coup, un immense jet de flammes s'élève dans l'air et éclaire tout le ciel, semblable, selon le mot de Napoléon, à *une éruption de volcan par une belle nuit d'été*. Le général russe, alors, comprend qu'une plus longue défense est impossible ; il donne ordre d'évacuer la ville, et le reste de ses troupes qui n'ont pas succombé repassent le pont, sur lequel tombent les boulets français, et gagnant la rive droite, se réunissent à l'armée de Barclay.

Au point du jour, les Français entrèrent dans Smolensk, au son d'une musique militaire qui, annonçant leur triomphe parmi les ruines de la ville à demi-consumée, semblait marquer le caractère sauvage et terrible de cette guerre.

A peine maître de Smolensk, Napoléon songea à attaquer l'armée russe de la rive droite : une partie

(1) Expressions d'un écrivain anglais

Bataille de Valuntino.
—
19 août.

de cette armée, le corps de Bagration, avait pris à l'est la route de Moscou, le long du Dniéper; l'autre, sous Barclay, s'était portée au nord sur la route de Pétersbourg, puis, presque tout de suite, l'avait abandonnée afin de rejoindre Bagration, et, dans ce but, décrivait un quart de cercle de la route de Saint-Pétersbourg à Smolensk. Napoléon résolut immédiatement d'empêcher les deux armées ennemis de se réunir en se jetant entre elles deux : il lance Ney à la poursuite des Russes, tandis qu'un grand corps, sous les ordres de Junot, ira se placer en avant d'un défilé par où ils doivent déboucher; ce défilé est tellement resserré qu'il suffirait d'un petit nombre de troupes pour arrêter toute une armée. C'est près de Smolensk que va se livrer ce nouveau combat, à Valuntina, dans un lieu que les Russes appellent le *champ sacré*, parce qu'ils y avaient autrefois vaincu les Polonais.

Ney part de Smolensk, marche sur les Russes qui occupent toutes les crêtes des collines environnantes, et, avec son impétuosité ordinaire, les attaque, les repousse de toutes parts; les Russes, qui sentent toute la gravité de leur situation, se défendent opiniâtrément; là tombe, frappé d'un boulet, Gudin, un des plus braves généraux français, dont la division était renommée dans l'armée.

Malgré leur résistance désespérée et malgré des renforts qui, sans cesse, leur arrivent, les Russes pourtant perdent à chaque instant du terrain; rejetés dans les défilés avec leur artillerie, leurs chevaux et leurs chariots, ils vont être enveloppés et subir le même échec que les Autrichiens dans les défilés de Roveredo et de la Corone.

Mais, ici encore, un incident imprévu et qui défie la sagesse des capitaines, va mettre à néant le plan de Napoléon et sauver les Russes. Junot, qui doit les arrêter à l'embouchure du défilé, s'est placé trop loin et n'agit pas ; Murat s'en aperçoit, il accourt avec quelques cavaliers, par plusieurs charges rapides il refoule les Russes qui déjà débouchaient : « Maintenant achève, dit-il à Junot, ta gloire est là et ton bâton de maréchal ! » Puis il repart avec sa cavalerie qui doit être plus utile ailleurs que sur ce terrain accidenté ; mais Junot, soit qu'il ne comprenne pas les ordres qu'il a reçus, soit qu'il se trouve dans un de ces moments de torpeur où l'homme n'est pas maître de son esprit, demeure immobile : posté à deux portées de canon, il ne fait rien pour barrer le défilé et s'opposer à la sortie des Russes.

Là échoua peut être la fortune de Napoléon : si ce coup n'eût pas manqué, cinq divisions fortes de 35,000 hommes, mettaient bas les armes, une moitié des deux armées russes était détruite, l'autre incapable de résister ; le czar était réduit à implorer la paix.

Napoléon, prévenu trop tard, arriva dans la nuit ; les Russes s'étaient échappés, après avoir fait, il est vrai, des pertes énormes. Ils avaient eu 8,000 hommes hors de combat et 1,000 prisonniers. Le corps de Ney s'était battu avec une telle vigueur que l'ennemi crut avoir affaire à la garde impériale ; l'un de ses régiments, le 127me, reçut son aigle pour prix de sa belle conduite ; car, à cette époque où les titres se gagnaient sur le champ de bataille, il fallait, pour qu'une corps eût une aigle, qu'il eût été jugé digne qu'on la lui confiât. Napoléon passa, sur le lieu même du combat, la revue de ses soldats, qui, malgré tant de privations, venaient de se battre si vaillamment; ils étaient animés d'une ardeur guerrière et leurs fermes visages semblaient insensibles aux fatigues et à la souffrance : « Ah! s'écria-t-il, avec de pareils hommes, on peut aller au bout du monde! » et il donna l'ordre de marcher sur Moscou.

<small>Arrivée de Kutusow à l'armée Russe.
29 août.</small>

A ce moment, un changement considérable venait de se faire dans les conseils de l'empereur Alexandre. Le plan, adopté par le général en chef de l'armée russe, de toujours reculer devant les Français, indignait une partie de la nation : les jeunes gens, les vieillards qui avaient gardé le souvenir des succès de Souvarow, accusaient de lâcheté et même de trahison Barclay de Tolly qui abandonnait sans combattre les provinces de l'empire l'une après l'autre, et livrait aux flammes les villages, les villes et les châteaux. Dans les premiers temps, on avait publié des nouvelles de la guerre qui représentaient les Français comme coupés en plusieurs tronçons, et attirés au centre de la Russie par les habiles manœuvres des généraux russes qui les y devaient accabler; mais la vérité n'avait pas tardé à se faire jour. Wilna avait été pris sans coup férir, le camp de Drissa abandonné, puis Witepsk enlevé, et voilà que Smolensk venait d'être pris à son tour, et qu'il n'en restait plus que des ruines! Les Français s'avançaient, à cette heure, contre Moscou : allait-on donc aussi livrer la *cité sainte*, l'antique métropole de la Russie! A ce soulèvement de l'opinion publique, le czar ne résista pas : les pouvoirs de Barclay lui furent retirés, Kutusow fut nommé général en chef. C'était un vieillard de soixante-quatorze ans, criblé de blessures, qui avait même perdu un œil à la guerre, mais encore plein de séve et d'enthousiasme; observateur fidèle des anciennes mœurs et des anciennes pratiques, ayant gardé le costume du temps de Catherine II, il était l'idole du vieux parti moscovite. Il avait été battu, il est vrai, à Austerlitz où il commandait les Russes, mais on savait que son autorité n'était alors que nominale, et l'on se souvenait seulement qu'il avait vaincu plusieurs fois les Turcs. Il s'était dès le commencement opposé au système de la retraite; en partant pour se mettre à la tête de l'armée russe, il jura sur ses cheveux blancs de défendre Moscou jusqu'à la dernière extrémité.

Cependant l'armée russe n'avait pas cessé de reculer : les Français l'avaient successivement chassée, en lui faisant subir des échecs, de Dorogobuj, de Viazma, de Gjaz; ils n'étaient plus qu'à 26 lieues de Moscou : Kutusow, alors, arrêta son armée et, choisissant une forte position à Borodino, sur les bords de la Moskowa, résolut d'y attendre les Français et de leur livrer bataille. Lorsque les Français arrivèrent en face de lui, ils virent son armée rangée en amphithéâtre sur les crêtes de collines qui formaient un demi-cercle de deux lieues. Devant cette ligne, à Chewarino, s'élevait une redoute qui couvrait la plaine de ses feux. Avant tout, pour que son armée pût se déployer, Napoléon jugea

5 septembre.

qu'il fallait emporter cette redoute : le général Compans y marcha avec sa division, et, après un combat opiniâtre où la redoute fut prise et reprise trois fois, en chassa les Russes et s'y établit. Un régiment, le 61ᵐᵉ, supporta la plus grande partie de l'attaque; il eut la gloire d'enlever la redoute, mais il perdit 1,000 hommes; quand Napoléon, le lendemain, en passa la revue, il demanda au colonel ce qu'il avait fait d'un de ses bataillons : « *Sire*, dit le colonel, *il est dans la redoute!* »

<small>Bataille de la Moskowa

7 septembre.</small>

Ce n'était que le prélude de la sanglante bataille qui allait avoir lieu et dont on a dit que c'était une *bataille de géants*. Le 6 septembre, les deux armées demeurèrent en repos et se préparèrent au combat du lendemain : Kutusow, précédé d'une image de la Vierge, enlevée de Smolensk, parcourut les rangs des Russes, et leur adressa une proclamation propre à exciter le fanatisme de ces hommes à demi barbares : « Non content de détruire l'image de Dieu dans la personne de millions de ses créatures, disait-il, en parlant de Napoléon, ce tyran universel, cet archi-rebelle à toutes les lois divines et humaines, pénètre à main armée dans nos sanctuaires, les souille de sang, foule aux pieds nos rites, renverse nos autels. Ne craignez donc pas que Dieu ne veuille pas placer son bouclier en avant de vos rangs, et ne combatte pas son propre ennemi, avec l'épée de l'archange Michel! avant le coucher du soleil, tracez sur le sol de votre patrie les caractères de votre foi et de votre fidélité avec le sang de ses guerriers. »

De son côté, Napoléon, s'adressant aux sentiments

d'honneur et aux plus proches intérêts de ses soldats éloignés de 800 lieues de la France, leur montra en brèves et énergiques paroles le but de la bataille et l'obligation de vaincre : « Soldats, voilà la bataille que vous avez tant désirée! Désormais la victoire dépend de vous ; elle nous est nécessaire, elle nous donnera l'abondance, de bons quartiers d'hiver, et un prompt retour dans la patrie. Conduisez-vous comme à Austerlitz, à Friedland, à Witepsk, à Smolensk, et que la postérité la plus reculée cite avec orgueil votre conduite dans cette journée; que l'on dise de vous : il était à cette grande bataille sous les murs de Moscou! »

A trois heures du matin, Napoléon était à cheval. Les deux armées, à peu près d'égale force, les Français ayant laissé derrière eux de grands détachements à mesure qu'ils avançaient, comptaient chacune 130,000 hommes, et plus de 500 pièces de canons; mais le terrain que les Russes occupaient était particulièrement propre à la défense. Les abords du plateau apparaissaient tout hérissés de retranchements, de redans et de batteries; on eut dit, selon l'expression de Napoléon, que les Russes eussent *voulu s'y enraciner;* mais le point le plus formidable était une grande redoute armée de nombreux canons et qui allait devenir le théâtre d'une lutte terrible.

Bagration commandait la gauche, Barclay de Tolly, réduit à un rôle secondaire, la droite, et Kutusow le centre. Quant à l'armée française, Davoust et Ney se tenaient au centre, vis-à-vis d'un village appelé Seminskoë; Poniatowski à droite, près des bois de Passarewo, et le prince Eugène à gauche, en face du village de Borodino au delà duquel s'élevait la grande redoute des Russes.

A six heures, un coup de canon donna le signal, et les Français se mirent en mouvement. On ne peut raconter cette bataille comme les batailles ordinaires : les opérations des armées ici disparaissent, pour ainsi dire, devant l'acharnement de la lutte. Pendant plus de douze heures, les masses russes et françaises, se heurtant dans un espace de deux lieues, furent tour à tour entrouvertes, brisées et reformées sur les mêmes lieux ; les divisions ne marchaient que précédées par de longues lignes d'artillerie qui ouvraient dans les rangs opposés d'énormes trouées; à plusieurs reprises, on se chargea des deux parts à la baïonnette, dans une mêlée épouvantable et sanglante.

Ce qui reste pourtant toujours le même en cet affreux carnage, c'est le caractère des deux peuples, la persistante ténacité des Russes et l'impétuosité des Français. Les Russes ne veulent pas céder ; leurs positions sont enlevées, ils s'efforcent sans cesse de les reprendre ; les Français se jettent sur les batteries, les villages, les retranchements, d'un élan si fougueux que, quelle que soit la force de l'ennemi, ils les emportent du premier coup.

Dès le commencement de la bataille, ordre est donné à la division du général Compans de s'emparer d'une des redoutes de la gauche des Russes : le colonel Charrière débouche des bois, et se tournant vers son régiment, ne lui dit que ces mots : *A la redoute !* et ses soldats y courent la baïonnette en avant et l'enlèvent, Mais cette redoute est une des plus importantes positions de l'ennemi, les Russes reviennent; la redoute est reprise, les Français y rentrent, les Russes s'y précipitent encore, et ainsi plusieurs fois de suite. Ney, enfin, fait un effort, s'en empare définitivement, ainsi que de deux autres ouvrages, rejette les Russes du village de Seminskoë et s'y établit.

A gauche, le prince Eugène avait tout d'abord enlevé Borodino : ses soldats, dans une course fougueuse, avaient dépassé le village, franchi un ruisseau au delà, et, escaladant les pentes, étaient arrivés jusqu'en vue de Gorka, quartier général de Kutusow. Là, assaillis de toutes parts, ils sont rejetés dans Borodino, et un corps nombreux de cavalerie russe, tournant les bois, les vient attaquer en flanc. Pressé ainsi de deux côtés, Eugène parcourt les rangs de ses soldats : « Souvenez-vous, leur dit-il, qu'à Wagram vous étiez avec moi quand nous enfonçâmes le centre de l'ennemi ! Songez que votre réputation dépend de cette journée ! » Il les forme en carrés et repousse les charges réitérées des cavaliers russes, jusqu'à ce que la cavalerie de sa garde accoure et vienne le délivrer. En même temps, Morand, à la tête de sa vaillante division, après être entré dans la grande redoute et en avoir été chassé, réussissait à atteindre les premières crêtes et à s'y maintenir.

Ces avantages étaient pourtant peu importants; la bataille n'était encore qu'au début. Les Russes avaient résolu de reprendre les positions enlevées par Ney :

des masses énormes de troupes, commandées par Bagration s'avancent, et le combat le plus meurtrier s'engage avec un redoublement de fureur ; les décharges de l'artillerie immense des deux armées sont si rapides et si répétées, que les soldats, qui ont assisté à toutes les batailles depuis vingt ans, disent n'avoir jamais entendu un aussi effroyable vacarme ; 600 pièces réunies de ce côté vomissent la mort sur les combattants. Les généraux français, coup sur coup blessés, sont obligés de se retirer l'un après l'autre, Compans est remplacé par Dessaix, Dessaix lui-même par Rapp ; Rapp reçoit sa vingt-deuxième blessure, Davoust a son cheval tué sous lui, et, contusionné de sa chute, quitte le terrain. Ney et Murat, parmi tant d'illustres généraux atteints, demeurent seuls debout sans être touchés.

Napoléon, qui, de la redoute prise la veille, dominait tout le champ de bataille, voyant ce combat terrible, y envoie la division Friant : « Alors, dit un historien russe (1), en ce petit espace où l'enfer semble avoir déchaîné toutes ses fureurs, les Français s'avancent avec un aplomb admirable. » Friant voit tomber son fils mort à ses pieds, il le fait emporter et continue à commander ; sa division, formée en carrés, repousse sans plier toutes les charges des Russes : « Soldats de Friant, s'écrie Murat en se mettant au milieu d'eux, vous êtes tous des héros ! » Les mots héroïques, d'ailleurs, se succèdent ici comme les actions : à cette heure, le feu des Russes est tel qu'un régiment français s'ébranle pour se

(1) Le colonel Boutourlin, aide de camp de l'empereur de Russie : *Histoire militaire de la campagne de Russie*.

porter en arrière ; Murat y court : « Que faites-vous ? s'écrie-t-il, pourquoi reculez-vous ? — Vous voyez bien, répond le colonel, que l'on ne peut rester ici ! — J'y reste bien moi ! dit Murat. — C'est juste, dit le colonel : Soldats ! face à l'ennemi, et allons nous faire tuer ! »

A ce puissant effort de l'infanterie française vient se joindre le choc de la cavalerie : les cuirassiers de Montbrun et de Nansouty partent au galop, rompent la cavalerie ennemie, pénètrent dans les rangs russes et y font une large ouverture ; le prince Bagration est blessé à mort. En vain, pour combler ce vide, Barclay arrive et place ses troupes en face de 300 canons français qui font pleuvoir sur elles une grêle de boulets ; en vain les Russes, admirables aussi dans leur impassibilité, demeurent pendant deux heures sous cette canonnade qui les démolit ; cette intrépidité stoïque est inutile, ils ne peuvent avancer et les Français restent maîtres du plateau.

Pendant ce temps-là, Poniatowski avait chassé l'ennemi de ses positions à l'extrême droite ; ainsi, les Russes reculaient sur les deux ailes ; mais, au-dessus de Borodino, à leur centre, la grande redoute était le foyer de la plus vive résistance. Napoléon donne l'ordre de l'enlever, et ce que l'on n'a encore jamais vu, c'est la cavalerie qui est chargée d'emporter d'assaut ces retranchements (1). Le général Caulaincourt venait de

(1) Il faut cependant ne pas oublier le trait héroïque de cet escadron de chevau-légers polonais qui, à la bataille de Sommo-Sierra, enleva une batterie au galop.

prendre le commandement de la cavalerie de Montbrun renversé par un boulet dans la charge précédente : « Il faut, lui dit Murat, entrer dans la redoute avec vos cuirassiers. — Vous m'y verrez tout à l'heure, mort ou vivant ! » répond Caulaincourt ; il se tourne vers les cuirassiers : « Suivez-moi, s'écrie-t-il, il ne s'agit pas de pleurer votre général, mais de le venger ! » et, à leur tête, il s'élance vers la redoute, culbute tout sur son passage, et gravit au galop les pentes escarpées sur laquelle elle est placée. « Sous cette avalanche de cavaliers dont les casques, les sabres et les cuirasses resplendissent au soleil et au feu des canons, la hauteur qui domine les deux armées semble ne plus former qu'une montagne de fer mouvante » (1). Dans leur course irrésistible, ils dépassent la redoute, puis revenant sur leurs pas et tournant à gauche, y pénètrent par la gorge et se précipitent dedans. A cet instant, un corps d'infanterie ennemie, placé derrière un ravin, fait une décharge sur les cuirassiers ; le jeune et valeureux général Caulaincourt est frappé d'une balle et renversé de son cheval ; mais la redoute n'en est pas moins enlevée. Les cuirassiers se jettent sur les canonniers russes et les sabrent ; l'infanterie du prince Eugène arrive en même temps, entre dans la redoute de front et de flanc, et massacre tout ce qui s'y trouve ; les boulets y avaient fait un tel ravage que les parapets étaient à demi détruits, les pièces renversées, les créneaux rasés.

(1) Labaume, *Relation circonstanciée de la campagne de Russie.*

— 239 —

Les Français occupent toutes les hauteurs et les deux ailes des Russes sont débordées : Ney alors lie ses divisions à celles du prince Eugène, et, s'avançant sur une ligne longuement étendue, son artillerie devant lui, marche sur leur centre et le repousse en l'écrasant de ses boulets. Les Russes, ainsi battus en brèche, sont bientôt rompus par toute la réserve de cavalerie que Murat lance contre eux; ils cèdent enfin et abandonnent le champ de bataille. Ils firent leur retraite, pendant la nuit, dans un effroyable désordre, précédés sur la route de Moscou par un convoi de 20,000 blessés.

Ce chiffre dit quelles pertes ils avaient faites ; dans cette bataille une des plus sanglantes dont parle l'histoire, et où l'on tira plus de 60 mille coups de canons de chaque côté, les Français eurent 9 à 10,000 morts et 13,000 blessés, les Russes près de 50,000 hommes hors de combat, parmi lesquels 35 généraux ; on leur prit 50 canons et plusieurs milliers de prisonniers. Soldats et généraux s'étaient également bien battus, mais le maréchal Ney avait surtout contribué à la victoire : Napoléon le récompensa en ajoutant un nom nouveau au titre glorieux qu'il avait gagné à Elchingen; il lui donna le titre de *prince de la Moskowa*.

Peu de jours après, les Français arrivèrent au haut d'une colline que l'on appelle la *colline du Salut*, et aperçurent dans une vaste plaine qu'arrose la Moskowa la ville de Moscou. A la vue de cette immense cité de neuf lieues de tour, à la fois européenne et asiatique, dominée par le palais du Kremlin, de ces terrasses orientales, de ces bazars aux toits de fer poli, de ces maisons

Prise de Moscou.
14 septembre.

en bois, en pierre, en briques, peintes de mille couleurs, de ces palais entourés de grands parcs, des coupoles, des minarets et des clochers qui dressaient, au-dessus de huit cents églises et couvents, leurs globes d'or étincelants au soleil ; à cet aspect féerique qui réalisait les rêves des poëtes, les Français battirent des mains, en criant : *Moscou !* leur but était atteint ; comme les soldats d'Alexandre dans Babylone, ils entraient, à la suite de Napoléon, dans la vieille capitale des czars.

1812-1815.

DERNIÈRES CAMPAGNES DE NAPOLÉON.

Fin de l'expédition de Russie. — Campagne de Saxe. — Campagne de France. — Retour de l'île d'Elbe.

Ici finit cette longue suite de victoires non interrompues qui forment comme l'éclatant tissu de l'histoire de l'Empire. Il y a une sorte d'harmonie entre la nature et les événements humains : on dirait que toute belle époque est éclairée d'un brillant soleil, que les misères et les désastres s'écoulent sous un ciel bas dont la lumière s'est retirée. A partir de Moscou, Napoléon semble s'enfoncer dans une nuit noire ; ce n'est que de temps en temps qu'on le revoit dans une éclaircie qu'il a faite d'un coup de sa fulgurante épée.

Le récit des malheurs qui suivirent la prise de Moscou n'appartient pas à un livre qui a pour objet les victoires de l'Empire. Il reste encore à raconter, pourtant, de nobles succès, où le génie de Napoléon est aussi grand que le courage de ses soldats est admirable. On se contentera donc de mentionner les actions qui relient entre elles ces dernières victoires, comme on indique à un voyageur pressé d'arriver les villes et les villages inconnus qu'il traverse rapidement : on s'arrêtera uniquement à quelques glorieuses étapes qui marquent la route de Moscou à Paris et qui ont un nom immortel : Lutzen, Bautzen, Dresde, Hanau, Montmirail, Champ-Aubert.

I.

Incendie de Moscou.

Il y avait quelques heures seulement que les Français étaient entrés dans Moscou, quand un effroyable incendie y éclata : les Russes n'avaient pas hésité à appliquer même à leur vieille capitale le système de défense qu'ils avaient jusqu'alors suivi. Le gouverneur, Rostopchin, avait fait sortir de la ville une partie des habitants, et enlever les pompes ; puis il avait ouvert les prisons et distribué des matières incendiaires à des milliers de criminels, leur donnant la liberté pour prix du service qu'ils rendaient à leur patrie. Cette grande ville de 400,000 âmes, où étaient amassés en énorme quantité les produits de l'Europe et de l'Asie, prit feu tout à coup sur une multitude de points à la fois, et brûla pendant plusieurs jours, comme un immense bûcher de sacrifice, en face de l'armée française frappée de stupeur. D'incalculables richesses furent anéanties ; mais le but des Russes, dignes fils des Scythes, était atteint : Moscou était inhabitable. Au bout de quelques jours, il ne resta plus dans tous les environs aucunes denrées ; les Français ne pouvaient, comme ils l'avaient espéré, y prendre leurs quartiers d'hiver : ils en sortirent pour regagner Witepsk et Smolensk.

<small>21 octobre.</small>

Alors commença une retraite qu'ont rendue fameuse les désastres des Français, et aussi leur courage et leurs vertus guerrières. A peine furent-ils partis, que deux ennemis fondirent sur eux, les Russes et l'hiver : les Russes, qui depuis la bataille de la Moskowa, retirés au delà de Moscou, avaient, grâce aux ressources de leur pays, refait leur armée et repris force et confiance ; et l'hiver, qui, pendant huit mois, sévit en ces régions du nord avec une violence que l'Occident ne connaît pas. Bientôt le soleil disparut des cieux abaissés, les fleuves se congelèrent, la neige couvrit la terre d'un linceul glacé. Dans ce pays saccagé, plus de vivres, plus de fourrages ; hommes et chevaux tombèrent gelés par milliers. L'armée s'avança ainsi en longue traînée dans ces immenses plaines de neige, les Cosaques et les paysans sur ses flancs, et l'armée russe à sa piste. Mais, malgré ces pertes, malgré l'insuffisance des moyens de défense, malgré l'abandon d'une grande partie de l'artillerie, chaque fois que les Russes abordent cette armée exténuée que la lenteur des marches et la recherche des vivres obligent à marcher en bandes séparées, ils sont repoussés avec une vigueur qui prouve que, si le corps est fatigué, l'âme est encore debout.

<small>Retraite de Russie.</small>

A Maloiaroslawetz, le prince Eugène, avec 18,000 hommes seulement, combattit 80,000 Russes, commandés par Kutusow et les rejeta à dix lieues en arrière. A Wiazma, Ney et Eugène luttèrent cinq heures contre une armée trois fois plus nombreuse, qui leur voulait barrer le passage et le forcèrent ; à Polosk, le maréchal Gouvion Saint-Cyr déploya une telle valeur, que, le soir, le général en chef russe porta la santé *du brave Gouvion Saint-Cyr*, aux applaudissements de ses officiers réunis à sa table. A Krasnoë, Napoléon combattit deux jours, et, chargeant lui-même avec sa garde, sauva une partie de son armée.

3 novembre.
7 novembre.
16-18 novembre.

Retraite du maréchal Ney.

Le lendemain de ce combat, Ney, resté en arrière, à Smolensk, se trouva dans le même lieu avec 6,000 hommes et douze canons, en face de Kutusow. L'armée russe, rangée en lignes épaisses, occupait une forte position rendue plus formidable encore par de nombreuses pièces d'artillerie ; un officier ennemi se présente à Ney : 80,000 hommes l'entourent, il n'y a pas d'autre parti que de se rendre. « On ne parlemente pas sous le feu ! répond Ney, et un maréchal de France ne se rend pas ! » Il fait saisir l'officier, le garde prisonnier et donne le signal de l'attaque : ces 6,000 hommes, intrépides comme leur chef, marchent sur les Russes, le maréchal à leur tête, abordent la première ligne, l'enfoncent et aussitôt se précipitent sur la seconde. Une épouvantable mitraille les arrête, cinq généraux français tombent grièvement blessés ; Ney les reforme et remonte à l'assaut de l'armée russe : « Loin de se laisser abattre, écrivit Kutusow au czar, en lui rendant compte de ce combat, les Français n'en étaient que plus *enragés* à courir sur les pièces qui les écrasaient. » — « *Ce fut une bataille de héros,* » dit de son côté le général anglais Wilson. Ney tint contre les Russes jusqu'à la nuit.

Mais, à ce moment, il est séparé de l'armée Française par plusieurs lieues : les Russes, placés entre lui et Napoléon, l'ont isolé et comme rejeté au cœur de la Russie ; toute route est fermée. Un de ses officiers alors, Pelet (qui plus tard dirigea la belle carte de France exécutée par l'état-major), ouvre un avis : il faut, pendant la nuit, retourner en arrière, marcher sur le Dniéper, le passer sur la glace, et, par l'autre rive, rejoindre la grande armée. Mais, disent quelques-uns, le Dniéper n'est peut-être pas gelé ? — Il le sera ! s'écrie Ney, et l'on part. Toute la nuit, une de ces longues nuits du Nord qui durent seize heures, on marche sans repos ; le Dniéper n'était qu'à moitié pris : l'artillerie, les chariots ne peuvent passer, on les abandonne ; les soldats franchissent le fleuve sur des glaçons flottants, et abordent l'autre rive. Là, des coups de canon les assaillent, des milliers de Cosaques fondent sur eux ; sans artillerie, épuisés par une longue marche et par leurs combats précédents, les Français repoussent cependant les charges des Cosaques, et, apercevant un bois devant eux, y courent pour se mettre à l'abri ; tout à coup, à la lisière de ce bois, une batterie se démasque et vomit la mitraille sur leur front. A cette soudaine attaque, ces valeureux hommes, cette fois, se troublent et lâchent pied ; mais Ney, bouillant d'indignation et écumant de rage, se jette au-devant des fuyards, et, leur montrant les ennemis : « En avant, s'écrie-t-il, ils sont à nous ! » Il les rallie, s'élance sur la batterie et l'enlève. Et ainsi, combattant tout le jour, et le jour suivant encore, marchant la nuit, à travers les ravins et les bois, entre le Dniéper et les Cosaques, qui montés sur de rapides chevaux, leur artillerie sur des traîneaux, le harcèlent sans cesse, il traverse vingt lieues de pays, et ramène son petit corps d'armée au campement du prince Eugène, à Orcha, « après une des plus belles opérations qui se soient jamais faites (1) », et qui suffirait pour le rendre immortel. Le troisième jour, lorsqu'ils se reconnurent, les soldats des deux généraux s'embrassèrent comme des frères qui se retrouveraient après s'être crus perdus.

<small>Fin de l'expédition de Russie.</small>

Contre de tels chefs et de tels soldats les Russes seuls eussent été impuissants ; ces actions d'une valeur extraordinaire se répétaient chaque jour : à Wilna, à Kowno, on vit encore Ney saisir un fusil et avec quelques officiers arrêter l'ennemi à la tête d'un pont. Le génie de Napoléon aussi ne trouva jamais plus de ressources :

<small>29 novembre.</small>

en marchant sur la Bérézina, qu'il voulait franchir, « il trompa, selon l'expression d'un écrivain russe, les généraux ennemis par les démonstrations les plus habiles, et glissa entre leurs armées (2). »

Mais les Russes eurent dans l'hiver un auxiliaire plus terrible que leurs canons : leur général en chef le savait ; en vain ses lieutenants et les émissaires anglais qui accompagnaient son armée, le pressaient de profiter de sa supériorité pour tomber sur les Français et les anéantir : le vieux général résistait à toutes les instances ; dans la fière attitude de ces soldats affaiblis, il reconnaissait les

(1) *Victoires et conquêtes.*
(2) Boutourlin, *Histoire militaire de la campagne de Russie.*

vainqueurs d'Austerlitz et de Friedland; c'est sur le froid qu'il comptait pour les abattre, et il le laissa faire. Le froid dépassa même ses espérances : l'hiver de 1812 fut un des plus rigoureux dont les hommes aient gardé le souvenir ; le thermomètre descendit à 28 degrés ; les Français semèrent les routes de la Moscovie de leurs cadavres. Après que cette grande armée eut repassé le Niémen, les Russes, ne s'abusant pas sur leur triomphe, et faisant allusion au nom de l'hiver dans leur langue (*Morosow*), disaient : « Ce n'est pas le général *Kutusow* qui a vaincu Napoléon, c'est le général *Morosow*. »

II.

Peu de jours après le passage de la Bérézina, Napoléon était parti pour aller chercher en France des secours et des renforts, laissant le commandement à Murat et au prince Eugène. Au mois d'avril, il était de retour sur les bords de l'Elbe, prêt à commencer une nouvelle campagne.

Il n'a plus ici, comme il y a un an, la moitié de l'Europe à sa suite. Dès que les désastres de l'hiver ont été connus, la plupart de ses alliés se sont tournés contre lui ; selon la règle ordinaire, les revers l'ont laissé seul. La Prusse a commencé, le général York, qui commande les Prussiens, a conclu un armistice avec les généraux russes; bientôt le prince de Schwartzemberg l'a imité pour le corps d'armée autrichien ; et tout à l'heure, les autres princes de l'Allemagne

1813.
Campagne de Saxe.

vont se suivre dans cette défection : le Wurtemberg, la Bavière, Bade, les Saxons, les uns après les autres, oubliant les bienfaits passés, abandonneront celui qui les a faits puissants, et s'uniront à ses ennemis pour les aider à l'accabler. Ce n'est pas tout : déjà un général français, Bernadotte, s'est mis à la tête d'une armée ennemie (1) ; d'autres généraux français feront défection, Augereau à Lyon, Marmont à Essonne ; et, faut-il le dire, Murat même, celui qu'on appelle le *premier soldat de France*, entraîné par de perfides conseils, dans l'espoir de conserver sa couronne, s'unira aux étrangers contre celui qui la lui a donnée !

Composition de l'armée française. Quant à son armée, elle n'est plus seulement composée de ces vieux soldats rompus aux fatigues de la guerre, et qui semblent se jouer des dangers : ce sont en grande partie des jeunes gens de nouvelle levée, qui n'ont pas même atteint l'âge de leur majorité ; pour chefs on leur a donné d'anciens officiers qui, depuis plusieurs années, vivent dans la retraite et le repos : « ce sont des enfants menés par des vieillards, » disent les ennemis. Le reste est formé de gardes nationales mobilisées, sous le nom de *cohortes*, noblement animées, mais ignorantes de la guerre ; enfin, pour combler les vides du corps de l'artillerie, on a pris les artilleurs de la marine, qui n'ont jusqu'alors servi que sur des vaisseaux, et qui vont combattre à terre comme des fantassins. Quelque insuffisants que soient ces moyens, Na-

---

(1) Pour prendre femme, a dit de lui Napoléon, on n'est pas tenu de renoncer à sa mère, encore moins de lui percer le sein et de lui déchirer les entrailles.

poléon pourtant marche à la rencontre de l'Europe coalisée. Lui et ses soldats suppléeront à tout, lui, par des traits de génie coup sur coup répétés, eux, par une bravoure dont s'étonnera même leur Empereur habitué aux héroïques actions.

Les généraux, qui n'avaient jusqu'ici commandé que des troupes éprouvées, attendaient avec un peu de crainte le début de ces recrues sur le champ de bataille; après la première rencontre, ils ne furent plus inquiets. A Weissenfeld, le maréchal Ney, dont les divisions étaient presque toutes composées de conscrits, fut attaqué par une nombreuse cavalerie : ils se formèrent rapidement en carrés, attendirent de pied ferme cette cavalerie, reçurent son choc la baïonnette en avant, et par un feu nourri la mirent en fuite. « Ces enfants sont des héros ! » s'écria Ney, en racontant cette rencontre à l'Empereur. *29 avril.*

Napoléon, dès lors, sait qu'avec eux il peut tout oser; il médite la combinaison la plus hardie : l'armée ennemie, venant de Dresde, était près de Leipsig ; quoiqu'elle fût plus forte d'un tiers que la sienne, il forme le projet de la tourner. Dans ce but, il se dirige vers Leipsig, laissant Ney en arrière, dans la plaine de Lutzen, au village de Kaya. En ce moment même, le général en chef ennemi, Wittgenstein, marchait en sens inverse, le long de la rivière qui passe à Leipsig, l'Elster, dans le but d'envelopper les Français. Tout à coup il débouche dans la plaine, avec plus de 100,000 hommes, dont 25,000 de cavalerie. Il n'y avait à Kaya que quelques divisions de conscrits : surpris par cette attaque inopi- *Bataille de Lutzen. 2 mai.*

née, ils sont d'abord renversés, Kaya et plusieurs autres villages qui l'avoisinent sont enlevés ; mais le général Girard les ramène, ils se portent sur Kaya et le reprennent. Cependant, au bruit du canon, Napoléon, déjà éloigné, s'était arrêté : il est attaqué sur son flanc, la bataille est là où il ne l'attendait pas ; il l'accepte. Aussitôt, et avec cette lucidité et cette rapidité de conception du grand capitaine, il renverse son ordre de bataille et change la disposition de ses troupes : il s'avançait sur Leipsik, il revient dans la plaine : « Allez, dit-il à Ney, pour ce mouvement il faut trois heures : tenez ce temps dans Kaya ! »

Ney part et va se mettre à la tête des conscrits ; ce qu'a demandé Napoléon, ils le feront. « C'est la journée de la France, leur dit Girard, il faut venger l'affront de Moscou ou mourir ! » Et ils luttent avec acharnement contre les forces immenses qui les entourent ; les artilleurs de la marine, inébranlables comme sur leurs vaisseaux, reçoivent et repoussent coup sur coup sept charges de cavalerie. Kaya, pourtant, est encore une fois repris par les Prussiens ; mais Napoléon arrive avec sa garde qui, rebroussant chemin, accourt à toutes jambes au secours de *ses enfants;* la présence de Napoléon les ranime ; il rallie ceux dont les rangs sont rompus, les reforme lui-même sous le feu de l'ennemi : « Jeunes gens, s'écrie-t-il, j'ai compté sur vous, et vous fuyez ! » Ils s'élancent de nouveau sur le village avec le plus intrépide courage et y rentrent. Aussitôt, par l'ordre de Napoléon, Drouot s'avance avec 80 pièces de canon : cette artillerie, prenant de flanc l'ennemi, y ouvre une sanglante trouée ; Macdonald, arrivant enfin sur la gauche, renverse les Prussiens soutenus par la garde russe ; malgré la supériorité de leurs forces, malgré les efforts désespérés de Blücher, malgré la présence de l'empereur Alexandre et du roi de Prusse, qui, du haut des plateaux, assistent à la bataille, les ennemis sont partout mis en déroute, avec une perte de 20,000 hommes. Ce champ de Lutzen, qu'ont rendu fameux au XVIIe siècle la victoire et la mort de Gustave-Adolphe, devient bien autrement célèbre par la victoire des jeunes conscrits français sur les vieux soldats des alliés.

Car c'était bien à eux qu'était dû cet éclatant succès ; Napoléon, qui ne s'était jamais autant exposé, commandant, veillant à tout, se tenant dans une affreuse mêlée, le déclara le soir à ses généraux : « Depuis dix-sept ans que je commande les armées françaises, je n'ai jamais vu plus de bravoure et de dévouement ! »

Quelques jours après, les Français rentraient dans Dresde, puis, poussant devant eux l'armée ennemie, la battaient encore à Bautzen. Le courage des soldats avait donné la victoire de Lutzen ; les savantes combinaisons de Napoléon donnèrent celle de Bautzen. On se battit deux jours de suite : le premier jour, Bautzen fut enlevé d'assaut par les voltigeurs français, qui sautèrent sur les rochers de la Sprée, escaladèrent les remparts, et entrèrent dans la place. La première ligne ainsi emportée, les alliés se retirèrent en arrière de la ville, sur un amphithéâtre de hauteurs hérissées de redoutes et de retranchements : c'est là que le grand Frédéric avait

Bataille de Bautzen.
20 mai.

livré une terrible bataille, et cette position était tellement forte, qu'on l'appelait les *Thermopyles de l'Allemagne*. Napoléon trompa l'ennemi par une fausse attaque : Oudinot se porta à droite et engagea une lutte si vive que les alliés crurent que c'était là qu'il fallait diriger tous leurs efforts ; mais, tandis que leur attention était attirée sur ce point, Ney, franchissant la Sprée, à l'aile opposée, culbuta les Russes commandés par Barclay de Tolly, fondit sur les Prussiens de Blücher et mit leur flanc à découvert. C'est le moment alors d'attaquer le centre : il est midi, les aides de camp parcourent toute la ligne, en annonçant, de la part de l'Empereur, que « l'attaque générale va commencer à une heure, et que la bataille sera gagnée à trois. » Soixante pièces de canon battent les retranchements ennemis ; puis, la division Morand y monte et les enlève d'un élan irrésistible ; les alliés sont à la fois débordés sur leur gauche, pris en flanc à droite, enfoncés à leur centre : sous les yeux de leurs souverains, ils prennent la fuite, laissant sur le terrain 18,000 hommes hors de combat. La prédiction de Napoléon était réalisée ; « chaque événement était arrivé comme il avait été prévu (1). »

Un si foudroyant début avait étonné les ennemis : ils demandèrent un congrès pour traiter de la paix ; mais les négociations furent vaines, et l'armistice ne servit qu'à donner le temps aux souverains alliés de compléter leurs forces. Ils n'ont plus qu'une pensée et qu'une passion, abattre la France si longtemps victorieuse, et

(1) *Mémoires du maréchal Marmont, duc de Raguse.*

Napoléon qui représente la France. Pour atteindre ce but de leur haine, ils font appel à l'Allemagne entière, ils décident les incertains; l'empereur d'Autriche, neutre jusque-là, s'allie à la Prusse et à la Russie contre son gendre; Bernadotte, débarqué à Stralsund, joint ses Suédois à l'armée prussienne. Au bruit de cette croisade universelle, le général français, Moreau, autrefois vainqueur des Autrichiens à Hohenlinden, quitte l'Amérique où il s'était retiré et arrive au camp des souverains alliés qu'il va servir de ses conseils; l'Angleterre donne 112,000,000 de francs pour les frais de la guerre; plus de 500,000 hommes assaillent sur toutes ses faces l'armée française isolée au milieu de peuples ennemis.

Cependant l'Europe, avec ces forces immenses, a encore peine à triompher de Napoléon; les alliés commencent par recevoir l'échec le plus éclatant et le plus inattendu, un coup semblable à celui de Lutzen. La défection de l'Autriche leur permettait d'attaquer Napoléon sur ses derrières : débouchant par la Bohême, Schwartzemberg, avec 200,000 hommes, se porte sur Dresde, pendant que Napoléon est occupé à pousser l'armée de Blucher vers l'Oder. Dresde, mal fortifiée, n'avait pour se défendre que 20,000 hommes de jeunes recrues. Devant des troupes aussi nombreuses, les Français, contraints d'abandonner les ouvrages extérieurs, s'étaient renfermés dans la place : les habitants étaient dans la consternation, Dresde allait être emportée d'assaut par la masse énorme d'ennemis dont elle était entourée. Mais, tandis que tout espoir semble

Bataille de Dresde 26-27 août.

perdu, Napoléon, prévenu, a rebroussé chemin ; laissant Macdonald devant Blucher, il accourt à marche forcées ; en sept heures il fait douze lieues, et entre à Dresde à la tête de sa garde et de 40,000 hommes. A la vue de Napoléon la joie éclate, on est sauvé ! Il ne fait que traverser la ville et marche tout de suite aux points menacés. Dresde était assaillie par six colonnes et 300 pièces de canon : il commande d'ouvrir les barrières ; la garde impériale en sort dans un ordre imposant, fait une décharge terrible sur l'ennemi, puis s'élance à la baïonnette. Ney à gauche, et Mortier à droite, débouchent avec la même impétuosité : les redoutes extérieures sont reprises, les alliés repoussés jusque dans leur camp ; ils ont perdu 4,000 hommes et 2000 prisonniers : voilà un premier succès.

Le lendemain, Schwartzemberg recommence l'attaque, espérant encore emporter la ville avec sa nombreuse armée : mais Napoléon, pendant la nuit, a reçu des renforts ; il a 100,000 hommes, la moitié des forces de l'ennemi, il prend l'offensive. La vallée de Plauer, étroite comme une gorge, tenait les Autrichiens en arrière et séparés des Russes ; il donne ordre à Victor de faire un détour, de les attaquer en flanc, et de les pousser vers cette gorge. Victor exécute cet ordre à la lettre, aborde le village de Plauer, l'emporte et en chasse les Autrichiens ; aussitôt, Murat et sa cavalerie, Latour-Maubourg et ses cuirassiers, fondent sur eux, les rompent, les poursuivent et les acculent dans la gorge ; en quelques instants, cinq divisions sont renversées, une division de cavalerie tout entière met bas les armes, 12,000 hommes sont faits prisonniers. A ce coup décisif qui accable son aile gauche, tandis qu'il est violemment ébranlé à son centre par une canonnade que dirige Napoléon lui-même, l'ennemi se retire précipitamment après avoir perdu, dans cette mémorable bataille, 30,000 tués ou blessés, 18,000 prisonniers et 18 drapeaux.

A tant de morts vint s'ajouter une mort plus illustre et plus saisissante, celle de Moreau : pendant qu'avec les souverains alliés il assistait à la bataille, un boulet français lui emporta les deux jambes : la justice divine le frappa dès le seuil de sa trahison, comme par miséricorde pour sa gloire passée, plus heureux que Bernadotte condamné à asseoir son trône sur les cadavres de ses compatriotes.

Cette victoire de Dresde va cependant devenir inutile : le plan des alliés, dès lors, est d'éviter Napoléon, de se porter sur ses lieutenants et de les accabler sous le nombre; et ce plan réussit : ainsi, ils battent successivement Macdonald, Vandamme, Oudinot, Ney, (à la Katbach, 26 août, à Kulm 30 août, à Groos-Béeren 30 août, à Juterzogk 6 septembre.

En même temps, des négociations actives excitent à la défection les princes amis de la France ; et, quand Napoléon, par un audacieux dessein, concentrant ses troupes, marche sur Berlin et va l'enlever, il apprend tout à coup que la Bavière l'abandonne, non-seulement qu'elle l'abandonne, mais qu'elle réunit ses troupes à celles des ennemis et menace ses derrières ; au lieu d'attaquer, il est obligé de songer à la retraite. Il court à Leipsick : n'ayant que 155,000 hommes, il est assailli par 350,000 alliés. Là se livre une effroyable bataille, qu'on a appelée la *bataille des nations*, parce que tous les peuples de l'Europe y étaient représentés les armes à la main, une bataille qui dura trois jours, et où, comme si ce n'était pas assez de lutter un contre deux, les Français virent les Saxons et les Wurtembergeois quitter leurs rangs, au nombre de 30,000, passer à l'ennemi et tourner leurs canons contre leurs anciens frères d'armes !

<small>Combat de Hanau.
30 octobre.</small>

Après cette lutte gigantesque où périt le héros de la Pologne, Poniatowski, l'armée retournait vers la France, lorsqu'à Hanau, elle trouva les Bavarois qui lui barraient le chemin : à la vue de ces alliés perfides qui si longtemps avaient combattu avec eux, l'indignation des Français ne se put contenir : « on ne les marchanda pas, on les attaqua avec furie » ; en un clin d'œil, les tirailleurs les chassèrent des bois dans lesquels ils étaient retranchés, les repoussèrent dans la plaine, où Drouot les accabla du feu d'une batterie de 50 canons, et les cuirassiers, les chargeant à fond, les jetèrent dans la rivière la Kingzig.

Quelques semaines après, les armées de l'Europe envahissaient le territoire français.

III.

<small>1814.
Campagne de France.</small>

Voici maintenant un spectacle d'une grandeur sublime : la puissance de Napoléon, dans la campagne de Russie, paraissait encore accrue par la hauteur des conceptions et du but où il tendait ; à la tête d'une armée telle que les temps modernes n'en avaient pas encore vue, il ressemblait à un de ces conquérants des siècles lointains dont l'histoire est unie aux fictions poétiques, et se fixe dans l'esprit des peuples comme une légende. Ici, au contraire, il n'a plus que quelques débris d'armée : l'Europe entière est levée et l'entoure d'un million de soldats ; ils ont franchi les frontières, et, le pressant de pas en pas, le poussent sur sa capitale et le veulent prendre comme un lion dans son fort. Et lui, avec cette poignée d'hommes, sans s'étonner, sans compter ses ennemis, il se jette sur eux à mesure qu'ils se présentent, les va chercher, les fait reculer à son choc irrésistible, et ne tombe enfin que lorsqu'il est non pas épuisé, mais désarmé. Il semble que cette lutte suprême et désespérée qui aboutit à une catastrophe sans exemple eût manqué pour compléter le héros.

A cette heure, tout lui fait défaut : il n'a ramené qu'une faible partie de son armée, et il ne peut compter sur 100,000 hommes qu'il a laissés dans les places fortes d'Allemagne ; par un insigne manque de foi, les alliés ont violé les capitulations : des corps d'armée, de nombreuses garnisons, qui n'ont cédé leurs postes qu'à la condition de revenir en France, Saint-Cyr à Dresde, avec 30,000 hommes, Rapp à Dantzick, avec 16,000 hommes, etc., ont, au mépris des traités, été retenus prisonniers.

Élan patriotique de la France.

Quels soldats a-t-il donc pour se défendre ? Il a, avec quelques milliers de ces intrépides *grognards* de la grande armée et de la vieille garde, avec quelques bataillons de ces conscrits de la campagne de Saxe devenus si vite des soldats, il a, cette fois, des jeunes gens, des lycéens assis hier encore sur les bancs des écoles, des paysans en veste et en bonnet de police, qu'on n'a pas eu le temps d'habiller, qui portent leurs cartouches dans leur poche (1), et dont plusieurs ne savent même pas se servir de leurs armes. « Pourquoi ne tires-tu pas ? dit un général à un jeune soldat placé au premier rang des tirailleurs, et qui reçoit les coups de feu sans broncher. — Je tirerais aussi bien qu'un autre, répond le conscrit, si j'avais quelqu'un pour charger mon fusil. » Et celui-ci à son officier : « Il y a longtemps que vous faites cela, prenez mon fusil, tirez, et je vous donnerai des cartouches (2), » et l'officier accepte cette association du champ de bataille. Ces enfants, qui ont été élevés aux fanfares des triomphes, sont animés de la plus généreuse passion, l'amour de la gloire, et brûlent d'égaler leurs aînés ; dociles et ardents, ils s'arrêtent dans les marches pour apprendre l'exercice et le maniement du fusil ; ils sont fiers que Napoléon les ait jugés dignes de combattre sous lui : il ne peut passer devant eux sans qu'ils l'accueillent par les cris enthousiastes et redoublés de *vive l'Empereur !*

Ils ont l'entrain, l'enthousiasme et la gaieté de leur âge : ils se trouvent un jour à Méry-sur-Seine, c'est le

---

(1) Vignolle. *Précis des opérations de la campagne de* 1814.
(1) *Mémoires du duc de Raguse.*

mardi gras ; ils se répandent dans la ville, se déguisent 22 février et composent une mascarade pour fêter le carnaval ; les Prussiens arrivent, ils se mettent en ligne et se battent à outrance, ainsi costumés. On les appelait, en l'honneur de l'impératrice, les *Marie-Louise* : les vieux soldats prenaient plaisir à les voir se battre, les encourageaient et les applaudissaient. « Lorsqu'on criait : *en avant les Marie-Louise !* dit un des plus braves soldats de ce temps (1), on voyait les figures de ces enfants se couvrir d'une noble rougeur ; leurs genoux se roidissaient pour voler à l'ennemi ! Quant à ce qu'ils savaient faire, les Russes peuvent le dire ! »

A l'approche de l'étranger, un frémissement patriotique avait couru sur la surface de la France. Dans les provinces envahies, en Lorraine, en Alsace, en Champagne, en Franche-Comté, en Bourgogne, les paysans prirent les armes et commencèrent une guerre de partisans, enlevant les convois, harcelant les corps séparés, non-seulement aidant la troupe de leurs vivres, de leurs chevaux, de leurs chariots, mais se joignant à elle sur le champ de bataille, à Château-Thierry par exemple, où ils ramassèrent les fusils des Prussiens et combattirent à côté des soldats ; à Bar-sur-Ornain, où ils dispersèrent un régiment russe et firent deux généraux prisonniers ; à Pers, près de Montargis, où leur curé Pothier, des pistolets à la main, rangea ses paroissiens en bataille et mit en fuite un détachement ennemi.

L'élan fut aussi spontané et aussi vif dans ces

---

(1) Fabvier, *Journal des opérations de la campagne de* 1814.

contrées de l'Ouest, qui avaient si énergiquement défendu la cause des anciens rois : parmi les conscrits qui accoururent au cri de la patrie, on remarqua surtout les Bretons et les Vendéens ; ce fut avec les Bretons que le général Gérard entra la baïonnette en avant dans Montereau, culbutant et chassant les troupes du duc de Wurtemberg ; et, à Sézanne, le czar Alexandre, voyant 3,000 Vendéens en habit de paysans, entourés de toutes parts, refuser merci et, serrés l'un contre l'autre, préférer périr plutôt que de se rendre : « Que me disait-on, s'écria-t-il, que la France appelait les Bourbons ! Voilà les Vendéens même qui se font tuer, aux cris de *vive l'Empereur !* »

Et lui, le danger de la France a comme retrempé son âme : « Je ne suis plus l'Empereur Napoléon, a-t-il dit, je suis le général Bonaparte ! » Avec l'activité de ses première années, comme au temps de ses campagnes d'Italie et d'Austerlitz, il réorganise tout, il veille à tout, à la remonte, aux habillements, aux fonderies ; il tire des caves des Tuileries le trésor qu'il y a amassé, 240,000,000 des contributions payées par les peuples vaincus, et il l'envoie au trésor pour servir à la défense du *sol sacré* (1). Il confie sa femme et son fils à la garde nationale de Paris ; puis, il court se mettre à la tête de ces glorieux restes de la grande armée, de ces conscrits, de ces paysans ; c'est avec eux, 70,000 hommes à peine, qu'il va s'opposer aux 300,000 Russes, Allemands et Prussiens qui, sous les

(1) Expression de Napoléon.

ordres de Blucher et de Schwartzemberg, s'avancent vers Paris.

Cette puissante armée n'était d'ailleurs qu'une partie des forces de l'ennemi : le général Maison au Nord, Augereau sur le Rhône, Eugène en Italie, Soult aux Pyrénées, résistaient chacun avec des ressources aussi faibles à l'invasion étrangère.

Les opérations de Napoléon attirent toute l'attention : entre tant d'actions dignes de mémoire par lesquelles s'illustrèrent les valeureuses armées combattant aux frontières, on n'en citera qu'une seule, le siége de Saint-Sébastien, en Espagne, où le général Rey tint pendant plus de deux mois contre une grande armée anglaise.

Siége de Saint-Sébastien

Le siége avait commencé le 30 juin 1813, et les Français avaient repoussé plusieurs assauts en faisant éprouver les pertes les plus sanglantes à l'ennemi. Le 8 septembre enfin, la place ne présentait plus qu'un monceau de cendres et de ruines; la muraille d'enceinte était entièrement détruite, le fort ne présentait plus qu'une position à enlever à la baïonnette.

« La garnison, dépourvue de vivres et d'eau, avait usé tous ses moyens de défense. La plupart des affûts étaient brisés, la lumière des bouches à feu qui restaient encore dans le fort s'était agrandie par un tir multiplié, au point de ne plus permettre aux projectiles de se mouvoir; le soldat, faute d'abri, était depuis neuf jours au bivouac, sous le feu de l'artillerie la plus formidable, et par une pluie continuelle qui l'empêchait de faire usage de son fusil, la dernière ressource qui lui restât. Le général Rey, n'ayant plus la possibilité de prolonger sa résistance, se détermina à capituler. Lorsque l'un de ses officiers se présenta pour capituler, le général anglais sir Graham l'embrassa et, lui présentant une plume : « Monsieur le colonel, dit-il, lorsqu'on s'est défendu ainsi que vos troupes l'ont fait, on n'est point vaincu, et l'on a le droit de dicter des conditions ; écrivez-les. — Monsieur, répondit le chef d'état-major du général Rey, nous ne demandons que les honneurs de la guerre et le transport en France de nos blessés : nous ne pouvons exiger d'autres conditions ; car il ne nous reste pas un boulet pour soutenir la négociation dont je suis chargé. » La capitulation fut signée aux conditions demandées.

La garnison, réduite de 3,200 hommes à 1,135 dont 570 blessés, sortit avec les honneurs de la guerre et déposa ses armes au milieu des décombres de la ville. Le général Graham lui donna devant ses troupes réunies des témoignages de son admiration et de son estime, témoignages scellés du sang de 8,000 Anglais mis hors de combat au pied des brèches (1). »

Victoires de Champ-Aubert, Montmirail, etc.

Pour comprendre la courte et incomparable campagne de France, qu'on se figure deux rivières, la Marne et la Seine, comme deux branches dont le tronc serait Paris, s'écartant à mesure qu'on les remonte ; sur la Seine au sud, les villes de Melun, Montereau, Nogent, Troyes ; sur la Marne au nord, Meaux, Château-Thierry, Châlons, Saint-Dizier ; puis, entre les deux rivières, semés à d'inégales distances, en allant de l'ouest à l'est, Montmirail, Vauchamps, Champ-Aubert, Brienne. Enfin pour compléter le champ de bataille, en dehors des deux

(1) *Victoires et conquêtes.*

fleuves, au nord, au-dessus de la Marne, les villes de Soissons, Laon, Craonne et Reims. C'est sur ces deux fleuves, le long desquels s'avancent les deux armées ennemies, c'est dans le pays situé entre la Marne et la Seine, que Napoléon, comme dans une carrière fermée, frappe ces armées l'une après l'autre avec une foudroyante rapidité, tantôt se portant sur l'une des deux et la refoulant dans la vallée de la Marne, tantôt repoussant l'autre dans la vallée de la Seine, tantôt traversant l'espace qui sépare les deux rivières, atteignant son adversaire le plus éloigné, le battant coup sur coup, et le rejettant plus loin que le lieu d'où il était parti.

Il quitta Paris le 25 janvier et se rendit à Châlons-sur-Marne, quartier général de sa petite armée : dès lors, plus de repos, il marche ou se bat presque tous les jours ; en un mois, il livre treize combats et toujours contre un ennemi trois, quatre et cinq fois supérieur en nombre. Les Prussiens s'avançaient vers Troyes pour rejoindre la grande armée de Schwartzemberg ; Napoléon se porte d'abord sur eux, les chasse de Saint-Dizier; le surlendemain, il les bat encore à Brienne et emporte le château placé sur une hauteur. Mais les Russes de Schwartzemberg sont accourus pour soutenir leurs alliés : 110,000 hommes attaquent à la Rothière les 36,000 Français que commande Napoléon; après avoir résisté tout le jour; il est obligé de se retirer devant ces masses qui le débordent; il recule le long de la Seine jusqu'à Troyes, bien plus jusqu'à Nogent, à vingt-cinq lieues de Paris.

27 janvier.

A ce moment, un congrès venait de s'ouvrir à Châtillon, et les souverains alliés, fiers de leur nombre et de leurs succès, imposaient pour la paix les plus humiliantes conditions. Le duc de Bassano vient apporter à Nogent ces dures propositions à Napoléon : « Non, non, s'écrie avec indignation l'Empereur qui, penché sur ses cartes, un compas à la main, examine les mouvements des armées ; Blucher marche sur Montmirail, je pars, je le battrai demain, je le battrai après-demain ; l'état des affaires va changer ! »

Il part, en effet, laisse à Nogent la moitié de ses troupes pour masquer son mouvement, et avec le reste, 15,000 hommes, il prend la traverse ; en une nuit, il fait douze lieues, et le matin, il débouche dans la plaine
10 février de Champ-Aubert. L'armée de Blucher, disséminée sur une étendue de quinze lieues, marchait de Châlons sur Meaux ; son avant-garde, sous les ordres de Sacken, avait déjà atteint cette ville ; Blucher, avec le gros de son armée, était entre Montmirail et Champ-Aubert. Napoléon se jette sur lui, le culbute, lui fait perdre 6,000 hommes, en prend 3,000 et 20 pièces de canon. Sacken, apprenant que son général est attaqué, se hâte de revenir sur ses pas ; Napoléon charge Marmont de
11 février contenir Blucher, part de Champ-Aubert, rencontre Sacken à quelques lieues de là, à Montmirail, le bat à son tour, lui tue 3,000 hommes et lui enlève 26 canons.
12 février Sacken s'enfuit vers Château-Thierry ; Napoléon l'y poursuit, et le rejette par delà la Marne, en lui faisant encore éprouver une perte de 3,000 hommes. Aussitôt il il se retourne vers Blucher pour l'achever : Blucher pous-

sait devant lui Marmont ; il se heurte contre Napoléon à Vauchamps, entre Montmirail et Champ-Aubert, ces deux villages déjà illustrés par deux victoires ; il est chassé de Vauchamps, ses carrés sont enfoncés par la cavalerie de Grouchy, lui-même manque d'être pris ; il se retire en désordre au delà de Châlons. En cinq jours et par quatre victoires, l'armée prussienne a été coupée en deux et désorganisée. *13 février*

Blucher maintenant n'est plus à craindre ; Napoléon marche contre Schwartzemberg. Celui-ci, pendant ces extraordinaires succès de l'Empereur, avait gagné beaucoup de terrain le long de la vallée de la Seine : Victor et Oudinot, trop faibles contre des masses énormes, avaient reculé de Nogent à Bray, puis à Montereau, puis à Nangis ; Schwartzemberg était déjà à Guignes, à huit lieues de Paris. Dès le lendemain de la victoire de Vauchamps, Napoléon part à la tête de ses troupes enthousiasmées de ces victoires répétées ; les paysans les transportent avec leurs charrettes et leurs chevaux ; il fait trente lieues en trente-six heures, arrive à Guignes, prend immédiatement l'offensive, et, à Mormant, bat complétement les Russes et les repousse vers Provins. Le lendemain, il attaque les Wurtembergeois à Montereau, force le pont, entre dans la ville pêle-mêle avec eux et les en chasse, en leur faisant perdre 6,000 hommes : là le combat est si vif que Napoléon, redevenant artilleur, pointe lui-même les pièces au milieu des boulets qui tuent les canonniers près de lui. A son tour, il marche en avant; Bray et Nogent sont repris, il rentre à Troyes ; la grande armée des alliés a perdu tout le

Victoires de Montereau, Troyes, etc.

16 février

18 février

23 février

terrain qu'elle avait conquis le long de la vallée de la Seine ; les équipages des souverains alliés rebroussent chemin vers la frontière, la garde russe se retire sur Langres, à soixante-dix lieues de Paris.

Mais, dans cette lutte incessante de quelques milliers d'hommes placés entre deux masses ennemies, à peine un coup a-t-il été frappé ici, qu'il faut se reporter là ; Schwartzemberg vient d'être vivement repoussé, mais Blucher a été renforcé et descend de nouveau par la Marne sur Paris. Mortier et Marmont, comme Victor et Oudinot devant les Russes, sont obligés de céder devant les Prussiens et de rétrograder jusqu'à la Ferté-sous-Jouarre. A cette nouvelle, Napoléon repart de Troyes, traverse encore une fois l'espace compris entre les deux rivières, et court sur Blucher ; celui-ci, comprenant le danger d'être attaqué sur ses derrières, abandonne aussitôt la route de Paris, passe la Marne et remonte vers le nord ; ce n'est plus lui qui poursuit Mortier et Marmont, il est lui-même poursuivi. Napoléon ne lui donne aucun repos : par son ordre, les deux maréchaux se portent sur les flancs des Prussiens ; en même temps, il jette un détachement à Reims, afin d'empêcher l'armée russe de venir secourir Blucher ; ainsi qu'en Italie à la poursuite de Wurmser, il pousse Blucher devant lui sur Soissons ; il va l'y acculer, prendre ou détruire son armée presque tout entière. Mais, de même que Wurmser, Blucher aussi est sauvé par un accident : Napoléon a compté que Soissons, fermé comme une barrière, arrêtera Blucher et le lui livrera ; et quand Blucher, hâtant le pas, abandonnant pour fuir plus vite

2 mars.

ses canons et ses chariots, arrive devant Soissons, il en trouve les portes ouvertes. La ville s'était rendue la veille à un grand corps ennemi venant du nord se joindre aux Prussiens; non-seulement il est sauvé, mais, au lieu d'un ennemi, il trouve un allié et des renforts.

Ainsi se continue encore pendant trois semaines cette lutte extraordinaire : Blucher, au nord, a repris l'offensive ; Schwartzemberg, au sud, marche encore sur Paris. Napoléon ne se décourage pas : avec 20,000 hommes contre 100,000, il retient plusieurs jours Blucher par de là l'Aisne, à Craonne, à Laon ; une seconde fois il reprend Reims, qui était retombé entre les mains des Russes, Châlons, Épernay; puis, il se reporte contre l'armée de Schwartzemberg, et à Arcis-sur-Aube, il ne craint pas d'attaquer des ennemis huit fois plus nombreux. Les Français font des prodiges ; Napoléon, dans la mêlée, l'épée à la main, combat comme un simple soldat; un moment, quelques troupes se débandent et se précipitent vers un pont pour se sauver; il se jette au-devant des fuyards : « Voyons, s'écrie-t-il, qui de vous le repassera avant moi! » et il les ramène. Un obus éclate à ses pieds, son cheval est tué, il s'élance sur un autre, et se rejette au milieu du feu ; tous ceux qui l'entourent, en l'admirant, murmurent de le voir ainsi s'exposer : « Ne craignez rien, leur dit-il; le boulet qui doit me tuer n'est pas encore fondu ! »

Mais, malgré son héroïsme, la petite armée française ne peut arrêter plus longtemps les ennemis : *ils sont trop!* selon l'expression d'un grenadier de la vieille garde. Schwartzemberg et Blucher se sont enfin rejoints,

Derniers combats de l'Empereur.

6-9 mars.

13-14 mars.

20-21 mars.

et tous ensemble, Autrichiens, Russes, Prussiens, 200,000 hommes, se dirigent sur Paris.

Napoléon le sait ; il y a un moment où l'homme reconnaît que ses forces sont impuissantes pour la tâche qu'il a à accomplir. Est-ce donc fini ? Non ! une soudaine illumination de génie lui révèle le salut et un triomphe plus éclatant encore que les précédents : les ennemis marchent sur Paris, il les laisse aller ; lui, il va se placer sur leurs derrières, les séparer de leurs magasins, de leurs parcs de réserve, de leurs convois ; les alliés vont être pris entre la capitale et l'armée française renforcée des garnisons du nord et soutenue par toutes les populations des Vosges, de l'Alsace, de la Lorraine ; ils seront obligés à une retraite désastreuse dans un pays soulevé et indigné de leurs excès.

Mais, pour que ce plan réussît, une condition était nécessaire, la résistance de Paris pendant deux jours ; et Paris, par la faute de ceux à qui le commandement en était confié, ne fut pas défendu comme il aurait pu l'être. Quand Napoléon, accourant sur les traces de l'armée ennemie, arriva, le 30 mars au soir, à Villejuif, à cinq lieues de Paris, il était trop tard de deux heures, Paris venait de capituler.

Abdication de Napoléon 11 avril.

Tout pourtant n'était pas perdu : il avait autour de lui 50,000 hommes ; il pouvait en réunir encore 100,000 au delà de la Loire, et continuer longtemps la guerre (1) ;

(1) C'est alors que le maréchal Marmont, en livrant son corps d'armée à l'ennemi, acquit ce renom de trahison qui a terni sa mémoire, et que le général Lucotte et le colonel Ordener s'honorèrent en refusant de lui obéir. « Les braves ne désertent jamais, dit Lucotte, dans une proclamation ; ils meurent à leur poste. »

mais sa devise avait toujours été : *Tout pour le peuple français;* il craignit d'exposer sa patrie à une guerre civile ; il remit à la nation la couronne qu'il en avait reçue, par un acte d'abdication qui contenait ces simples et immortelles paroles : « Les puissances alliées ayant proclamé que l'Empereur Napoléon était le seul obstacle au rétablissement de la paix en Europe, l'Empereur, fidèle à son serment, déclare qu'il renonce pour lui et ses enfants aux trônes de France et d'Italie, et qu'il n'est aucun sacrifice, même celui de sa vie, qu'il ne soit prêt à faire aux intérêts de la France. »

Les souverains alliés lui avaient assuré la possession de l'île d'Elbe ; avant de partir, il voulut voir une dernière fois les soldats de sa garde. Elle était rangée dans la cour du palais de Fontainebleau ; après avoir serré la main des amis et des serviteurs qui ne l'avaient pas quitté, il sortit du palais et descendit lentement le grand escalier : dès qu'il parut, les tambours battirent aux champs ; il leur fit signe de se taire, puis, parcourant d'un long regard les lignes de ces valeureux soldats, dont beaucoup l'avaient suivi dans toutes ses campagnes, avaient combattu en Égypte et en Italie, il s'avança vers eux et leur dit :

Adieux de Fontainebleau.
—
20 avril.

« Soldats de ma vieille garde, je vous fais mes adieux ! depuis vingt ans, je vous ai toujours trouvés au chemin de l'honneur et de la gloire. Dans ces derniers temps, comme dans ceux de la prospérité, vous n'avez cessé d'être des modèles de fidélité et de bravoure. Continuez de servir la France ! son bonheur était mon unique pensée ; il sera toujours l'unique objet de mes vœux. Ne plaignez pas mon sort ; si j'ai consenti à vivre, c'est pour servir encore à votre gloire. Je veux écrire les grandes choses que nous avons faites ensemble ! Adieu, mes enfants ! je ne puis vous embrasser tous, que j'embrasse au moins votre général ! »

Le général Petit s'avança, Napoléon le serra entre ses bras : « Qu'on m'apporte l'aigle, que je l'embrasse aussi ! » Il la pressa vivement sur son cœur : « Chère aigle, s'écria-t-il, que ce baiser retentisse dans la postérité ! Adieu, encore une fois, mes vieux compagnons, adieu ! »

Toute la garde pleurait ; les généraux étrangers, qui assistaient à cette séparation solennelle de l'Empereur et de ses soldats, étaient eux-mêmes émus ; Napoléon avait les yeux humides. Il s'éloigna rapidement, monta en voiture et partit pour le lieu de son exil.

IV.

1815.
Retour de l'île d'Elbe.

Un an ne s'était pas écoulé, il était de retour. Le gouvernement des Bourbons, rétabli à la suite de l'invasion ennemie, avait, en peu de temps, par des actes multipliés, mécontenté la nation et l'armée : la nation était menacée dans les droits que lui avait valus la révolution ; l'armée, blessée dans ses affections et les souvenirs de sa gloire, dédaignée et insultée. Le duc de Berry, passant une revue, à un officier qui rappelait ses *trente ans de services*, répondait : *Trente ans de brigandage !* Une partie des serviteurs de la royauté, revenus avec elle de l'exil, prétendaient faire revivre les idées et les priviléges du régime renversé en 1789. Louis XVIII, datant son règne de 1795, semblait vouloir supprimer vingt ans de l'histoire glorieuse de la France ; sous des princes qui avaient vécu à l'étranger et qu'elle ne connaissait pas, sous des institutions sans vigueur et sans ressort, la France se sentait descendue et humiliée. « Il y avait un rappetissement universel et subit des événements, des émotions, des existences, des personnes, des choses (1). »

Napoléon suivait de loin, d'un œil attentif, ce double mouvement du gouvernement qui s'aliénait le sentiment public, et de la nation dont la pensée se reportait vers l'Empereur. Des lettres, des visiteurs arrivés de toutes les parties de la France le pressaient de revenir ; ce sourd murmure de la voix populaire qui annonce et précède les révolutions traversa les mers, vint jusqu'à lui et le décida. « Quand j'ai vu, dit-il, ce que l'on faisait, ce que l'on écrivait, je me suis dit : la France est à moi (2). » Un soir, le 26 février 1815, il fait embarquer, sur quatre petits navires secrètement préparés, les 900 hommes de la garde qui l'avaient suivi, et il part : excepté les généraux Drouot et Bertrand, aucun de ces fidèles soldats ne savait où il les conduisait ; mais quelque part que ce fût, ils le suivaient en aveugles. Lorsque l'on fut en mer, Napoléon monta sur le pont : « Grenadiers ! nous allons en France ! nous allons à Paris ! » Des cris redoublés de *vive l'Empereur !* ac-

---

(1) Guizot, *du gouvernement de la France, depuis la révolution.*
(2) *Mémoires de Fleury de Chaboulon.*

cueillent cette nouvelle, qu'ils appelaient, qu'ils attendaient peut-être sans oser l'espérer ; on s'embrasse, on ne doute pas du succès.

Cette traversée ressembla à celle du retour d'Égypte : des vaisseaux de guerre surveillaient l'île d'Elbe ; dans la nuit, poussé par un vent favorable, Napoléon passe à travers ; mais le lendemain, le vent a changé et la croisière est en vue. Quelques officiers proposaient de retourner au port, Napoléon s'y oppose ; un vaisseau passe à côté du sien, il ordonne à ses grenadiers d'ôter leurs bonnets à poil et de se coucher sur le pont, et lui-même, un porte-voix à la main, répond aux questions qu'on lui adresse : « Avez-vous des nouvelles de Napoléon ? — Il est en parfaite santé, réplique-t-il. » Les navires se séparent, et il continue sa route. Le troisième jour, enfin, le 1er mars, il arrive sur les côtes de France, au golfe Juan, non loin du lieu où il avait débarqué en 1799 ; aujourd'hui, comme alors, il partait de là pour prendre le pouvoir que lui allait donner l'acclamation populaire.

Aussitôt, du bourg de Cannes, il se met en marche vers le Dauphiné, vers ces montagnes où a retenti le premier cri de 1789 ; en un seul jour, ses soldats font vingt lieues ; les cavaliers à pied, à l'avant-garde, portent sur leur dos les harnais des chevaux que les habitants du pays vont leur amener. A la nouvelle du débarquement de l'Empereur, en effet, les populations accourent : on dévore, on se communique les proclamations qu'il a dictées pendant la traversée, et que tous ceux qui savaient écrire autour de lui ont copiées : « Français, dans mon exil, j'ai entendu votre voix, je suis arrivé à travers tous les obstacles et tous les périls ! Arrachez ces couleurs que la nation a proscrites, arborez cette cocarde tricolore que vous portiez dans nos grandes journées. Votre général, appelé au trône par le vœu du peuple et élevé sur vos pavois, vous est rendu ! Venez vous ranger sous ses drapeaux. Son intérêt, son honneur et sa gloire ne sont autres que votre intérêt, votre honneur et votre gloire ! La victoire marchera au pas de charge ! l'aigle avec les couleurs nationales volera de clocher en clocher, jusqu'aux tours de Notre-Dame ! »

Le 4 mars, il est à Digne, le 6 à Gap ; il envoie Cambronne en avant : « Je vous confie ma plus belle campagne, lui dit-il ; tous les Français m'attendent avec impatience ; vous ne trouverez que des amis, ne tirez pas un coup de fusil ; je ne veux pas que ma couronne coûte une goutte de sang aux Français. » Près de Grenoble, à la Mure, des troupes barrent le chemin : il commande à ses grenadiers de s'avancer au pas, l'arme sous le bras, le canon dirigé vers la terre, et lui, descendant de cheval, il va droit à ces soldats envoyés contre lui, et, la main sur la poitrine : « Soldats, leur dit-il, s'il en est un seul parmi vous qui veuille tuer son général, son Empereur, me voilà ! » Un immense cri de *vive l'Empereur !* lui répond, les soldats des deux troupes se réunissent et le suivent. A la tête de cette petite armée, il marche vers Grenoble, où ont été réunies des forces nombreuses. Un régiment a été envoyé de Grenoble pour s'opposer à sa marche : à peine sorti de la ville, le colonel Labédoyère fait faire halte, tire de la caisse d'un tambour l'ancienne aigle du régiment, et la montrant à ses soldats : « Voici, s'écrie-t-il, le signe glorieux qui vous guidait dans vos immortelles journées ! Celui qui nous conduisit si souvent à la victoire s'avance vers nous pour venger notre humiliation et nos revers. Il est temps de voler sous son drapeau, qui ne cessa jamais d'être le nôtre ! Que ceux qui m'aiment me suivent ! *Vive l'Empereur !* » Tout le régiment l'accompagne au-devant de Napoléon. Le 7 mars, il est devant Grenoble : les autorités en ont fait fermer les portes ; le peuple, la garnison, dont fait partie le 4ᵉ régiment d'artillerie où il a servi comme capitaine, du haut des remparts acclament avec enthousiasme l'arrivée de l'Empereur au pied des murs : des deux côtés, du dehors et du dedans, on brise les portes à coups de hache et on lui en apporte les morceaux : « Nous ne pouvons pas, lui disent-ils, vous offrir les clefs de la ville, mais en voici les portes ! »

Le lendemain, il passe les troupes en revue : tous les soldats ont déjà à leurs shakos la cocarde tricolore, leur vieille cocarde, usée, flétrie, et qu'ils avaient depuis un an cachée au fond de leurs havresacs.

Le 10 mars, il entre à Lyon ; le comte d'Artois et le duc d'Orléans, venus précipitamment de Paris, avaient fait élever des barricades : les ouvriers, les soldats renversent ces vains obstacles, les jettent dans le Rhône, et courent au-devant de l'Empereur. On se précipite sous les pieds des chevaux pour le voir, pour l'entendre, pour le toucher. Le comte d'Artois et le duc d'Orléans s'enfuient par la route opposée : « J'arriverai si vite, avait-il dit, qu'ils n'auront pas le temps de savoir où donner de la tête... Quand ils entendront tonner mon nom, ils trembleront (1). »

Il dépasse ainsi Mâcon, Châlons-sur-Saône, Auxerre, se faisant suivre de toutes les troupes qu'on envoie pour l'attaquer. A Auxerre il a déjà quatre divisions ; à Montereau, les lanciers en garnison dans la ville fondent sur les gardes du corps qui défendent le pont, les chassent et lui livrent passage. Le 20 mars enfin, à quatre heures du matin, il part de Fontainebleau pour Paris ; il n'y peut arriver qu'à dix heures du soir, tant sa marche est ralentie par la foule qui l'entoure et le force d'aller au pas.

La veille au soir, Louis XVIII était sorti de la capitale, accompagné d'un petit nombre de serviteurs ; Napoléon y rentra au milieu d'une population dont l'enthousiasme ressemblait à de la frénésie. Quand il arriva dans la cour des Tuileries, une foule immense, des soldats, des officiers, des généraux, l'épée à la main, s'élancèrent autour de sa voiture, aux cris de *vive l'Empereur!* Cent bras le saisirent, l'enlevèrent et l'emportèrent à travers les escaliers jusque dans le palais ; ses pieds ne touchèrent pas terre. « Cette scène, dit un témoin oculaire, avait quelque chose de si gigantesque, qu'elle semblait disproportionnée avec les événements humains. »

On n'avait pas encore vu dans l'histoire une campagne

---

(1) *Mémoires de Fleury de Chaboulon.*

si merveilleuse : en vingt jours, un empire fut conquis, sans que l'on tirât un seul coup de fusil (1).

(1) « De Cannes à Paris, a dit Napoléon, je n'ai pas conquis, j'ai administré. » Benjamin Constant. *Lettres sur les Cent-Jours*.

Maintenant, il y est, il y restera : vainement les Russes reviennent en masses épaisses et se ruent sur le petit nombre d'hommes entrés dans la tour. On se mêle, on se prend corps à corps, on combat avec tout ce qui se trouve sous la main ; mais le drapeau aux plis déchirés, flottant sur Malakoff, montre le chemin aux Français ; ils accourent pour soutenir les assaillants. Les Russes aussi se succèdent incessamment ; du côté de la ville et du côté de la brèche, deux colonnes arrivent l'une contre l'autre, comme les flots de la mer montante. Trois fois les Russes font une trouée et rentrent dans le fort, trois fois ils en sont chassés ; la gorge de la redoute « est littéralement obstruée par cinq ou six rangs de cadavres superposés les uns sur les autres. (1) » Enfin une dernière fois, leurs bataillons décimés sont jetés au dehors, et repoussés dans les faubourgs.

Le petit redan, la grande courtine, ont été enlevés avec un semblable héroïsme ; au petit redan, le drapeau français a été planté, arraché et replanté quatre fois de suite. Tous les points importants de la place sont occupés par les Français, Sébastopol est pris.

Dès lors la paix était assurée : avant même qu'elle fût conclue, une partie de l'armée put revenir en France, et son entrée à Paris vint clore magnifiquement l'année 1855, une des années du siècle qui auront été marquées par les faits les plus éclatants. En même

<small>Paris pendant la guerre.</small>

---

(1) Vigneron, *Précis critique et militaire de la guerre d'Orient.*

25

temps, en effet, que, sur les bords de la mer Noire, la guerre mêlait dans de sanglantes batailles les peuples de l'Occident et de l'Orient, le monde avait vu le spectacle inouï des représentants de toutes les nations rassemblés à Paris dans un pacifique concours. La France avait invité les peuples des deux hémisphères à apporter dans sa capitale les produits de leurs arts et de leur industrie, et de tous les points du globe, les nations avaient répondu à cet appel de l'Athènes moderne. Pendant six mois, Paris avait été comme un immense caravansérail où des millions d'hommes de toute langue, de toutes mœurs, de tout costume, de toute religion, se croisaient et se mêlaient sans relâche. Il semblait que l'univers, pressentant qu'il entrait dans une ère nouvelle, avait voulu dresser l'inventaire de ses richesses et faire l'énumération de ses forces : là, on avait pu juger, d'un seul coup d'œil, du changement profond qu'apportaient aux rapports des hommes entre eux les découvertes modernes ; le règne de la vapeur, des machines de fer, de l'électricité, avait, pour ainsi dire, été ce jour-là proclamé.

A la même heure, une autre exposition, réunissant les écoles les plus opposées, révélait les tendances des arts, les progrès qu'ils avaient accomplis, l'esprit qui les inspirait. Toutes les nations de l'Europe qui rivalisent de goût et d'amour pour le beau, les peuples mêmes de l'Amérique fils du vieux monde, avaient envoyé les œuvres créées par leurs artistes les plus éminents depuis un demi-siècle. Si la France avait prouvé que, dans l'industrie, elle était au niveau des plus habiles, l'exposition de ses tableaux et de ses statues montra son indiscutable supériorité : les nations étrangères reconnurent unanimement que sa légion d'artistes marchait en avant de toutes les autres ; la France tenait dans les arts le rang qu'avait jadis occupé l'Italie.

Paris, pour recevoir ses hôtes, s'était orné et embelli : dans l'espace de peu d'années, l'Empereur en avait transformé la face. Des monuments nouveaux avaient surgi du sol, les vieux quartiers obscurs avaient disparu, la ville d'un bout à l'autre était traversée par de larges et superbes voies ; le Louvre, dont les plus grands rois avaient rêvé l'achèvement, était terminé et était devenu le plus vaste et le plus beau palais du monde.

Attirés par la renommée de ces splendeurs, les souverains de l'Europe se succédaient dans la grande capitale et visitaient le prince dont l'Europe reconnaissait à la fois la force, la prudence et la modération, la constance et la volonté, les plus rares qualités des rois. Bien plus, la reine même de la Grande-Bretagne, ce qu'aucun souverain d'Angleterre n'avait fait, avait quitté son île et était venue à Paris témoigner de la fidélité de son alliance.

Dans une solennelle cérémonie enfin, le dernier jour de l'Exposition universelle, l'Empereur Napoléon, entouré des délégués des nations, en face des plus belles œuvres de l'art contemporain, avait, comme dans les fêtes de l'antiquité, distribué les récompenses et les distinctions aux vainqueurs de cette lutte de l'intelligence et du génie.

Entrée de l'armée a Paris.

29 décembre.

C'est au lendemain de ces pompes qu'arriva à Paris l'armée de Crimée. L'Empereur alla la recevoir à la place de la Bastille et lui adressa ses remerciments et ceux de la patrie : « Soldats, leur dit-il, je viens au-devant de vous comme autrefois le sénat romain allait, aux portes de Rome, au devant de ses légions victorieuses, je viens vous dire que vous avez bien mérité de la patrie !

« Mon émotion est grande, car au bonheur de vous revoir se mêlent de douloureux regrets pour ceux qui ne sont plus et un profond chagrin de n'avoir pu moi-même vous conduire au combat.

« Soldats de la garde comme soldats de la ligne, soyez les bienvenus ! Vous représentez tous cette armée d'Orient dont le courage et la persévérance ont de nouveau illustré nos aigles et reconquis à la France le rang qui lui est dû.

« La patrie, attentive à tout ce qui s'accomplit en Orient, vous accueille avec d'autant plus d'orgueil qu'elle mesure vos efforts à la résistance opiniâtre de l'ennemi.

« Gardez soigneusement les habitudes de la guerre, fortifiez-vous dans l'expérience acquise, tenez-vous prêts à répondre s'il le faut à mon appel; mais, en ce jour, oubliez les épreuves de la vie du soldat, remerciez Dieu de vous avoir épargnés et marchez fièrement au milieu de vos frères d'armes et de vos concitoyens, dont les acclamations vous attendent ! »

L'armée française n'avait pas entendu un si noble langage depuis Napoléon Ier : elle entra dans l'intérieur de la ville, en passant sous les arcs de triomphe, entre deux haies de trophées, en suivant ces boulevards qui semblent une avenue faite pour les ovations, aux applaudissements, aux acclamations d'une foule qui ne pouvait se lasser de témoigner son admiration et son enthousiasme. A toutes les fenêtres, à tous les étages, jusque sur les toits des maisons, les mains battaient, les mouchoirs s'agitaient. Les soldats de Crimée revenaient comme les soldats de Marengo, *avec leurs vêtements usés et qui sentaient la poudre :* à mesure que passaient, les uns après les autres, les zouaves aux traits accentués, au cou nu, au teint hâlé par le soleil d'Afrique; les grenadiers dont le grand bonnet à poil rappelait la vieille garde; les troupes de ligne en tenue de campagne, les pans de la capote retroussés, le pantalon relevé jusqu'à mi jambes; les chasseurs de Vincennes, marchant d'un pas rapide au son de leurs clairons, comme un jour de bataille; on nommait les corps, les généraux qui les commandaient, Canrobert, Forey, Blanchard, Mellinet, Regnauld de Saint-Jean-d'Angély, etc.; on citait les combats où ils s'étaient illustrés, on leur jetait des fleurs et des couronnes; chaque soldat avait à son fusil une branche de laurier.

Des parents, des amis, reconnaissaient leurs fils, leurs frères, leurs camarades; ils s'élançaient dans les rangs et les pressaient en pleurant dans leurs bras. En avant de chaque corps, s'avançaient sans armes, mais d'une allure fière, ceux qui avaient reçu de glorieuses blessures et qui portaient presque tous sur leur poitrine la croix d'honneur; et, à la vue de leurs nobles cicatrices, la foule émue acclamait avec larmes ce:

vaillants soldats qui avaient donné leur sang et s'étaient fait mutiler pour l'honneur de la France.

Le rendez-vous était sur la place Vendôme : les vétérans de la vieille garde attendaient l'armée d'Orient au pied de la colonne d'Austerlitz. Elle défila et passa comme en revue devant eux, et ces héroïques débris des anciennes guerres, saluant l'aigle de nouveau triomphante, les mains et les yeux levés vers la statue de bronze de l'*Empereur*, attestèrent que ces jeunes soldats étaient les dignes successeurs de la *grande armée*.

TABLE.

	Pages.
Jeunesse de Napoléon.............................	1
Campagne d'Italie. — Batailles de Montenotte et de Mondovi. — Le pont de Lodi. — Arrivée de la deuxième armée autrichienne. — Bataille de Castiglione. — Wurmser renfermé dans Mantoue........................	2
Campagne d'Italie (suite). — Arrivée de la troisième armée autrichienne. — Batailles d'Arcole, de Rivoli, de la Favorite. — Prise de Mantoue. — Arrivée de la quatrième armée autrichienne. — Paix de Campo-Formio........	31
Expédition d'Égypte. — Le désert. — Bataille des Pyramides. — Prise du Caire. — Combat de Sédiman......	53
Campagne de Syrie. — Siége de Saint-Jean-d'Acre. — Bataille du Mont-Thabor. — Jaffa. — Bataille d'Aboukir. — Retour de Bonaparte en France................	69
Campagne de Marengo. — Passage du grand Saint-Bernard. — Le fort de Bard. — Siége de Gênes. — Bataille de Marengo.....................................	83
Campagne d'Austerlitz. — Camp de Boulogne. — Projet de descente en Angleterre. — Guerre d'Allemagne. — Combat d'Elchingen. — Reddition d'Ulm. — Prise de Vienne. — Bataille d'Austerlitz. — Entrevue de Napoléon et de l'empereur d'Autriche........................	109
Campagne d'Iéna. — Bataille d'Iéna. — Bataille d'Auerstaëdt. — Conquête de la Prusse. — Prise de Berlin....	155
Campagne de Pologne. — Conquête de la Pologne. — Quartiers d'hiver. — Bataille de Friedland. — Entrevue et traité de Tilsitt................................	151
Campagne de Wagram. — Entrevue d'Erfurth. — Prise de	

	Pages.
Ratisbonne. — Combat d'Abensberg. — Prise de Vienne. — Bataille d'Essling...	171
CAMPAGNE DE WAGRAM (suite). — Rupture des ponts du Danube. — Mort de Lannes. — Succès de l'armée d'Italie. — Préparatifs d'un second passage. — Bataille de Wagram..	191
EXPÉDITION DE RUSSIE. — Passage du Niémen. — Prise de Smolensk. — Bataille de la Moskowa. — Entrée des Français à Moscou...	209
DERNIÈRES CAMPAGNES DE NAPOLÉON. — Fin de l'expédition de Russie. — Campagne de Saxe. — Campagne de France. — Retour de l'île d'Elbe.......................................	239
GUERRE D'ORIENT. — Batailles de l'Alma. — D'Inkermann. — Siége de Sébastopol. — Malakoff. — Rentrée de l'armée à Paris...	273

Paris, imp. de Paul Dupont, rue de Grenelle-Saint-Honoré, 45.

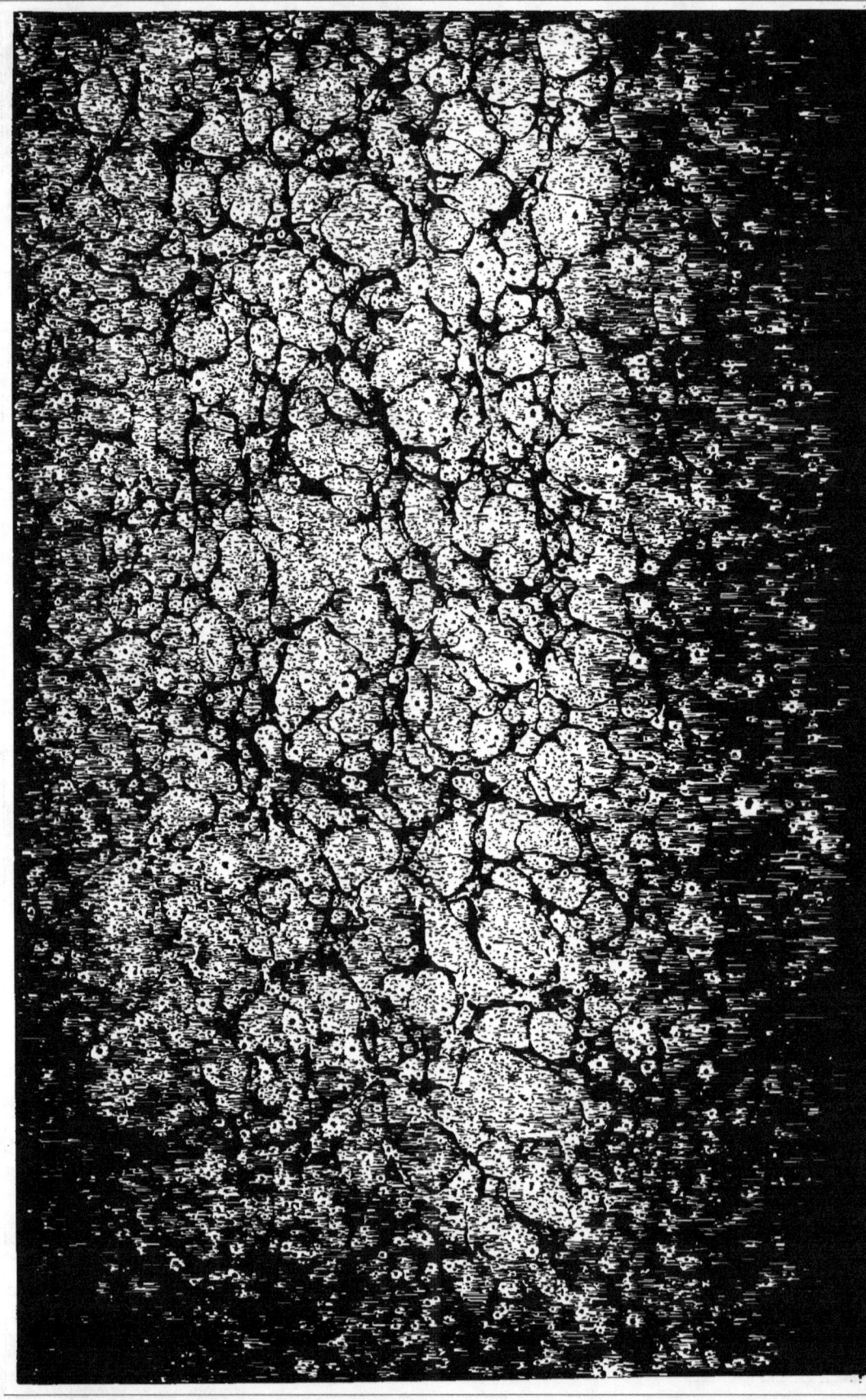

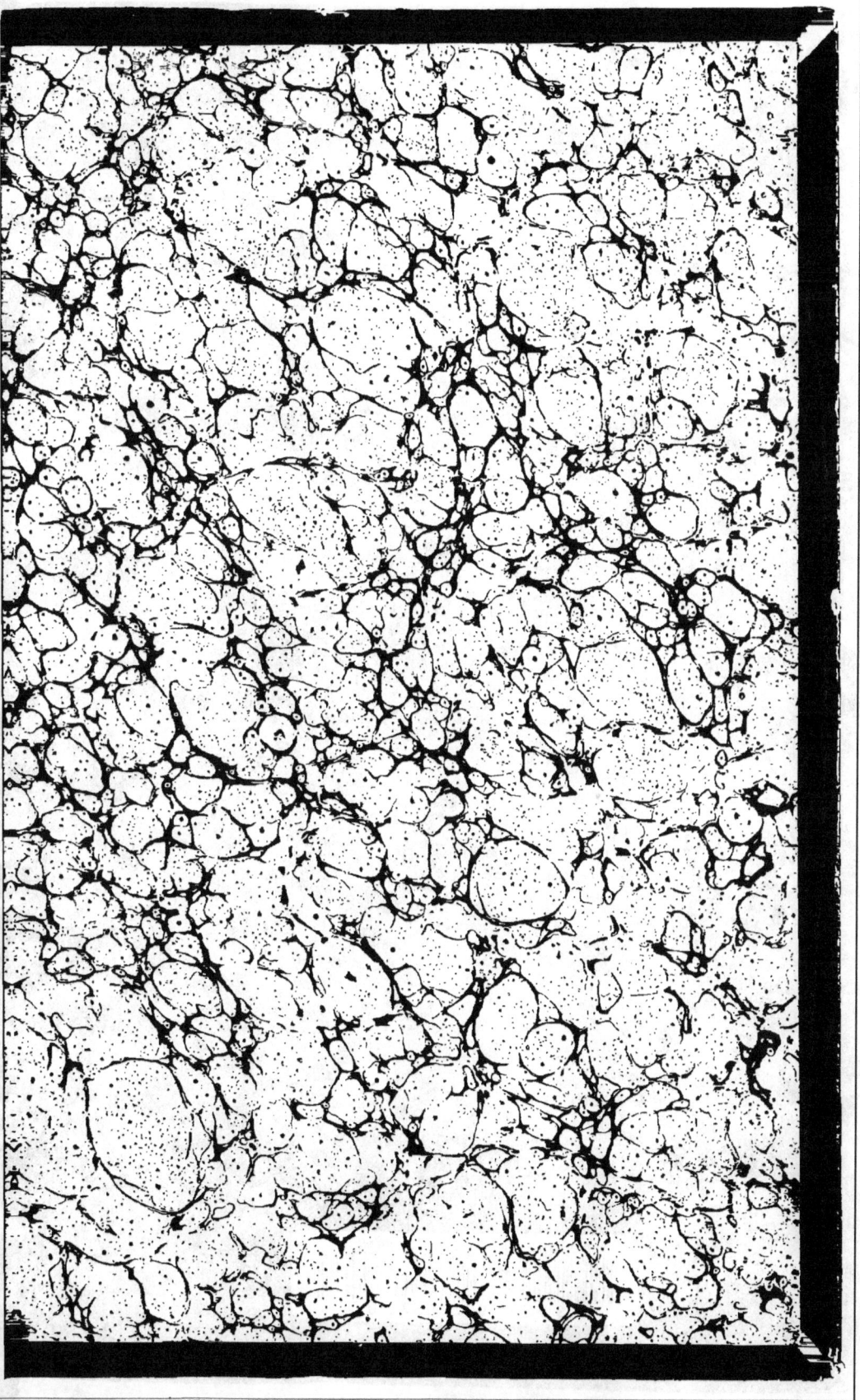

www.ingramcontent.com/pod-product-compliance
Lightning Source LLC
Chambersburg PA
CBHW071341150426
43191CB00007B/805